dtv

Der internationale Psycho-Konzern Landmark Education lockt weltweit immer mehr Menschen in sein Wochenendseminar »Landmark Forum«. Auch der Student Martin Lell entschließt sich im Sommer 1995, am Forum teilzunehmen. Das Versprechen, danach endlich ein selbstbewußter Mensch zu sein, der durch ein neues Denken und Handeln in seinem Leben »das Unmögliche möglich« machen kann, klingt zu verlockend. Drei Tage dauert das Psycho-Training, drei Tage, in denen sich Martin Lells Persönlichkeit völlig verändert; dem bisher eher schüchternen Martin scheint die Welt plötzlich ganz allein zu gehören, alle Probleme und Ängste bloß irreal und eingebildet gewesen zu sein. Euphorisiert fährt er nach Hause – dann bricht er, von Angstvisionen verfolgt, physisch und psychisch total erschöpft zusammen. Seine Aufzeichnungen, die er nach dem Forum niedergeschrieben hat, protokollieren den Ablauf sowie die abstrusen Inhalte, die in dieser Mammutsitzung vermittelt werden – und sie machen auf die Gefahr aufmerksam, die eine solche persönlichkeitsverändernde Massenveranstaltung für den einzelnen Menschen beinhalten kann.

Martin Lell, geboren 1969 in Ingolstadt, studierte Physik in Bayreuth, St. Andrews (Schottland) und Heidelberg. Im Juli 1996 machte er sein Diplom. Er lebt in Heidelberg.

Bärbel Schwertfeger ist Diplompsychologin und Autorin eines vielbeachteten Therapieführers, in dem die verschiedenen Methoden der Psychotherapie vorgestellt werden. Als freie Journalistin für verschiedene Tageszeitungen und Wirtschaftsmagazine beschäftigt sie sich unter anderem intensiv mit Psycho-Seminaren und beobachtet dabei seit mehr als drei Jahren auch das Wirken des Psycho-Konzerns Landmark Education.

Martin Lell

Das Forum

Protokoll einer Gehirnwäsche

Der Psycho-Konzern
Landmark Education

Mit einem Vorwort von
Bärbel Schwertfeger

Deutscher Taschenbuch Verlag

Dieses Buch ist das Ergebnis einer persönlichen Erfahrung des Autors. Die vermittelten Inhalte des Forums wurden nach bestem Wissen aus seiner Erinnerung wiedergegeben. Es bleibt aber in jedem Fall seine persönliche Sicht.
Die Namen der Kursteilnehmer sowie der Kursleiterin wurden zum Schutze der Personen verändert.

Originalausgabe
Mai 1997

Umschlagkonzept: Balk & Brumshagen
Umschlaggestaltung: Dieter Brumshagen
Gesetzt aus Sabon 10/11,75·
Gesamtherstellung: C.H. Beck'sche Buchdruckerei, Nördlingen
Gedruckt auf säurefreiem, chlorfrei gebleichtem Papier
Printed in Germany · ISBN 3-423-36021-6

Inhalt

Vorwort

»Eigentlich ist es absurd. Da hat man kein einziges wirkliches Problem und ist trotzdem immer irgendwie unzufrieden«, schreibt Martin Lell. Eine diffuse Unzufriedenheit, ein Gefühl von Leere und Neugier bewegten den damals sechsundzwanzigjährigen Studenten dazu, sich auf das Abenteuer Landmark einzulassen. Wie ihm, geht es vielen. Denn wer wünscht sich nicht mehr Selbstsicherheit, Anerkennung und Erfolg, mehr Zufriedenheit im Job oder Studium und glücklichere Beziehungen? Und die Versprechungen von Landmark klingen da wahrhaft verlockend. »Das Landmark Forum führt Sie direkt an die Quelle des Erfolgs, der Freude und des Selbstausdrucks. Von nun an steuern Sie Ihre Effektivität, Ihre Kreativität, Ihre Vitalität und die Zufriedenheit mit Ihrem Leben selbst«, heißt es im Prospekt.

Landmark Education bezeichnet sich als internationales Bildungsunternehmen. Das Kernstück des vierteiligen »Curriculums des Lebens« ist das »Forum«, eine dreitägige Mammutsitzung mit bis zu zweihundert Teilnehmern und von Landmark selbst als »Achterbahn der Gefühle« beschrieben.

Was der Psycho-Konzern gern verschweigt, ist sein Ursprung. Denn Grundlage ist ein umstrittener Psychokult, der auf dem Amerikaner Jack Rosenberg zurückgeht. Unter dem Namen Werner Erhard arbeitete sich der ehemalige Autoverkäufer zum erfolgreichen Verkäufer für Seelenheil empor. Er beschäftigte sich intensiv mit verschiedenen Psychotechniken, darunter auch Scientology, und gründete 1971 das Erhard-Seminar-Training (EST). Erhards These: »Du bist Gott in deinem Universum. Du hast es hervorgebracht.« Damit wird das Opfer zum Täter, jegliche Verantwortung für andere wird abgelehnt. »Wer sich gefesselt auf den

Schienen findet, wenn der Fünfuhrzwanzig-Zug vorbeikommt, ist das Arschloch, das sich selbst da hingepackt hat«, erklärte damals ein EST-Trainer. Um zu diesem »Erleuchtungserlebnis« zu gelangen, wurden die rund dreihundert Teilnehmer bis zu achtzehn Stunden ohne ausreichende Pausen in einen Raum eingesperrt und einem ausgeklügelten psychischen Terror-System ausgesetzt, heißt es in einer Informationsschrift. Eine amerikanische Reporterin faßte ihre Erfahrungen so zusammen: »EST bringt uns bei, in einem totalitären System zu leben und zu funktionieren.« Und in einem Buch, das ein Vorwort von Werner Erhard enthält, wurde EST Anfang der achtziger Jahre folgendermaßen beschrieben: »Es ist Scientology ohne den Hokuspokus.«

Nicht zuletzt aufgrund wachsender Kritik verschwand EST 1984 vom Markt und feierte als Centers Network in leicht abgewandelter Form umgehend Auferstehung. 1991 geriet Erhard dann erneut in die Schußlinie. Enge Mitarbeiter klagten gegen seine autoritären Methoden, und seine Töchter warfen ihm sexuellen Mißbrauch vor. Hinzu kamen Probleme mit den amerikanischen Steuerbehörden. Am 31. Januar 1991 verkaufte Erhard seine Anteile für drei Millionen Dollar an seine Mitarbeiter, die die Organisation in Landmark Education umbenannten. Landmark verpflichtete sich zudem, in den folgenden achtzehn Jahren bis zu fünfzehn Millionen Dollar Lizenzgebühren an Erhard zu zahlen. Die Position des neuen Landmark-Chefs wurde kurz vor dem Verkauf mit Erhards Bruder und langjährigen EST-Begleiter Harry Rosenberg besetzt.

»Chief Operating Officer« Harry Rosenberg verfaßte Anfang 1995 ein siebenseitiges Papier über die weltweiten Erfolge von Landmark. Danach wird die Landmark-Philosophie bereits in zahlreichen Institutionen, Schulen und Unternehmen, vor allem in den USA, verbreitet. Laut Landmark-Angaben im Internet nehmen jährlich 100 000 Menschen an den Programmen teil. Dabei wendet sich Landmark gezielt an höhere Bildungsschichten. So hat laut Eigenwerbung mehr als die Hälfte der Forumsteilnehmer Universitätsabschluß.

Warum fallen gerade intelligente Menschen auf Landmark herein? Der Psycho-Konzern arbeitet sehr geschickt und zum Teil äußerst subtil mit Methoden der Bewußtseinskontrolle. »Landmark ist vor allem deshalb so gefährlich, weil die Teilnehmer nicht mitkriegen, wie sie manipuliert werden«, warnt der amerikanische Sektenexperte Steven Hassan. Das beginnt schon mit der Anwerbung neuer Teilnehmer; sie erfolgt ausschließlich über Mundpropaganda. Meist sind es Freunde, Familienangehörige oder Kollegen, die von euphorischen Forumsteilnehmern mit oftmals nahezu missionarischem Eifer zu den Informationsabenden mitgeschleppt werden. Fast alle Angeworbenen sind zunächst einmal skeptisch, haben ein komisches Gefühl. Doch ihre Zweifel werden meist schnell zerstreut, wenn sie die vielen begeisterten und freundlichen Landmark-Fans sehen. Ich kann es ja mal ausprobieren, denken sich viele. Und genau das ist die Falle. Denn im Forum selbst wirken Mechanismen, denen sich der einzelne kaum entziehen kann. So haben sozialpsychologische Untersuchungen längst bewiesen, wie wichtig der Einfluß der Umgebung ist. Wird in der Gruppe ein bestimmtes Glaubenssystem forciert, gibt es eine unbewußte Tendenz sich anzupassen. Wer glaubt, er kann die notwendige innerliche Distanz wahren, unterschätzt die Macht der Gruppe. Dazu kommt, daß die Kursinhalte ein geschlossenes System bilden. Kritik an einzelnen Punkten ist daher unmöglich und wird stets als falsche Sichtweise abgetan. So gelingt es den Forumsleitern, jeden Widerstand geschickt auf persönliche Defizite zurückzuführen, und der Betroffene zweifelt schließlich an sich selbst. Nur wer »richtig« reagiert, wird vom Forumsleiter gelobt und umgehend mit dem Applaus der Gruppe belohnt.

Ein anderer wesentlicher Punkt sind die langen Seminarzeiten. Das stundenlange Zuhören, die zu kurzen Pausen und der häufig nicht ausreichende Schlaf zermürben und reduzieren die Kritikfähigkeit. Es ist nahezu unmöglich, fünfzehn Stunden lang aufmerksam den verqueren pseudophilosophischen Thesen zu folgen. Irgendwann wird selbst der beste Zuhörer von den vielen hohlen Phrasen eingelullt. Wie hohl diese Phrasen tatsächlich sind, könnte so mancher Teilnehmer erkennen, wenn er sich Notizen machen würde. Denn wer mitschreibt, kann das Gesagte reflektieren. Doch Notizen sind verboten.

Es sind daher viele, für sich allein genommen harmlos erscheinende Elemente, die bei Landmark sehr gezielt eingesetzt werden. Das Grundprinzip des Forums basiert dabei auf dem Dreistufenmodell: Aufbrechen, Verändern und Fixieren. Dieses Modell, mit dem Menschen Schritt für Schritt gefügig gemacht werden können, wurde von Eduard Schein bereits 1971 in seinem Buch ›Coercive Persuasion‹ beschrieben. Schein hatte sich intensiv mit den Gehirnwäsche-Programmen im China der fünfziger Jahre beschäftigt. In der ersten Stufe (Aufbrechen) wird zunächst einmal die Realität der Teilnehmer erschüttert. Dazu gehört die physische Ermüdung durch endlos lange Sitzungen, die Überhäufung mit verwirrenden Botschaften, die Umdefinierung von Begriffen und der Einsatz suggestiver Methoden. Auch emotional belastende Übungen und persönliche Beichten können das Aufbrechen unterstützen. Im nächsten Schritt (Verändern) werden die Teilnehmer mit dem neuen Glaubenssystem beglückt. Sie erhalten das Rezept, mit dem jeder glücklich und erfolgreich wird. Zentrale Thesen werden ständig wiederholt, und den Teilnehmern wird eingebleut, daß ihre Zweifel nur ihrem Glück im Weg stehen. In der dritten Stufe (Fixieren) werden die verunsicherten Teilnehmer wieder aufgebaut. Dabei wird die Vergangenheit als negativ abgetan und somit gewissermaßen gelöscht. Es werden neue, unbegrenzte Möglichkeiten aufgezeigt, Visionen entwickelt und Allmachtsphantasien geschürt. Die psychisch und körperlich geschwächten Teilnehmer reagieren euphorisch. Sie glauben, endlich zu sich selbst gefunden zu haben, und werden so häufig zu missionarischen Werbern.

Das Fatale dabei ist, daß sich viele Forumsteilnehmer nicht als Opfer fühlen. Meist sind es Partner, Freunde oder Familienangehörige, die eine radikale Persönlichkeitsveränderung beklagen. Sie berichten fast immer von einem aufgesetzten Selbstwertgefühl und von der Unmöglichkeit, miteinander zu kommunizieren. Denn Landmark-Fans sind immun gegen jegliche Kritik und sehen diese nur als Beweis dafür, daß die Kritiker eben noch nicht verstanden haben, welche geniale Lösung Landmark ihnen bietet.

Es ist faszinierend, wie gut es Martin Lell gelingt, den Prozeß seiner Gehirnwäsche zu beschreiben. Wie schleichend und subtil im Forum seine Identität aufgelöst wird, wie er sich an die neuen Heilsbotschaften klammert, wie er Landmark gar als neue, erlösende Weltreligion sieht und wie er schließlich psychisch zusammenbricht.

Martin Lells Buch ist überfällig. Denn Landmark erfreut sich immer größerer Beliebtheit, während die fatalen Folgen, die die Kurse für den einzelnen haben können, nahezu unbekannt sind. Wer sich im Forum auf die »Achterbahn der Gefühle« begibt, riskiert den Absturz – und wie tief und schmerzvoll der sein kann, schildert Martin Lell sehr eindrucksvoll. Ihm gebührt daher Respekt für den Mut, seine erschütternden Erlebnisse zu veröffentlichen.

Bärbel Schwertfeger

1. »Man ist immer irgendwie unzufrieden ...«

Freitag abend, drei Wochen vor dem Forum

Wir sitzen am Lagerfeuer auf einer Waldlichtung: Christoph, Fernanda, meine Freundin Kirsten und ich. Wir sind alle Studenten, außer Fernanda, die als Köchin und Altenpflegerin arbeitet. 1990 kam sie aus Brasilien nach Deutschland, und seit drei Jahren ist sie mit Georg verheiratet, einem Studienfreund von mir.

Während wir uns am Feuer wärmen, erzählt uns Fernanda von ihrer Kindheit. Ihr Vater, ein Säufer, hat ihre Mutter ständig betrogen und sie und ihre Geschwister regelmäßig geschlagen. Mit dreizehn ist Fernanda von zu Hause weggelaufen. Ein Jahr lang lebte sie bei Verwandten, dann wurde sie wieder zu ihren Eltern geschickt. Nur aus Mitleid zu ihrer Mutter blieb sie diesmal – doch Angst und Einsamkeit ließen sie niemals los.

Oft mußte sie abends allein zu Hause bleiben, denn sie war die Jüngste und durfte noch nicht mit, wenn alle anderen zum Tanzen in ein Nachbardorf gingen. Um sich zu schützen, hatte sie einen Revolver bei sich. Die Gegend war gefährlich, und die zahlreichen Mordfälle wurden selten aufgeklärt. Eines Abends hörte sie plötzlich Kratzgeräusche an der Tür. Sie hatte entsetzliche Angst und schoß einfach drauflos, bis sich der Einbrecher schließlich davonmachte – sie hatte noch einmal Glück gehabt.

Wie alle brasilianischen Mädchen aus armen Verhältnissen mußte Fernanda viel arbeiten: Sie holte Wasser aus dem Brunnen, denn Leitungswasser gab es nicht. Auf einer kleinen Feuerstelle kochte sie für die ganze Familie, und den

Rest des Tages verbrachte sie auf dem Feld. Kein Wunder, daß sie jetzt vom vielen schweren Tragen Rückenbeschwerden hat. All das wurde jedoch für selbstverständlich angesehen, nie hat sich jemand bei ihr bedankt.

Die Schilderungen Fernandas ergreifen uns sehr. »Du hast ja wirklich kaum etwas von deiner Kindheit gehabt, so völlig ohne Freiheit«, sage ich.

»Ich habe schon lange gebraucht, um das alles zu verarbeiten«, meint Fernanda. »Eigentlich habe ich es immer noch nicht verarbeitet, deshalb erzähle ich auch jedem davon. Ich habe zum Beispiel immer noch große Angst vor dem Alleinsein. Wenn ich nachts alleine in der Wohnung bin, muß immer alles verschlossen sein. Aber ich habe auch etwas gelernt dabei: Ich habe so viel einstecken müssen, das reicht für mein ganzes Leben. Jetzt laß ich mir nicht mehr so leicht etwas gefallen.«

Fernanda erzählt uns, wie sie nach Deutschland kam. Das Geld reichte gerade eben für den Hinflug und ihre Ausbildung zur Hauswirtschafterin. Auch in Deutschland wurde ihre Arbeitskraft rücksichtslos ausgebeutet, sie bekam nicht einmal genug zu essen, verlor etliche Kilo Gewicht. Sie hielt aber durch. Bald nachdem sie Georg kennengelernt hatte, entschlossen sich beide zur Heirat. Doch Georgs Eltern waren dagegen, sie zahlten ihm keinen Unterhalt mehr. Fernanda finanziert seitdem sein Studium mit. Tagsüber arbeitet sie als Altenpflegerin, abends als Köchin. Das sei sehr anstrengend, meint sie, aber die Tätigkeit als Altenpflegerin gefalle ihr sehr gut. Die alten Menschen hingen an ihr, denn sie rede gerne mit ihnen. Ihre Stelle als Köchin habe sie dagegen mehrmals gekündigt und anderswo neu angefangen, wegen miserabler Behandlung durch ihre Vorgesetzten.

Wir alle sind beeindruckt. Fernanda managt ihr Leben wirklich, ohne sich von jemandem etwas vorschreiben zu lassen. Sie redet nicht über Selbstverwirklichung, sondern macht einfach das, was sie für nötig und richtig hält. Und was sie stark gemacht hat, ist das Schlimme, das sie erleben mußte. Ich starre ins Feuer und beneide Fernanda regelrecht um ihr schweres Leben. Nicht zu fassen, denke ich.

Christoph holt mich in die Realität zurück. »Findest du unser Leben nicht auch stinklangweilig?«

»Genau das habe ich gerade gedacht«, sage ich.

Wir sind uns einig: Fernanda hat wirklich etwas erlebt in ihrem Leben. Sie hat mehr erlebt als ein durchschnittlicher Achtzigjähriger. Kein Wunder, daß sie jetzt so selbstsicher ist.

Unwillkürlich muß ich die begeisterte, energiegeladene Art, in der Fernanda von ihrer Altenpflegertätigkeit erzählt, mit meinem Dauerstudienfrust vergleichen. Sollte ich nicht eher froh sein, daß ich überhaupt studieren kann?

»Eigentlich ist es absurd«, sage ich zu Christoph, »da hat man kein einziges wirkliches Problem und ist trotzdem immer irgendwie unzufrieden. Man lähmt sich völlig mit dieser ewigen Unzufriedenheit. Ganz schön lasch und weinerlich ist unser Leben! Man müßte mal wirklich was erleben, das ist es.«

»Du hast recht«, stimmt Christoph mir zu und kommt auf eine alte Idee von uns zurück. »Wir sollten endlich diesen Urwaldtrip machen.«

»Ich glaube, erzwingen kannst du so etwas nicht. Das wäre ja doch nur ein künstliches Abenteuer«, wende ich ein.

Etwas bedrückt fahren wir schließlich nach Hause – mit dem vagen Gefühl, das eigentliche Leben versäumt zu haben.

Mittwoch abend, zwei Wochen vor dem Forum

Das Telefon klingelt abends um halb sieben. Es ist Christoph, offenbar ziemlich in Eile: »Du, ich komm gleich mal bei dir vorbei und hol dich ab. Du hast doch Zeit, oder?«

»Moment mal, worum geht es eigentlich? Wozu willst du mich abholen?«

»Jetzt um sieben findet diese Sache statt, von der ich dir mal erzählt habe. Du weißt schon, der Einführungsabend für das Seminar, das mir die Sekretärin einmal empfohlen hat.«

Ich erinnere mich. Christoph hat mir vor ein paar Wochen begeistert von einem längeren Gespräch mit einer etwa fünfzigjährigen Uni-Sekretärin erzählt. Die Frau hatte ihn vor allem durch ihre ungewöhnlich offene und sympathische Art beeindruckt. Sie empfahl ihm sehr eindringlich ein Seminar, das ihr persönlich sehr viel gebracht, ihr zu einer neuen, viel positiveren Lebenseinstellung verholfen hätte. Sie versprach, ihm vor der nächsten Einführungsveranstaltung in Heidelberg Bescheid zu sagen.

»Und du meinst also, das wäre interessant?« Ich habe eigentlich schon etwas anderes vor und bin sowieso eher skeptisch.

»Du, ich hab so ein Gefühl, wir sollten das unbedingt machen. Du hättest dieser Frau begegnen sollen, das war einfach überzeugend. Also, ich komme dann in zehn Minuten vorbei.«

Keine Widerrede möglich, na gut. Christophs Begeisterung steckt irgendwie an, auch wenn ich den Grund dafür nicht kenne. Vielleicht wird es ja wirklich interessant…

Die Veranstaltung findet in einem großen Gasthof statt, ein paar Kilometer außerhalb der Stadt. Als wir dort ankommen, ist es bereits nach sieben Uhr. Christoph hat es eilig, denn er will auf keinen Fall den Anfang verpassen. Wir gehen hinein und sehen, daß neben der Garderobe eine Reihe Tische aufgebaut ist, an denen noch mehrere Leute stehen und schreiben. »Bevor ihr reingeht, tragt doch bitte Namen und Adresse hier ein«, spricht eine junge Frau uns an und legt uns zwei Kärtchen vor. Ich sehe, daß alle vor mir in der Reihe eifrig dabei sind, die Kärtchen auszufüllen.

»Warum muß ich meine Adresse angeben?« frage ich nach. Die junge Frau korrigiert mich sofort: »Du *mußt* das doch nicht, das machen alle hier freiwillig. Du kannst es machen oder auch nicht.«

»Gut, dann nicht, das sehe ich nicht ein«, sage ich.

Es liegen noch andere Zettel herum, kleine Aufkleber, auf die jeder seinen Namen schreibt. Ich schreibe groß meinen Vornamen darauf, meinen Nachnamen klein darunter. Außerdem müssen wir fünf Mark Eintrittsgebühr zahlen. Daß man auch noch Geld bezahlen muß für eine Werbeveranstaltung, davon hatte mir Christoph nichts gesagt. Wenn ich das gewußt hätte, wäre ich sicher nicht mitgekommen. Doch was soll's, jetzt bin ich schon mal hier, und fünf Mark sind ja auch nicht die Welt.

Wir gehen in den hellen, festlich wirkenden Saal. Beflissene Helfer sitzen an Tischen mit Gläsern und Getränken. Alle sind ansprechend gekleidet und wirken sehr gepflegt. Ich komme mir richtig schäbig vor in meinen abgewetzten Jeans. Als wir uns hilfesuchend nach Stühlen umsehen – der Saal ist bereits ziemlich voll –, springen sofort zwei der Helfer auf, lächeln uns freundlich an und helfen uns, Stühle in die letzte Reihe zu tragen.

Kaum haben wir uns niedergelassen, geht eine etwa fünfzigjährige Frau eiligen Schrittes durch die Reihen auf das Podium zu. Sie ist nicht gerade schlank, sieht aber sehr elegant aus. Die grauweißen kurzen Haare sind perfekt gestylt, sie ist dezent geschminkt und trägt edle Kleidung, ganz in Blau und Weiß.

Mit einem gewinnenden Lächeln wendet sie sich dem Publikum zu und beginnt zu sprechen: »Guten Abend, meine Damen und Herren! Ich möchte Ihnen heute abend Landmark Education vorstellen. Ich sage am besten zuerst etwas zu meiner Person. Mein Name ist Sophie Bühler. Wie Sie vielleicht bemerken, bin ich Schweizerin und spreche einen Dialekt, den man in Deutschland wahrscheinlich nicht so oft hört. Aber euch hier im Süden ist das wohl eher vertraut, da komme ich mir nicht ganz so fremd vor wie im Norden.«

Alle lächeln freundlich zurück. Scheint ganz nett zu sein, diese Schweizerin, denke ich.

»Ich arbeite seit nunmehr zehn Jahren für Landmark Education und leite auch das Forum. Es gibt diesen Kurs mittlerweile auf der ganzen Welt, es gibt Forumskurse in Amerika, es gibt Forumskurse in Indien, es gibt sie in Australien und in vielen größeren Städten Europas. Und das, obwohl die Leute fast ausschließlich aufgrund von Empfehlungen aus dem Kreis ihrer Freunde oder Verwandten zu uns kommen. Wir machen keine Werbekampagnen in der Öffentlichkeit. Ihr alle hier im Saal seid durch persönliche Bekanntschaften hierher gekommen! Und trotzdem hat das Forum inzwischen diese weite Verbreitung auf der ganzen Welt.

Was ist das Forum? Was bringen wir den Leuten bei im Forum? Das Forum arbeitet mit Methoden der Erwachsenenbildung, die ganz auf die spezifischen Probleme der Teilnehmer zugeschnitten sind. Diese Methoden werden ergänzt durch die besondere Atmosphäre der Vertrautheit der Teilnehmer untereinander, die sich in den drei Tagen des Kurses bilden kann und die die Menschen veranlaßt, aus sich herauszugehen und das zu sagen, was ihnen am Herzen liegt, Sachen, die normalerweise nicht zur Sprache kommen. Wir nennen das Öffnungen; das Forum arbeitet mit Öffnungen, das sind Situationen, in denen Menschen die Schranken überwinden, die sie sich selbst auferlegt haben, und zu einer neuen Selbstbestimmtheit gelangen.

Was führt die Menschen zu Landmark? Wir haben Studien durchführen lassen mit dem Ziel herauszubekommen, was die Teilnehmer veranlaßt, sich zu einem Forumskurs anzumelden. Am häufigsten finden wir so fundamentale Dinge wie Liebe, Anerkennung, Vitalität, Zuneigung, Erfüllung und Selbstausdruck.«

Während sie spricht, deutet sie auf die Tafel und betont jedes einzelne Wort.

»Wir lassen auch regelmäßig Untersuchungen über den Grad der Zufriedenheit der Teilnehmer nach einem Forumsbesuch durchführen, und da finden wir mit absoluter Regelmäßigkeit eine hohe Zufriedenheit in all den genannten Bereichen bei achtzig bis neunzig Prozent der Teilnehmer. Achtzig bis neunzig Prozent der Teilnehmer geben nach einem Forumsbesuch an, daß sie mehr Liebe erfahren, daß sie mehr Anerkennung im Beruf finden. Sie fühlen sich vitaler, freier, können sich besser entscheiden. Was hier erreicht wird im Forum, ist ein so grundlegender Wandel im Menschsein, daß wir von einem Durchbruch im Sein sprechen.

Landmark ist englisch und steht für Wendepunkt. Landmark verpflichtet sich, den Teilnehmern einen Wendepunkt in ihrem individuellen Sein zu ermöglichen.

Ich möchte euch einen kurzen Einblick geben, was in diesem Kurs vermittelt wird. Wir arbeiten mit Mitteln der Ontologie, der Philosophie des Seins. Wir setzen uns mit der Frage auseinander, was es heißt, Mensch zu sein. Eine typische Frage, die wir untersuchen werden, ist etwa: Wovon lassen wir unser Tun bestimmen? Wir werden im Kurs die Erfahrung machen, daß wir im wesentlichen von Dingen bestimmt werden, die nicht zu uns gehören, und das sind die Dinge, von denen wir uns freimachen wollen.«

Sophie zeichnet einen großen Kreis an die Tafel. »Wenn dieser Kreis alles Wissen auf der Erde ist, das es gibt, der Bereich des Wissens also, das uns theoretisch zur Verfügung steht, wieviel Prozent davon, glaubt ihr, können wir zu dem verfügbaren Wissen zählen, dem Wissen also, von dem wir wissen, daß wir es wissen? Was meint ihr? Wer möchte sich äußern?«

Ein paar Leute in den vorderen Reihen melden sich. Ich begreife nicht einmal, was sie meint, bin aber fasziniert von der Souveränität, mit der sie derart verzwickte Fragen behandelt. Andererseits befremdet mich diese Überbetonung des Wissens. Sind die Probleme der Menschen eine Frage des Wissens? Wissen wir alle nur einfach zu wenig?

»Ja bitte, was meinen Sie?« ruft Sophie jemanden aus dem Publikum auf.

»Fünf Prozent vielleicht?«

»Ja, es ist wenig«, antwortet Sophie ernst und deutet mit der Kreide einen schmalen Sektor des Kreises an. »Sehr wenig sogar. Und wieviel vom gesamten Bereich, glaubt ihr, können wir zu dem Wissen zählen, das uns zwar prinzipiell zur Verfügung steht, das wir aber nicht nutzen, das Wissen also, von dem wir nicht einmal wissen, daß wir es nicht wissen?«

Wieder melden sich einige aus den vorderen Reihen. Ich bin noch verwirrter als vorher: Ist diese Fragestellung nicht vielleicht absurd? Aber es bleibt keine Zeit zum Grübeln.

»Zwanzig Prozent?« sagt jemand.

»Dieser Bereich ist viel größer als der Bereich des verfügbaren Wissens, des Wissens also, von dem wir wissen, daß wir es wissen«, fährt Sophie fort und deutet einen wesentlich größeren Sektor an.

»Nun, was tut Landmark also? Landmark arbeitet mit neuartigen Methoden der Wissensvermittlung in Kombination mit bewährten Methoden der Erwachsenenbildung. Ich möchte euch kurz andeuten, was wir im Kurs so machen. Um ausführlicher zu werden, fehlt an diesem Abend die Zeit.«

Sophie wischt den Kreis weg und malt einen neuen an die Tafel. »Seht ihr, wenn das der Bereich eurer Möglichkeiten ist, aller Möglichkeiten, die jedem von euch zur Verfügung stehen, dann habt ihr zunächst alles zur Verfügung. Als Kind hat sich jeder frei gefühlt, ihr kennt das, jeder kennt das. Was engt uns jetzt so ein?«

Sie fängt an, mit der Kreide Teile vom Rand des Kreises wegzustreichen, so daß dieser immer kleiner wird.

»Da gibt es dann so Sachen, die machen einen immer unfreier: Du gehst in die Schule, du machst eine Ausbildung, du heiratest.« Sophie macht jedesmal einen Strich, der Raum in der Mitte wird immer kleiner. »Du verpflichtest dich, dies und das zu machen, sagst mal hier ja, mal dort, und jedesmal, ehe du dich versiehst, bist du weniger frei als vorher. Du weißt gar nicht, wie dir geschieht, und auf einmal bleibt dir nur noch dieser winzige Bereich in der Mitte. Und was ist das?«

Ich bin gespannt, was kommt. »Essen, Trinken, Schlafen, Toilette gehen!« ruft Sophie ziemlich barsch.

Allgemeines Gelächter ertönt. Irgendwie stimmt's ja, denke ich, die Frau hat schon recht. Eingeengt fühle ich mich auch oft. Ich würde nur gern wissen, wie ich das loswerden kann.

»Ist's nicht so?« fährt Sophie fort. »Hast es dir nicht auch schon gedacht? Aber Nachdenken bringt da gar nichts! Ha!« winkt sie ab. »Mit Nachdenken kommst nicht weiter. Wir werden im Kurs analysieren, was das eigentlich ist, woher es stammt, was uns da immer eingeengt hat. Wir werden im Forum eine Reihe von Unterscheidungen durchführen, die dir helfen werden, zu dir selbst zu finden. Ich geb euch mal ein Beispiel: Da ist der Begriff des Immer-bereits-Hörens. Ich kann euch das am besten mit einem Bild erklären. Ihr müßt jetzt bitte alle wegschauen. Bitte schaut alle weg, macht die Augen zu oder dreht euch weg. Ich werde schnell etwas an die Tafel schreiben. Einen Moment. So, jetzt ist es gleich fertig … Ihr dürft herschauen. Wer liest mir bitte vor, was da an der Tafel steht?«

»Spatz in der Hand«, liest jemand laut vor.

»Kannst du noch einmal vor allen Leuten sagen, was du gelesen hast? Und steh auf, damit dich alle sehen können.«

»Spatz in der Hand«, wiederholt der ältere Mann, der jetzt steht.

»Ich bitt dich, komm doch einmal vor zur Tafel und lies es noch einmal langsam für alle Leute vor – Wort für Wort! Zeig immer auf das Wort, das du gerade liest!« fordert Sophie ihn auf.

Der Mann geht nach vorn. An der Tafel stehend, wiederholt er: »Spatz ... in ... der ... äh ... der ...« Er stockt und zeigt auf das zweite »der«, das er beim ersten Lesen übersehen hat.

»Was steht da also?« drängt Sophie.

»Zweimal ›der‹. Das habe ich vorher gar nicht gesehen.«

Sophie dreht sich zum Publikum: »Wer hat's noch nicht gesehen?«

Fast alle melden sich, ich auch.

»Ihr seht, daß es fast jedem so ergangen ist. Im Kurs werdet ihr sehen, daß ihr's im Leben genauso macht. Ihr wißt alles schon vorher. Das ist einer der Gründe, warum sich nie etwas ändert in eurem Leben. Das Immer-bereits-Hören ist eine Unterscheidung, die uns helfen wird zu verstehen, was hier mit uns passiert. Wir werden noch einige andere Unterscheidungen kennenlernen, und all dies wird uns schließlich ermöglichen, bis auf den Kern unserer Persönlichkeit vorzudringen.«

Sophie macht eine kurze Pause und fährt in leutseligem Ton fort: »Ich hatte auch ein Immer-bereits-Hören bei meiner Mutter. Ich hab das auch erst im Forum erkannt. Ihr müßt wissen, ich komme vom Bauernhof. Ich hatte eine strenge Erziehung, mein Vater hat's mir nicht leicht gemacht. Ich mußte immer bei der harten Arbeit mithelfen, aber ich hab mich nie darüber beschwert, ich bin dankbar dafür, ich hab gelernt zu arbeiten. Das Dorf, in dem meine Eltern wohnen, das ist ein kleines Bergdorf in der Schweiz, und wie es da halt so ist, sind alle streng katholisch. Und so ist das auch bei meinen Eltern. Meine Mutter ist ein sehr religiöser Mensch. Wenn ich daheim anrufe, fragt sie immer das gleiche. Sie hat zwei Fragen: ›Sophie, ißt auch genug?‹ und ›Sophie, gehst auch jeden Sonntag in die Kirche?‹ Meine Mutter betet auch für mich, daß das nur ja gut geht mit meinen Kursen. Und auch für alle Forumsteilnehmer! Wenn ihr das Forum macht, betet meine Mutter für euch alle!«

Die meisten lachen gerührt.

»Vor dem Forum hab ich das immer abgetan. Ich hab immer zu ihr gesagt: Braucht's doch nicht, daß du für mich betest, laß es sein«, fährt Sophie fort. Dann ruft sie laut: »Aber im Forum hab ich erkannt, was für eine tolle Mutter ich doch habe! Wer hat denn schon eine Mutter, die für einen betet! Ich hab erkannt, daß das eben ihre Art ist, mir ihre Liebe zu zeigen. Und ich hab auch erkannt, warum ich das vorher immer so abgetan habe. Der Grund war, daß ich, noch bevor sie überhaupt etwas sagen konnte, immer schon gedacht habe: Jetzt kommt sicher wieder das mit dem In-die-Kirche-Gehen. Ich hatte dieses Immer-bereits-Hören, und deshalb habe ich überhaupt nicht gewürdigt, was mir meine Mutter eigentlich sagen wollte. Im Forum habe ich erst gelernt, was es heißt, jemandem zuzuhören. Jetzt kann meine Mutter fragen, was sie will, ich hör ihr gern zu.«

Das Publikum lächelt angetan.

»Inzwischen macht sie es schon nicht mehr so direkt. Neulich war ich in San Francisco. Ich hab meine Mutter angerufen. Da hat sie dann gesagt: ›Hat's da auch Kirchen, in San Francisco?‹«

Während Sophie den Tonfall ihrer Mutter nachmacht, fangen alle im Saal an zu lachen. Auch ich bin gerührt von der naiven Bauersfrau.

»So, bevor jetzt Pause ist, möchte ich noch etwas zu den nächsten Forumskursen sagen: Die Termine stehen hier an der Tafel. Es gibt einen Kurs im April und einen im Juli. Die Plätze im April sind schon sehr knapp, im Juli müßten noch einige frei sein. Ich kann nur jedem von euch empfehlen: Mach dein Forum so bald wie möglich, du bist hinterher ein anderer Mensch. Du wirst erst dann erkennen, welche Chancen du bisher vertan hast. Nütz die Gelegenheit, du kannst gar keinen Fehler dabei machen. Hier wird keiner zu etwas gezwungen. Du kannst es machen, oder du läßt es bleiben. Aber ich sag immer: Wenn du es machst, dann weißt du es jetzt schon, daß du es machen wirst. Dann hast du's schon gewußt, als du hierher gekommen bist. Es sind freiwillige Helfer hier im Raum, die werden dir helfen, das Formular auszufüllen, und du kannst dich an sie wenden, wenn du Fragen hast. Wir haben jetzt eine zwanzigminütige Pause. Ich bitt euch, nutzt diesen Abend, redet mit den Helfern, sie sind deswegen hergekommen!«

Ich sitze eine Weile da und habe eigentlich keine Lust, etwas zu tun. Ich möchte nur auf meinem Platz bleiben, um noch einmal darüber nachzudenken, wie das war mit dem Wissen, was ich noch nicht so ganz verstanden habe. Aber ich komme nicht dazu. Ein Gespräch neben mir weckt meine Aufmerksamkeit.

Christoph redet mit einem überaus freundlichen, etwa dreißigjährigen jungen Mann, der Christoph durch seine Brille hindurch immerzu fixiert. Auf seinem Namensschild steht »Günter«.

»Und kannst du sagen, was es für dich gebracht hat, das Forum?« möchte Christoph wissen.

»Mir haben sich einfach so viele neue Möglichkeiten aufgetan«, schwärmt Günter. »Ich habe das in keiner Weise erwartet. Ich arbeite in einem größeren Betrieb, und ich habe früher nie so recht einen Draht zu den Leuten gehabt. Jetzt, wenn wir eine Managersitzung haben, führe ich oft das Wort, kann aber zugleich sehr gut auf die anderen Mitarbeiter eingehen. Ich werde oft gefragt: Wo hast du denn diese Art zu reden gelernt? Ich habe jetzt keine Schwierigkeiten mehr, mit Menschen ein offenes und tiefes Gespräch zu führen. Das bringt mir sehr viel Vertrauen ein. Die Leute kommen jetzt direkt mit ihren Problemen zu mir und vertrauen sich mir an. Ich fühle mich einfach viel besser, das hat mir enormes Selbstbewußtsein gegeben. Ich weiß jetzt, daß ich selbst viel zu einem guten Betriebsklima beitragen kann, was ich mir vorher nie zugetraut habe.«

Mir fällt auf, daß Günter die ganze Zeit über so ein eigenartiges Leuchten in den Augen hat. Unwillkürlich muß ich an einen Pater aus meiner Schulzeit denken, der das gleiche Leuchten in den Augen hatte und mit uns Kindern immer begeistert religiöse Lieder zu Gitarrenbegleitung sang. Woher kommt nur dieser Blick? Irgendwie kann ich mich nicht in Günter hineinversetzen. Egal, denke ich, übertriebene Schüchternheit loszuwerden, ist jedenfalls kein Nachteil. Könnte mir auch nicht schaden.

Plötzlich reißt mich eine hübsche junge Frau aus meinen Gedanken. Maria, weißblond gefärbte Haare, schwarz geschminkte Augen, Weltstadt-Look mit schwarzer Stretch-Hose und rotem Jackett, strahlt mich freudig an und beugt sich zu mir herunter: »Hallo, du! Was machst du hier? Hast du dich schon angemeldet?«

»Nein«, erwidere ich, »ich wollte es mir noch eine Weile überlegen. Ich bin mir noch nicht ganz sicher. Ich weiß nicht so recht wegen der 850 Mark. Das ist doch ein bißchen teuer für einen Studenten. Eigentlich kann ich's mir nicht leisten.«

Maria setzt sich neben mich. Sie sieht mir ständig in die Augen. »Die Frage ist doch nur, ob du es willst. Schau her, ich hatte damals auch kein Geld für das Forum. Ich hab's trotzdem gemacht. Ich hab einfach gearbeitet dafür. Weißt du, wenn du es wirklich willst, dann kannst du es auch. Du mußt nur wollen!«

»O. k., das stimmt. Das könnte ich natürlich auch machen, da hast du recht. Sonst gibt man ja auch für alle möglichen Sachen unglaublich viel Geld aus, für einen neuen Computer zum Beispiel oder ein neues Fahrrad. Für materielle Dinge schmeißt man das Geld zum Fenster raus, aber wenn es um einen selbst geht, kann man sich's auf einmal nicht mehr leisten. Das Argument mit dem Geld ist vielleicht wirklich nicht richtig.«

Maria lächelt immer noch und fixiert mich weiter mit ihrem strahlend offenen Blick, der nie abschweift. »Dann mach's! Tu's jetzt! Das ist das Beste, was du für dich tun kannst! Ich sag dir, mach's!«

»Na ja, ich muß sagen, das ist nicht mein einziges Problem«, versuche ich es weiter. »Da sind auch noch andere Bedenken, wegen dieser Öffnungen zum Beispiel. Ich hab da so ein Gefühl, als müßte ich mich vor sehr vielen Leuten quasi ausziehen.«

»Du mußt gar nichts«, entgegnet sie sanft. »Du mußt nur auf deinem Stuhl sitzen, du brauchst nicht mal etwas sagen!«

»Echt? Ja, wenn das so ist ...« Ich merke, wie mir die Argumente ausgehen. »Was hat es dir eigentlich gebracht?« frage ich Maria.

»Weißt du, wer ich vor dem Forum war? Ich komme aus der ehemaligen DDR und hatte die Wahnsinnskomplexe, die bin ich alle losgeworden. Du hast das wahrscheinlich meiner Sprache schon angemerkt.«

Langsam wird mir Maria sympathisch. »Nein, mir ist bis jetzt gar nichts aufgefallen an deiner Sprache. Ich hätte eher gedacht, du kommst aus Berlin.«

»Was denkst du, wer ich früher einmal war? Weißt du, ich war ein einfaches Mädchen vom Lande, total schüchtern und unauffällig«, gesteht sie mir vertraulich.

»Das bist du jetzt nicht mehr, das sieht man.« Ich meine das anerkennend, sie faßt es auch so auf und lächelt unaufhörlich weiter. Die sieht irrsinnig glücklich aus, denke ich, die scheint ihre Erfüllung gefunden zu haben. Trotzdem, ohne diese Aufmachung wäre sie sicher netter und natürlicher, eben so, wie sie früher wohl gewesen sein muß. Ich kann mir aber beim besten Willen nicht vorstellen, wie sie früher gewesen sein könnte. Schüchtern, zurückhaltend? Die?

»Und weißt du, ich konnte auch nicht vor Leuten reden. All diese Probleme! Nichts mehr, absolut gar nichts!«

Ich bin fasziniert. »Ja, das würde ich auch gern können, so einfach frei vor Leuten reden. Ich könnte mich auch besser verständlich machen, wenn ich nicht immer schüchtern in einer Ecke hocken würde.«

»Was hast du noch für Probleme?« erkundigt sich Maria einfühlsam.

»Na ja, entscheiden kann ich mich auch schwer. Ich weiß eigentlich nie so recht, was ich will. Das wäre schon ein Fortschritt, wenn ich da weiterkommen würde.«

»Na super, du!« Maria ist begeistert. »Weißt du, du hast alles! Tu's! Gönn's dir! Das ist das Beste, was du für dich tun kannst! Weißt du, das ist der Anfang.«

Ich bin irgendwie geschmeichelt. Vielleicht sollte ich's wirklich probieren? Wieso habe ich eigentlich immer noch Bedenken?

»Ich glaube, ich habe einfach Angst, zuviel zu erfahren«, versuche ich mein Zaudern zu rechtfertigen. »Hat sich eigentlich sonst auch etwas geändert in deinem Leben, ich meine außer deiner Einstellung?«

»Ich hab zu der Zeit mein Referendariat an der Schule gemacht. Das hab ich abgebrochen, ich bin zu Landmark gegangen und arbeite jetzt im Landmark-Büro in München.«

»Du möchtest auch nicht wieder als Lehrerin arbeiten?«

»Ich mach das jetzt bei Landmark, weil ich einfach gesehen habe, daß mir das die totale Erfüllung gibt. Ich hab nur Spaß bei der Arbeit. Ich telefoniere mit Leuten, viele bedanken sich, die sind so froh, daß sie das Forum gemacht haben. Ich kann mit ihnen reden, ich höre ihnen zu. Das bringt mir so viel Anerkennung. Ich möchte einfach gar nichts anderes mehr machen.«

»Ja, das kann ich mir vorstellen, daß das schöner ist als sich mit einer Klasse herumzuärgern ...«

»Warte mal«, unterbricht Maria mich, »ich bring dir das Anmeldeformular.«

»Moment«, versuche ich sie zurückzuhalten, »ich bin ja inzwischen wirklich ziemlich überzeugt, aber ich hab keine hundert Mark dabei. Die brauch ich ja für die Anzahlung. Ich hab überhaupt kein Geld bei mir.« Ich spüre Erleichterung.

»Kennst du niemand hier im Saal, der dir was borgen kann?«

Ich schaue mich um. »Nur Christoph, ein Freund von mir, der ist hier, aber soviel ich weiß, hat der auch nicht genug Geld dabei.«

In diesem Augenblick schwebt Sophie vorbei, bahnt sich den Weg durch die herumstehenden Leute. Maria spricht sie an: »Ich habe hier ein Problem: Hier sind zwei Leute, die wollen sich anmelden, haben aber kein Geld dabei und kennen auch niemanden.«

Sophie reagiert leicht gereizt: »Ja, kennen die denn gar niemanden hier? Irgend jemand muß sie doch mitgebracht haben! Haben sie denn nicht wenigstens eine Mastercard oder Eurocard oder so was? Und kann ihnen keiner vom Forum was leihen?«

Ich wundere mich über die herablassende Arroganz, mit der sie das vorbringt, bevor sie weiterschwebt.

Maria ist offenbar von einer neuen Idee beflügelt. »O.k., Martin, also das geht klar, ich bring dir gleich den Anmeldeschein vorbei.«

Sie bringt mir das Formular und verschwindet sofort darauf wieder. Ich sehe, daß Christoph das Formular bereits ausfüllt. Neben ihm steht immer noch der esoterische junge Mann und diktiert ihm jedes Wort. Während ich mir das Blatt unschlüssig durchlese, kommt Maria mit zwei anderen Helfern zurück.

»Also wer braucht hier Geld?« Einer der Helfer händigt mir, der andere Christoph ohne große Umschweife je einen Hundertmarkschein aus, zusammen mit einem Zettel, auf dem ihre Adresse steht. »Bringt es einfach in den nächsten Tagen bei uns vorbei.«

Sofort verschwinden die beiden wieder, ohne nach unseren Namen und Adressen gefragt zu haben. Meine restlichen Bedenken lösen sich auf. Wenn sie mir die Anmeldegebühr jetzt auch noch praktisch schenken, denke ich, dann können sie es eigentlich nur gut meinen. Diese Begeisterung kann gar nicht geheuchelt sein. Es wäre wirklich albern, jetzt immer noch zu zögern. Ich fülle das Formular aus und gebe es zusammen mit den hundert Mark ab.

»Ich bitte euch, setzt euch, die Pause ist zu Ende.« Sophie steht wieder auf dem Podium und schreibt drei Wörter untereinander an die Tafel: Vergangenheit, Sein, Zukunft.

»Im Forum werden wir erkennen, daß wir uns bisher zu sehr von der Vergangenheit bestimmen ließen. Das steht unserem Sein in der Gegenwart, wo wir eigentlich zu Hause sind und wo wir uns verwirklichen können, im Wege. Wir sagen im Forum immer, das ist der Duschablauf, den wir erst reinigen müssen. Ein Großteil der Arbeit im Forum ist diese Reinigung; wir machen uns frei von dem, was uns belastet. Am Sonntag, dem dritten Tag des Forums, ist dann für die meisten Teilnehmer der große Tag: Am Sonntag werdet ihr sehen, was es heißt, ein eigenbestimmtes, selbstverantwortetes Leben zu führen. Ihr werdet erleben, was für eine spannende Herausforderung es ist, voll und ganz Mensch zu sein. Montag und Dienstag sind die Tage, an denen du die Wirksamkeit deines Forums im Leben erproben kannst.

Du wirst sehen, was du alles verändern kannst und willst, und wirst den ersten Schritt in Richtung deines neuen Lebens machen. Der Dienstag abend ist der letzte und wichtigste Forumstag: Hier wirst du über die neugewonnenen Erfahrungen sprechen, du wirst dich mit Gästen austauschen können, die eingeladen werden. Jeder Teilnehmer wird so viele Gäste mitbringen, wie er will, manche bringen die ganze Familie mit. Es wird das Weiterbildungsprogramm von Landmark besprochen werden, und du kannst dich für Fortgeschrittenenkurse anmelden. Das Forum ist ja nur der Anfang, das Forum ist aber auch der Kurs, der die Voraussetzung für die anderen ist, denn nur das Forum ermöglicht dir Durchbrüche. Die Teilnehmer berichten von unerwartet positiven Ergebnissen, an die sie vorher nicht einmal gedacht haben. Was das Forum wirklich ist, kannst du erst sagen, wenn du einen Kurs besucht hast.

Der Kurs besteht aus drei Sitzungen am Freitag, Samstag und Sonntag. Jede Sitzung beginnt um neun Uhr morgens und endet gegen Mitternacht. Das ist ja anstrengend, werden manche von euch jetzt denken. Das Forum *ist* auch anstrengend, es ist ein intensiver Kurs, aber anders könnten wir diese Fülle an Stoff nicht an einem einzigen Wochenende vermitteln. Es wird also anstrengend werden, aber es gibt ausreichend Pausen, alle zweieinhalb bis drei Stunden haben wir eine Pause. Ansonsten ist alles, was du tun mußt, sitzen und zuhören. Du mußt natürlich gutes Sitzfleisch mitbringen, denn du wirst drei Tage lang auf deinem Stuhl sitzen. Und du solltest dich bemühen, alles mitzukriegen. Du kannst dich natürlich auch berieseln lassen und nur mit halbem Ohr zuhören. Aber dann haben sich die 850 Mark wahrscheinlich nicht gelohnt. Dann ist das Forum in ein paar Wochen nur noch eine schöne Erinnerung. Aber keine Sorge! Bei den meisten Teilnehmern stellt sich tatsächlich der Erfolg ein, den sie sich vom Forum versprochen haben. Es reicht, wenn du dich einfach bemühst.«

Dann erzählt Sophie wieder aus ihrem eigenen Leben: »Ich hab übrigens auch immer gezögert, das Forum zu machen. Ich hab wirklich keine größeren Probleme gehabt, mir ging's gut, ich hatte alles, ich hab einfach keinen Grund gesehen, das Forum zu machen. Eine gute Freundin von mir, die hat immer auf mich eingeredet: ›Mach's doch, Sophie! Du hast es wirklich nicht nötig, das weiß ich so gut wie du, aber ich hab so das Gefühl, es könnte trotzdem gut für dich sein.‹ Ja, und dann hab ich's schließlich gemacht.« Und was glaubt ihr«, ruft Sophie, »mir sind die Augen aufgegangen! Ihr müßt wissen, bei mir war immer alles in Ordnung. Ja ja, vor dem Forum war bei mir immer alles in Ordnung. Ich hatte einen geschiedenen Mann geheiratet, der brachte zwei Töchter aus erster Ehe mit. Ich hab nie Probleme gehabt mit meinen Töchtern, ich war eine gute Mutter. Aber da gab's immer einen Punkt, da war ich machtlos. Das war, wenn meine beiden Töchter mit ihrer Mutti, ihrer richtigen Mutti, in den Urlaub gefahren sind. Wenn die zurück waren, hab ich's immer schwer gehabt, meine Töchter wieder auf mein Geleis zurückzubringen. Die waren dann richtig aufgestachelt gegen mich, es hat einfach immer eine Weile gedauert, bis ich wieder ihre Mutti war. Aber ich hab da nie einen Fehler bei mir gesucht. Ich hatte ein ganz klares Urteil von der Mutter der Kinder, das war für mich die böse Susi. Verläßt einfach ihre Kinder. Haut mit einem anderen ab. So was macht man doch nicht! Das war mein Urteil. Ich hab sie ein paarmal angerufen, hab versucht, das Verhältnis zu verbessern, aber sie hat jedesmal aufgelegt. Schließlich hab ich's aufgegeben. Mein Urteil war: Die ist halt so. Das wird immer so bleiben. Bis ich dann schließlich das Forum gemacht habe.« Sophie wirkt jetzt ziemlich erregt, fast wütend. »Da hab ich erkannt, was für eine schlechte Mutter ich war! Erlaubt den Kindern nicht, mit ihrer richtigen Mutti zusammenzusein! Ich hab auch erkannt, wie schlecht ich diese arme Frau immer gemacht hatte! Auf einmal war sie für mich die arme, kleine Susi, die um ihre Töchter kämpft! Und wißt ihr, was ich gemacht habe? Ich habe die Ex-Frau meines Mannes noch während des Kurses angerufen. Und wißt ihr, was passiert ist? Wir haben uns lange und ausführlich unterhalten! Wir haben plötzlich so viele Gemeinsamkeiten entdeckt! Wir unterhielten uns über unseren gemeinsamen Mann, über unsere gemeinsamen Töchter. Mir ist klargeworden, was für eine tolle Frau doch diese ›böse Susi‹ ist! Und das hat sich bis zum heutigen Tag nicht geändert. Es war wunderbar, auf einmal eine so gute Freundin zu haben. Das Schönste war dann, als ich Omi wurde. Meine ältere Tochter lag im Krankenhaus, wir waren beide bei der Geburt dabei, haben beide gezittert und waren *so* stolz auf unsere gemeinsame Tochter und unser gemeinsames Enkelkind!«

Einige Leute lachen gerührt, auch ich bin beeindruckt.

»Und ich dachte immer: Mir fehlt nichts, ich brauch das Forum nicht. Hätte ich das Forum nicht gemacht, dann wär die Exfrau meines Mannes heute noch die böse Susi! Deshalb sag ich immer, es ist nie ein Fehler, das Forum zu machen. Auch wenn du denkst, bei mir ist doch alles perfekt, ich brauch doch so was nicht: Geh ins Forum, und dir werden die Augen aufgehen! Das ist wie auch sonst im Leben: Verlieren kannst du gar nichts dabei, du kannst nur gewinnen!

So, und damit du jetzt noch einen Einblick bekommst, was das Forum dir ermöglichen kann, haben wir hier einige ehemalige Forumsteilnehmer, die euch gerne berichten, was sie im Forum erlebt haben. Steht ihr bitte alle mal auf?«

Es erheben sich etwa zehn Personen, die verstreut im Publikum sitzen, etwa gleich viele Männer und Frauen, alle so um die dreißig Jahre alt, alle gut gekleidet.

»Wer möchte anfangen? Machst du den Anfang? Ja, Herbert!«

Herbert sieht sich entspannt lächelnd im Publikum um. Ich wundere mich: Kein Anflug von Nervosität ist ihm anzumerken. »Mein Name ist Herbert, ich bin Fotograf von Beruf, und ich bin jetzt schon seit längerer Zeit freiwilliger Helfer bei Landmark-Veranstaltungen. Was mich zu Landmark geführt hat, das war mein Verhältnis zu meinen Eltern. Ich hatte ein sehr schlechtes Verhältnis zu meinen Eltern, es gab so gut wie keinen Kontakt mehr. Zum Teil lag das auch daran, daß ich ihnen für alles Mögliche, was in meinem Leben schiefging, die Schuld gab. Ich hab das im Forum erkannt, ich hab gemerkt, daß ich ihnen unberechtigte Vorwürfe machte, und auch ich hab noch vom Forum aus bei ihnen angerufen, zum erstenmal seit elf Jahren. Ich muß sagen, das war wirklich der Durchbruch in unserer Beziehung. Ich hab jetzt ein sehr gutes Verhältnis zu meinen Eltern, ich besuche sie oft, ja, es ist einfach alles so, wie es sein sollte. Ich hab auch sonst viel mehr Klarheit über mein Leben gewonnen, beruflich geht es mir besser – also kurz: seit ich das Forum gemacht habe, geht's mir gut.«

Wir alle hören interessiert zu und klatschen anerkennend. Sophie ruft den nächsten auf. »Ja, dann der Achim.«

Auch Achim, ein schlaksiger junger Mann mit leicht hängendem Kopf, lächelt, während er hastig zu sprechen beginnt: »Bei mir war das so, ich hatte ziemliche Probleme mit meiner Freundin zu der Zeit, als ich das Forum gemacht habe. Das war so, also ich hatte da gerade eine Beziehung angefangen zu einer Frau, die mir sehr gut gefallen hat, also das war eben echt meine Traumfrau, und da ich so begeistert war, hab ich auch nicht mehr so aufgepaßt, und sie wurde eben schwanger. Ihr hat das dann aber gar nicht mehr gepaßt, sie wollte sofort Schluß machen, auf einmal war ihr ganz klar, daß sie das eh nie gewollt hatte mit mir und daß sie eigentlich wegen jemand anderem, einem guten Freund von ihr, nach Rosenheim gekommen war, das ist da, wo ich studiere. Das ging dann so dahin, ich hab sie jeden Tag besucht, und dann war das immer so, zuerst war's nicht so gut, dann nach einer Weile war's wieder sehr gut, jedesmal, wenn sie da war, das Gleiche. Und dann hab ich das Forum gemacht, und naja, was soll ich noch sagen«, Achims Stimme überschlägt sich fast vor Freude, »jetzt ist sie also meine Frau, wir sind eine glückliche Familie, und ich hab einfach eine ganz, ganz tolle Frau.«

Wir klatschen wieder und sind gespannt auf die nächsten »Ehemaligen«. Es sind zwei Leute, ein Paar, beide leicht untersetzt. Sie erzählen, sie seien seit dem Forum glücklich verheiratet, das Forum habe sie sozusagen zusammengeführt.

Weitere Forumsteilnehmer berichten von beruflichen Erfolgen und verbesserten Fähigkeiten, vor vielen Leuten zu sprechen. Ein sehr dünner kleiner Mann, etwa vierzig Jahre alt, berichtet, er sei alleinerziehend, habe eine kleine Tochter und komme seit dem Forum besser mit seiner Situation zurecht. Trotzdem wirkt er mitleiderregend auf mich.

Sophie ruft den letzten »Ehemaligen« auf: »Ja, der Jürgen. Was hat dir das Forum gebracht?«

Jürgen wirkt ein wenig verschroben mit seiner dicken Brille und den fettigen, schütteren Haaren. Er kann sich kaum halten vor überschäumender Freude, hier berichten zu dürfen, und schwankt, während er redet: »Also, ich heiße Jürgen, ich bin Informatiker, und bei mir war es so: Ich habe immer viel nachgedacht, gegrübelt in der Zeit vor dem Forum. Dann hab ich das Forum gemacht, und seither geht's mir so gut.« Seine Stimme beginnt sich zu überschlagen. »Mir geht's einfach nur gut, ich bin so relaxt, ich mach nur noch, was mir Spaß macht, ich hab keine Sorgen mehr. Es ist einfach nur super jetzt, ich hab keine Probleme mehr! Ich dachte immer, so was gibt's doch nicht, aber so was gibt's!«

Ich bin fasziniert, auch wenn mir Jürgens Begeisterung etwas übertrieben vorkommt. Relaxt und glücklich, das wollen doch eigentlich alle sein, ich auch. Aber die Arbeitswut in diesem Land macht das anscheinend unmöglich. Dieser Mann hat es mit Hilfe des Forums geschafft auszubrechen, einfach auszusteigen. Toll.

Sophie ergreift wieder das Wort: »Hat jemand noch Bemerkungen oder Fragen an die Forumsteilnehmer? Ansonsten könnt ihr euch nach der Veranstaltung persönlich an den einen oder anderen wenden, sie sind ja dafür gekommen. Ja, da hinten meldet sich jemand. Kannst du bitte aufstehen?«

Ein junger Mann steht zwei Reihen vor uns auf. Er wirkt ziemlich alternativ mit seiner knallengen, gestreiften Hose um die dürren Beine, dem dicken Pulli und seinen wirren, verfilzten Haaren. Sehr aufgeregt fängt er an zu sprechen: »Ich wollte nur sagen, ich finde das Scheiße, daß hier immer so das Ideal der Ehe hochgejubelt wird. Das ist nun mal nicht mein Ideal, und ich finde das nicht gut, wenn hier jeder so tut, als wäre das das Allertollste.«

Sophie geht durch die Reihen auf ihn zu und analysiert mit berechnenden Blicken sein Verhalten. »Seht ihr, wie es diesen Mann gerissen hat aufzustehen und das zu sagen. Der hatte keine Wahl, der mußte das tun. Im Forum werdet ihr sehen, was das eigentlich ist, was uns da immer reißt und zwingt, etwas zu sagen. Dieser Mann hat etwas in seiner Vergangenheit, das ihn zwingt, so etwas zu sagen. Wir alle haben solche Sachen in der Vergangenheit. Im Forum werden wir sehen, was das eigentlich ist.« Sie wendet sich wieder an den jungen Mann. »Und du willst das Forum also deswegen nicht machen?«

»Doch, ich würde das gerne mitmachen. Mich hat nur diese eine Sache gestört, das mit dem Hochjubeln der Ehe, als wär das so toll«, antwortet er auf eine betont harmlose Art.

»Gut! Dann mach's! Aber laß den anderen ihre Meinung! Du mußt sie nicht angreifen, nur weil sie eine andere Meinung haben. Verstehst? Ich dank dir für deine Meldung! Es ist immer gut, wenn jemand sagt, was er denkt.«

Erhobenen Hauptes begibt sich Sophie wieder zurück aufs Podium. »Ich dank euch allen fürs Zuhören. Und ich bitt euch: Laßt diese Chance nicht vorübergehen. Macht das Forum so bald, wie ihr könnt! Ich versprech euch, ihr werdet es nicht bereuen. Aber diejenigen von euch, die es machen, wissen es eh schon. Einen schönen Abend noch und einen guten Nachhauseweg!«

Zum Abschluß gibt es lebhaften Beifall. Ich bin immer noch stark beeindruckt von den Stellungnahmen der Forumsteilnehmer. »Das war doch offensichtlich, daß das vorher nicht gestellt war«, sage ich zu Christoph. »Die waren ehrlich, das hat man doch gesehen. Diese Begeisterung war absolut ehrlich! Obwohl es kaum zu fassen ist. Aber das war einfach so überzeugend, das muß man wirklich machen. Gut, daß wir uns gleich angemeldet haben!«

Christoph stimmt mir zu. Er habe diese Begeisterung auch bei der Frau gespürt, die ihn auf das Forum aufmerksam gemacht habe. Schon damals sei ihm klar geworden, daß die Sache einen Versuch wert sei.

Nach ein paar Tagen ruft eine Landmark-Mitarbeiterin bei mir an. Sie fragt mich nach meinen Zielen, danach, was ich mit dem Kurs erreichen will. Ich wiederhole, was ich in das Anmeldeformular eingetragen habe: »Vor allem geht es mir um eine größere Freiheit bei Entscheidungen. Ich glaube, ich habe mich bei der Studienwahl zu sehr von meinen Eltern beeinflussen lassen. Und ich will mich überhaupt von diesem Denken in Abhängigkeiten freimachen.«

»Hast du noch andere Ziele?« erkundigt sich die Mitarbeiterin.

»Ja, es geht mir auch darum, selbstbewußter zu werden. Ich würde gern lernen, vor anderen Leuten frei zu reden. Außerdem möchte ich Menschen kennenlernen, das heißt eine bessere Menschenkenntnis bekommen.«

Das versteht die Landmark-Mitarbeiterin nicht. Welches Ziel ich damit verfolge, will sie wissen. Es gelingt mir nicht, ihr zu erklären, warum ich mehr über die Menschen wissen möchte.

»Und dann will ich noch Vorurteile abbauen«, erkläre ich, »weil ich dazu neige, Leute vorschnell abzuurteilen.«

Die Landmark-Mitarbeiterin hört verständnisvoll zu. Ich werde mir bewußt, daß mir die Auflistung dieser Punkte Spaß macht, alle Probleme erscheinen mir schon halb gelöst, indem ich sie einfach nur mitteile. Es ist doch gut, denke ich mir, daß es hier jemanden gibt, der sich für meine Probleme interessiert – und vor allem auch Aussicht auf Lösung anbietet. Indem man darüber redet, erkennt man erst, was man überhaupt will.

Die Mitarbeiterin bedankt sich für das Gespräch und wünscht mir alles Gute. Ich habe das Gefühl, auch ihr hat es Spaß gemacht zuzuhören. Vielleicht relativiert das die eigenen Probleme, wenn man sich die von anderen anhört.

In der folgenden Zeit beginne ich mich von Tag zu Tag freier zu fühlen. Es ist, als würde ein großer Urlaub beginnen. Ich lege mich in die Sonne, wenn ich Lust dazu habe, das Studium erscheint mir auf einmal unwichtig. Ich bin mir sicher, daß die Entscheidung für das Forum richtig war, daß hier das Tor zur Freiheit liegt.

Ich spreche auch mit meiner Freundin Kirsten über das Forum. Sie ist da eher skeptisch. »Hoffentlich veränderst du dich nicht zu sehr.«

Christoph und ich haben überhaupt keine Bedenken. Auch er hat dieses neue Gefühl von Freiheit. Er trennt sich von seiner Freundin, und obwohl er nicht glücklich darüber ist, hält er die Entscheidung für richtig. Auch sonst will er manches ändern: »Ich muß mich jetzt endlich einmal beruflich entscheiden. Bei dieser EDV-Firma arbeiten, was mir einmal vorgeschwebt hat, das kann ich mir jetzt nicht mehr vorstellen. Diese ganze Freudlosigkeit dort würde mich kaputtmachen, aber ich weiß auch nicht, was ich sonst tun soll. Ich muß mich einfach neu orientieren. Das Forum ist die Gelegenheit dazu, da bin ich mir ganz sicher.«

Ich gebe ihm recht. »Das ist bestimmt das Beste, was du jetzt machen kannst. Nach den Erfahrungen zu urteilen, von denen die »Ehemaligen« berichtet haben, kann man ja nur profitieren. Es ist doch immer so: Verlieren kann man eigentlich nichts, man kann nur gewinnen.«

2. »Meine Stimme wird euch verfolgen, die wird euch noch lange verfolgen.«

Freitag, der erste Tag des Forums

Christoph und ich fahren mit dem Auto nach München. Wir sind gut gelaunt und ziemlich aufgeregt. Wir reden von dem, was wir ändern wollen, wenn wir dieses Seminar gemacht haben. Wir werden Klarheit über uns gewinnen und die richtigen Entscheidungen für unser weiteres Leben treffen.

Aber in welche Richtung könnte das gehen? Wir hatten uns schon vorher einmal unterhalten. Unser Studium, das dem Ende zugeht, bietet keine besonders erfreuliche Zukunftsaussicht; da es ohnehin kaum Stellen gibt, muß man mit allem zufrieden sein. Zumindest mir hängt mein Fach ohnehin schon zum Hals heraus, es war nicht das, was ich mir vorgestellt hatte. Ich hatte oft genug mit dem Gedanken gespielt, das Studium abzubrechen und eine Lehre zu machen. Wie wäre es mit Gärtner? Ein schöner Beruf, da hatte mir Christoph zugestimmt. Doch es gibt auch negative Seiten. »Ich hab jetzt mal mit einem Gärtner geredet«, erzählt Christoph, »auf dem Feld. Ich hab ihn gefragt, was er so verdient, und er hat gemeint, sie haben bloß polnische Arbeiter, und die sind mit sieben Mark pro Stunde zufrieden. Das ist da der normale Lohn.«

»Das ist wirklich nicht viel«, gebe ich zu. »Aber das ist, glaube ich, auch nur für die Feldarbeit. Ich denke, es gibt da schon noch was anderes, wo man mehr verdient. Klar, wahnsinnig reich wirst du nicht dabei. Doch dafür ist es auch ein schöner Beruf. Das würde mir bestimmt mehr liegen als mein Studium. Außerdem muß man ja auch nicht nur eine einzige Sache machen; das ist immer öde. Du mit deiner Begabung könntest zum Beispiel gleichzeitig mit Musik Geld verdienen. Leite doch wieder einen Chor! Das würde dir sicher Spaß machen.«

»Das ist aber auch mehr was für nebenher, nicht zum Geldverdienen«, findet Christoph.

»Stimmt. Aber auch wenn es nebenher ist, bringt es dir sicher viel. Du mußt einfach mal den Anfang machen. Irgendwann kommst du schon rein. Wenn man nicht irgendwann mal einen Anfang macht, ändert sich auch nichts.«

Wir fahren weiter, es ist schon zwanzig vor neun, eigentlich hieß es, wir sollten um Viertel nach acht da sein.

»Hoffentlich kommen wir nicht zu spät«, sage ich. »Ich möchte schon alles mitkriegen. Ich will mich auch das ganze Wochenende so gut konzentrieren, wie ich kann. Die 850 Mark müssen sich schließlich lohnen.«

Wir reden darüber, was uns wohl erwartet. »Ich glaube«, sage ich, »der Hauptzweck des Forums ist, daß die Leute endlich einmal erkennen, was sie wirklich ändern wollen, einfach nur dadurch, daß sie darüber reden. Mir hat es schon viel gebracht, mit der Landmark-Frau am Telefon über meine Ziele zu reden. Du wirst dir einfach klar über dich selbst und hast dadurch auch den Mut, was zu ändern.«

In dem Moment fahren wir in einen Stau. »Das wäre jetzt aber wirklich nicht nötig gewesen!« Langsam werde ich unruhig.

Christoph schaut zur Seite. »Die ist hübsch, die da drüben. Es sind viele Hübsche unterwegs heute.«

Ich werde auf ein Lied aufmerksam, das gerade im Radio läuft: »Papa hat g'sagt ..., Mama hat g'sagt ...«

»Das paßt wirklich, das Lied«, sage ich. »Davon wollen wir uns ja losmachen.«

»Hast du deinen Eltern erzählt, daß du das Forum machst?« fragt Christoph.

»Nein. Ich finde es blöd, den Eltern davon zu erzählen, gerade wenn man sich selbständig machen will mit seiner Meinung. Dann würdest du immer nur denken: Was würden die jetzt dazu sagen. Auf die Art kannst du dich nie selbständig irgendwo reindenken.«

Der Stau löst sich nach zehn Minuten wieder auf. In München fahren wir zuerst an der falschen Ausfahrt ab, irren eine Weile in der uns unbekannten Stadt umher und kommen dann schließlich doch noch am Veranstaltungsort an, einem großen, häßlichen Betongebäude. Wir betreten zunächst einen etwas finsteren Vorraum, der vollgestellt ist mit Tischen. Es wimmelt von Menschen. Auch viele ältere Leute sind darunter, irgendwie beruhigt mich das.

Christoph bleibt an einem der vielen Informationstische stehen. »Bis später«, sagt er, und wir verabschieden uns. Ich gehe weiter zu einem anderen Tisch, auf dem Namensschilder liegen. Ich sage meinen Namen und bekomme meines ausgehändigt. Es ist von Hand beschriftet, ganz groß der Vorname, ganz klein darunter der Nachname.

Ich wundere mich, wer wohl all die Namensschilder beschriftet hat. Weshalb gibt es keine gedruckten Schilder? Auch sonst ist irgendwie alles so sparsam: nur schäbige Tische, nirgends etwas zu essen oder zu trinken. Nach dem Einführungsabend hatte ich etwas anderes erwartet. Na ja, vielleicht gehört das zur Philosophie, alles einfach. Aber nett, daß man sich mit Vornamen anreden darf. Die Sache wird dadurch sicher weniger steif.

Ich stecke mir das Namensschild an den Pullover und gehe zur Tür des Veranstaltungsraums. Links und rechts stehen zwei Leute, ungefähr in meinem Alter. Sie lächeln freundlich und blicken auf mein Namensschild.

Ich habe das Gefühl, einen Theatersaal zu betreten. Die Stühle sind in exakter Anordnung in drei Blöcken vor der Bühne aufgestellt, getrennt durch breite Gänge. Auf dem erhöhten Podium stehen, schräg zur Mitte gestellt, jeweils links und rechts eine Tafel, auf denen etwas angeschrieben ist, irgendwelche Vereinbarungen, die schon im Vertrag standen: »... körperliche und geistige Gesundheit nötig ... kann als emotional belastend empfunden werden ...« Kenn ich schon, interessiert mich nicht. Wenn diese Omis das machen können, dann kann ich das auch.

In der Mitte der Bühne steht ein Klappstuhl, allerdings kein gewöhnlicher. Auf mich wirkt er eher wie ein Thron: Er ist sehr hoch, aus hellem Holz und mit blauem Stoff bespannt. Davor steht ein schwarzes Pult.

Ich gehe hinter den Stuhlreihen an einigen Tischen vorbei, auf denen Prospekte und Informationszettel liegen. Viele Leute stehen herum und lassen sich von Landmark-Mitarbeitern informieren. Ich sehe mich nach einem Platz um und setze mich schließlich an die Fensterseite, ziemlich weit vorn, neben eine ältere Frau. Sie ist etwa sechzig und wirkt unauffällig, zurückhaltend. Ich begrüße sie: »Kann ich Sie mit Vornamen anreden?«

»Ja, natürlich«, sagt sie und scheint sich über meine Frage zu freuen.

Ich schaue auf ihr Namensschild, sie heißt Ilse. Eine Frage interessiert mich besonders: »Wie sind Sie eigentlich darauf gekommen, daß es das Seminar hier gibt? Ich meine, wie bist du darauf gekommen?«

»Das war die Schwester meines Mannes. Sie hatte davon gehört und hat es mir dann erzählt.«

»Und da haben Sie sich gedacht, das könnte etwas für Sie sein.«

»Ja, das klang alles recht gut, was sie da erzählte.«

»Bei mir ist es auch etwas verwickelt, wie ich davon erfahren habe.« Ich berichte ihr die Geschichte mit Christoph und der Uni-Sekretärin. Ilse hört aufmerksam zu.

»Ah ja. Da freue ich mich ja, daß ich neben einem so netten jungen Mann sitzen darf.«

»Danke, das beruht auf Gegenseitigkeit.«

Ich fühle mich allmählich wohl – lauter Leute wie ich. Ich muß nur aufpassen, daß ich nachher alles mitkriege.

Auf einmal bemerke ich, daß Sophie schon auf der Bühne steht: Schick gekleidet, weiße Hose, blaues Jackett, mit dezentem Schmuck behängt, leicht geschminkt, genau wie am Einführungsabend. Ich freue mich, daß ich sie schon kenne. Nette Schweizerin, etwas herrisch vielleicht, aber trotzdem nett …

Sophie wendet sich lächelnd nach allen Seiten: »Guten Morgen, liebe Teilnehmerinnen und Teilnehmer dieses Forumskurses.«

Die Leute hören allmählich auf zu sprechen.

»Ich danke euch allen, daß ihr euch entschieden habt, dieses Forum mitzumachen. Ich sage euch: Das war die beste Entscheidung eures Lebens! Ihr habt euch etwas geschenkt, das unbezahlbar ist, das euch für den Rest eures Lebens Möglichkeiten gibt, von denen ihr nie geträumt habt. Ich möchte euch kurz etwas zu meiner Person erzählen. Einige von euch kennen mich schon; mein Name ist Sophie Bühler. Ich komme aus der Schweiz, wie ihr vielleicht an meinem Akzent gehört habt. Wie komme ich dazu, diesen Kurs zu leiten?

Ich war eine der ersten Leiterinnen dieses Kurses in Europa, und das ist nun meine Arbeit seit inzwischen zehn Jahren. Ich leite Forumskurse in Amerika und Europa. Ich mach das auf deutsch, auf englisch und bald auch auf französisch. Warum mache ich das? Dazu kann ich nur sagen: Ich lebe für eine Sache, für die es sich lohnt zu leben! Das ist eine Sache, die mich antörnt, das ist eine Aufgabe, wie man sie nur einmal im Leben findet. Es macht mir Spaß, diese Kurse zu leiten, und ich möchte nichts anderes mehr machen.

Ihr werdet sehen, dieser Kurs besteht aus Zuhören und Übungen. Beim Zuhören müßt ihr nichts weiter machen als zur Bühne schauen und alles aufnehmen, was ihr hört. Bei den Übungen unterhaltet ihr euch mit Leuten aus dem Kurs über ein bestimmtes Thema. Das fördert euer Verständnis, es ermöglicht aber auch das Zusammenwachsen dieses Kurses, aller einhundertachtzig Leute, die hier teilnehmen. Dieses Zusammenwachsen ist sehr wichtig für das Gelingen des Kurses, denn nur so können Menschen zu Öffnungen gelangen. Das geschieht auf einer Basis des Vertrauens, und die könnt ihr euch selbst schaffen. Redet deshalb miteinander, teilt euch mit. Und auch nicht immer mit den gleichen Leuten! Wenn hier Leute sind, die sich von früher kennen, sollten sie sich deshalb nicht nebeneinander setzen. Sonst redet ihr über die gleichen Dinge wie sonst auch. Wer ist mit Leuten da, die er von früher kennt?«

Es melden sich ein paar Leute, darunter auch ich.

»Und wer ist mit Familienangehörigen da?«

Wieder melden sich einige.

»Seht bitte, daß ihr nicht ständig zusammen seid! Tauscht einfach untereinander die Plätze, wenn ihr neben einem Bekannten sitzt und den Platz wechseln möchtet. Können sich bitte einmal alle melden, die den Platz tauschen möchten? Ja, gut, sucht euch untereinander einen Tauschpartner und tauscht die Plätze. Ihr könnt das jetzt gleich machen.«

Die Tauschwilligen verständigen sich durch Blicke und Gesten und begeben sich zu ihren neuen Plätzen.

»Das gleiche gilt übrigens für alle Teilnehmer: Setzt euch nicht immer an den gleichen Platz, nur weil ihr euren Nachbarn dort schon kennt! Es gibt hier keine Platzkarten. Es ist am besten, wenn ihr so oft wie möglich den Platz wechselt und euch mit möglichst vielen Leuten austauscht. Nutzt die Chance, die ihr im Forum habt, so viele Leute wie möglich kennenzulernen! Nutzt die Erfahrung der anderen, dann habt ihr auch am meisten vom Forum!

So, wir machen jetzt eine kleine Übung, eine Kennenlernübung: Geh im Raum umher und versuche möglichst viele Leute hier kennenzulernen, frag nach Namen, Herkunft, was dich interessiert. Also, haben es alle mitgekriegt? Steh jetzt einfach auf von deinem Platz und sprich mit möglichst vielen Leuten. Schau, daß du nicht länger als zwei Minuten mit einer Person redest, sprich lieber mit vielen Leuten kurz.«

Alle erheben sich von ihren Plätzen und gehen umher. Ich versuche, Blicke einzufangen, um auch jemanden »kennenzulernen«. Ich rede kurz mit etwa fünf Leuten, immer dieselben Fragen: Wie heißt du, woher kommst du, wie bist du zum Forum gekommen? Und immer dieselben Antworten: Durch Verwandte oder gute Freunde. Ich finde das Spiel schon ziemlich langweilig, da tritt Sophie wieder auf.

»So, die Übung ist beendet. Setz dich bitte wieder auf deinen Platz.« Sie wartet, bis sich die letzten gesetzt haben, und fährt dann fort: »Ich möchte an dieser Stelle euch allen für euer Vertrauen in Landmark danken. Wir werden alles tun, um euch nicht zu enttäuschen. Wie baut sich dieser Kurs auf, was gibt es zum Ablauf zu sagen? Das Forum ist ein viertägiger Kurs, der aus zwei Teilen besteht. Der erste Teil sind die drei Tage am Wochenende, der zweite ist der Dienstag abend. Jetzt am Wochenende werden wir jeden Tag um neun Uhr morgens anfangen, Ende ist dann gegen Mitternacht. Am Sonntag hören wir früher auf, für die Leute, die arbeiten. Wer muß am Montag zur Arbeit?«

Es melden sich viele Leute.

»Ja, das ist gut, wenn du arbeitest. Das ist deshalb gut, weil du am Montag und Dienstag Gelegenheit haben wirst zu sehen, was das Forum in deinem Leben verändert hat. Am Montag und Dienstag kannst du sehen, was es heißt, das Forum zu leben. Du wirst all das anwenden können, was du gelernt hast. Das Forum ist nicht etwas, das am Sonntag abend aufhört. Meine Stimme wird euch verfolgen, die wird euch noch lange verfolgen! Deshalb ist auch der Dienstag so wichtig. Ich sag immer, der Dienstag ist der wichtigste Tag vom Forum. Wir treffen uns in Puchheim, der genaue Ort der Veranstaltung ist in einer Broschüre angegeben, die hinten ausliegt. Veranstaltungsbeginn ist 19 Uhr, es geht dann bis 23 Uhr. Was passiert am Dienstag? Der Dienstag ist der Tag, an dem du im Kurs über die Veränderungen berichten kannst, die das Forum bei dir schon bewirkt hat. Das ist der wirklich große Tag deines Forums, den darfst du nicht verpassen. Aber mehr dazu später! Gibt es allgemeine Fragen, die wir vorab klären sollten? Habt ihr Fragen zum Kursverlauf, zu Landmark?«

Jemand meldet sich. Sophie ruft ihn auf: »Ja, der Franz hat eine Frage. Was ist deine Frage, Franz? Warte bitte, die Leute mit den Mikrofonen sind gleich da! So, und steh bitte auf, wenn du sprichst! Wir machen das hier immer so im Forum, wer eine Wortmeldung hat, steht auf, damit ihn alle sehen können.«

Ein Mann mittleren Alters mit Vollbart steht auf und nimmt das Mikrofon, das ihm die herangeeilten Helfer reichen: »Ich habe eine Frage zur Preisgestaltung. Wir zahlen hier alle 850 Mark, und das für einen dreitägigen Kurs. Wie erklärt sich denn das? Ist das angemessen?«

Schon während der Mann spricht, steigt Sophie von der Bühne herunter, geht auf ihn zu und stellt sich jetzt direkt neben ihn. »Du meinst«, sagt sie stirnrunzelnd, »wird jemand reich dabei? Das ist es, was du wissen willst?«

»Ja, das ist der Hintergedanke. Ich wollte nicht gleich so direkt sein.«

Sophie nickt lächelnd mit dem Kopf und wendet sich an alle: »Seht ihr, was dieser Mann gemacht hat? Er denkt die eine Sache und sagt die andere. Ihr alle macht das so. Im Forum werden wir lernen, offen zu sein, das heißt, ehrlich zu werden. Wir sagen, wir bemühen uns um Authentizität in unserem Leben. Nun aber zu deiner Frage: Landmark ist eine weltweite Organisation, die sich zum Ziel gesetzt hat, möglichst vielen Menschen ein selbstbestimmtes Leben zu ermöglichen. Landmark tut alles, um diesem Anspruch gerecht zu werden. Wir sind in vielen Ländern der Welt präsent. Wir veranstalten gemeinnützige Seminare, die jedem offenstehen. Wir bieten sogar Kurse an in Ländern, in denen die Menschen kein Geld haben, um dafür zu zahlen. Landmark zahlt das. Die Firma ist Eigentum der Mitarbeiter. Werde ich also reich dabei? Ich kann euch sagen, ich werde es nicht! Ich verdiene eher weniger, als in der Industrie üblich ist. Ich hatte einen guten Posten in der Industrie, bevor ich zu Landmark ging. Ich hab das nicht wegen des Geldes gemacht. Ich sag euch, ich hab es gemacht, weil ich es wollte. Ich wollte einen Unterschied in der Welt bewirken; und das Forum gibt mir die Möglichkeit dazu. Und auch sonst wird keiner reich dabei. Es gibt Büros in allen größeren Städten, in denen das Forum angeboten wird; wir leisten Betreuungsarbeit für alle angemeldeten Teilnehmer. Davon habt ihr auch schon profitiert. Diese Betreuungsarbeit hört auch nicht auf, wenn ihr am Dienstag aus dem Forum geht. Du hast das Recht, weiter von diesem Angebot Gebrauch zu machen. Das alles kostet Geld. Und ich sag dir, diese 850 Mark werden dein Leben verändern. Die sind ein Klacks, verglichen mit dem, was dir das Forum bringen wird! Das ist unbezahlbar, das ist geistiges Eigentum, das hier vermittelt wird! Keiner wird dich daran hindern, nach dem Forum zu erzählen, was du erfahren hast. Ich sag euch, ihr habt alle Glück, daß es so wenig ist!«

Besorgt wendet sie sich wieder an Franz: »Ist deine Frage damit beantwortet?«

»Ja«, nickt Franz.

»Noch allgemeine Fragen zum Verlauf, zu Landmark?«

Eine Frau meldet sich. »Seit wann gibt es diesen Kurs eigentlich?«

»Ja, seit wann gibt es das Forum? Das Forum kann inzwischen schon auf eine lange Tradition zurückblicken, und dem Erfolg, den dieser Kurs bei den Teilnehmern hat, ist es zu verdanken, daß es das Forum inzwischen auf der ganzen Welt gibt. Angefangen hat alles in Amerika, wo der

Kurs auf einen früheren Kurs, EST von Werner Erhard, zurückgeht. Ich hab damals einen der ersten Kurse mitgemacht. Zu der Zeit war ich noch in der Schweiz angestellt und wurde von meinem Betrieb hingeschickt, um das einmal auszutesten. Ich wollte überall zuerst dabeisein, das war bei mir immer schon so, ich wollte immer alles mitnehmen, und ich wollte auch diesen Kurs unbedingt machen. Als ich dann zurück war, schwebte mir als Ziel vor Augen, die erste deutschsprachige Forumsleiterin zu werden. Ich hab aber lange gezögert, es zu tun. Ich hab immer gedacht, das ließe sich nicht vereinbaren mit der Familie. Einer mußte sich ja um die Mutter kümmern, und ich dachte immer, das geht nicht, das geht nicht. Schließlich konnte mein Mann das nicht mehr aushalten, immer mein Gerede, aber keine Taten, und er hat gesagt: ›Sophie, ich weiß doch, daß du's eigentlich machen willst. Bitte mach's doch einfach! Wir kümmern uns schon um alles.‹ Da hatte ich keine Ausrede mehr. Und es ging problemlos! Jetzt kümmern sich die Kinder um die Mutter, alle Schwierigkeiten, die ich mir ausgemalt hatte, gab's gar nicht! Da hat wirklich die ganze Familie mitgeholfen. Ich mache die Kurse, das geht immer drei Wochen lang, die vierte bin ich dann bei meiner Familie. Und ich habe jetzt das erfüllteste Leben, das man sich vorstellen kann, mir ist keine Minute, aber wirklich keine Minute meines Lebens langweilig! Und ich freue mich, euch das heute geben zu können, für mich ist es ein Geschenk, daß ich das machen darf. Noch Fragen?«

Ich sitze auf der Fensterseite, und es zieht fürchterlich. Ich möchte mich deswegen schon melden, aber eine ältere Frau mit braungebrannter Haut und distinguiertem Gesichtsausdruck kommt mir zuvor. Sophie ruft sie auf: »Ja, die Edeltraud.«

»Ich bin überzeugt«, beginnt Edeltraut, so als ob sie eine Ansprache halten wollte, »daß Landmark eine seriöse Organisation ist, die sich stets um das Wohl ihrer Kunden bemüht, und möchte, daß alle von diesem Wochenende möglichst viel mitnehmen können. Dann erwarte ich aber auch von Landmark, daß dafür gesorgt wird, daß wir dieses Wochenende alle bei guter Gesundheit überstehen können.«

Weiter kann die wohl nicht ausholen, denke ich.

»Und ich erwarte deshalb, daß hier die Klimaanlage abgestellt wird. Hier zieht es, und ich vertrage das nicht. Ich lebe in Spanien, da bin ich ein milderes Klima gewohnt.«

Sophie ist sichtlich genervt und ruft nach hinten zu den freiwilligen Mitarbeitern: »Habt ihr das gehört, hier in der Ecke zieht es. Könnt ihr das mit der Klimaanlage machen? Ich bitte euch, arbeitet daran. So, wenn es keine Fragen mehr gibt, möchte ich vorab noch eines klären: Wo sind die Leute, die am Dienstag nicht kommen? Wer sagt, er kann am Dienstag nicht?«

Ein etwa vierzigjähriger Mann meldet sich, auf Playboy getrimmt, mit schwarzen, gelglänzenden Haaren und gelbbraunem Gesicht.

»Ja, der Mario. Mario, warum kannst du nicht am Dienstag?«

»Ich kann wegen eines geschäftlichen Termins nicht«, antwortet Mario mit rauchiger Stimme.

»Du kannst das nicht vereinbaren, tagsüber der Termin, abends das Forum?«

Mario lächelt: »Ich bin nicht in Europa. Das ist in Los Angeles.«

»Kannst du den Flug verschieben? Flieg einfach am Mittwoch!«

Mario amüsiert sich darüber, daß man seinen wichtigen Termin so naiv unterschätzen kann. »Nein«, lacht er, »das geht wirklich nicht. Der Termin ist am Dienstag, da kann ich nichts dran ändern. Der Flug ist nur Geld, es ist nicht deswegen. Aber der Termin steht fest.«

»Und den kannst du nicht absagen, den Termin?«

»Nein, das geht nicht«, sagt Mario.

»Und du kannst auch nicht jemand anderen schicken?«

»Nein.« Er zögert. »Es gäbe vielleicht eine Möglichkeit. Aber das ist sehr unsicher. Ich könnte eine Sekretärin schikken. Aber wie gesagt, das ist sehr unsicher, ich kann mich nicht drauf verlassen, daß das geht.«

»Und du weißt, was du dir damit nimmst, wenn du nicht hingehst am Dienstag?«

Mario zögert wieder. »Sie müssen wissen, daß das mit dem Forum hier auch schon nicht ganz einfach war. Ich war gestern noch bei meiner Frau in Monaco, die liegt jetzt allein am Swimmingpool. Mich hat das einiges gekostet, wenigstens dieses Wochenende dazusein.«

Sophie nickt anerkennend: »Also deine Frau liegt in Monaco am Swimmingpool, und du bist trotzdem hierhergekommen.«

Leises Kichern ist zu hören.

»Du hast also schon alles gegeben, um hier sein zu können. Dann solltest du auch alles geben, um das hier zu Ende machen zu können.« Sophie wendet sich wieder an alle: »Wißt ihr, das Forum ist nicht einfach so eine Wochenendveranstaltung, wo ich mal ein paar Stunden zuhöre, und dann geht alles weiter im alten Trab. Das Forum ist viel mehr. Das kann dein Leben verändern«, ruft sie, »das kann einen neuen Menschen aus dir machen! Und was sagst du? Ich kann am Dienstag nicht dasein, ich hab einen Termin. Es gibt gar keinen Termin, der so wichtig sein könnte! Natürlich kannst du kommen, wenn du nur willst! Also, Mario«, fragt sie sanft, »bist du am Dienstag da?«

Mario lacht etwas hilflos: »Es geht nicht, es geht wirklich nicht.«

Sophie macht keinen Hehl aus ihrer Mißbilligung: »Na gut, du hast dich entschieden. Du sagst, es geht nicht, das heißt: Du willst nicht! Aber es ist deine Entscheidung.«

»Seht ihr«, wendet sie sich wieder an alle, »ihr müßt euch entscheiden. Aber ich sage euch: Wenn du dich für etwas in deinem Leben entscheidest, dann entscheide dich voll und ganz dafür! Mach keine halben Sachen! So wirst nie weiterkommen. Ich habe mich für diese Arbeit hier voll und ganz entschieden. Ich habe mich verpflichtet, das bis an mein Lebensende zu machen. Jeder Forumsleiter tut das. Und ich mach das, bis ich umfalle. Seht ihr, ihr könnt euch für alles entscheiden, aber ihr müßt dann auch dazu stehen. Danke, Mario! So, wer noch? Wer kann noch nicht am Dienstag?«

Es melden sich wesentlich weniger Leute als beim ersten Mal.

»Ja, die Christiane. Sag uns, Christiane, warum kannst du nicht dabeisein am Dienstag?«

»Ich hab einen Flug gebucht«, sagt Christiane. »Es geht um ein Entwicklungshilfeprojekt in Äthiopien, bei dem ich mitarbeite.«

»Und du kannst nicht am Mittwoch fliegen?«

»Nein, das geht nicht, ich muß von Anfang an dabeisein, sonst kann ich das nicht richtig machen. Da sind auch Einweisungen.«

»Gut, du hast dich entschieden. Du hast dich für dein Projekt entschieden. Das ist auch gut. Aber du hättest dir das bei der Anmeldung zum Forum überlegen können, daß sich das überschneidet. Seht ihr, das Forum ist ein viertägiger Kurs, und ihr nehmt euch einen entscheidenden Teil, wenn ihr am Dienstag nicht dabei seid. Dank dir, Christiane. Ich bitte euch also: Seht, ob ihr einen wirklichen Grund habt, am Dienstag nicht dabeizusein. Ich sag euch, ihr könnt alle kommen, wenn ihr nur wollt.«

Also gut, denke ich, ich bin auf jeden Fall da, wenn das so wichtig ist. Sehr gespannt höre ich weiter zu.

»Wie ich euch gesagt habe, ist es wichtig, daß ihr die ganze Zeit des Kurses voll da seid. Seht ihr, dieser Kurs ist derart komprimiert worden, daß es einfach in weniger Zeit gar nicht mehr möglich ist, den Stoff zu vermitteln. Ich bitte euch deshalb: Verlaßt den Raum nur während der Pausen! Wir haben alle zweieinhalb bis drei Stunden eine zwanzigminütige Pause. Während dieser Pause könnt ihr essen, auf die Toilette gehen, was ihr sonst noch wollt. Aber bitte nur in den Pausen! Wenn jemand während eines Kursteils aufsteht, um auf die Toilette zu gehen, ist das eine Beeinträchtigung, die alle Teilnehmer stört und den Erfolg in Frage stellt. Ich weise euch deshalb darauf hin, daß jeder, der auch nur fünf Minuten, ich betone fünf Minuten, während dieser Veranstaltung nicht anwesend ist, sein Recht verwirkt, das ihm im Vertrag mit Landmark zugestanden wird, und das ist das Recht, den vollen Erfolg aus der Teilnahme am Forum zu erwarten. Bitte, sei dir darüber im klaren!«

Komisches Recht, denke ich.

»Wer Probleme mit dem Toilettegehen hat, wer öfter als alle zweieinhalb Stunden auf die Toilette gehen muß: Bitte sprich mit den freiwilligen Mitarbeitern, das sind die Leute, die hinter euch an den Tischen sitzen. Wenn du Medikamente nehmen mußt, gilt dasselbe. Sprich mit den Assistenten. Das gilt auch für alle anderen Probleme, die während des Kurses auftreten können. Vertrau dich einem der Assistenten an, die helfen dir, egal ob das psychische Probleme sind, ob du einen Arzt brauchst oder sonst etwas. Es gibt eine längere Pause, etwa um halb fünf Uhr abends, da könnt ihr etwas Warmes essen. Es gibt Essensbons, die könnt ihr euch draußen an den Tischen kaufen, macht das bitte auch in den Pausen.«

Das kann doch nicht wahr sein, denke ich, ist bei den 850 Mark nicht mal Essen dabei! Und besonders früh ist die auch nicht, die Essenspause!

»Bitte nutzt dieses Angebot, die Bons zu kaufen! Ihr spart Zeit und könnt euch mit den Leuten vom Forum unterhalten, das macht die Veranstaltung für euch wertvoller. Die Eßtische stehen hier oben auf der Tribüne. Bitte, geht nicht woanders hin zum Essen, damit tut ihr euch selbst keinen Gefallen.«

Das sieht ja trostlos aus da oben, denke ich, während ich mir die düstere Tribüne betrachte. Da hätte man wirklich etwas Besseres organisieren können. Ich bin enttäuscht, sage es auch meiner Nachbarin. Die läßt jedoch keine eindeutige Meinung erkennen.

»Noch etwas: Ich sehe hier Leute, die sich Notizen machen. Bitte macht keine Notizen! Die freiwilligen Mitarbeiter werden euch darauf ansprechen, wenn ihr es macht. Das ist in eurem eigenen Interesse. Ihr bringt euch um das Forum, wenn ihr nicht voll dabei seid. Du machst es richtig, wenn du immer dort bist, wo gesprochen wird, ob das hier auf der Bühne ist oder im Plenum. Du bist das auch den anderen Teilnehmern schuldig, daß du ihnen deine volle Aufmerksamkeit schenkst. Wenn du Notizen machst, bist du immer woanders, in deinen Gedanken, in deinem Blatt Papier, aber nicht hier, wo du sein solltest. Und bitte: Keine Zwischenrufe, kein Kommentieren dessen, was du hörst! Bemühe dich, dieser Veranstaltung das Maß an Authentizität zu geben, das nötig ist für das Gelingen. Und noch eine Bemerkung zum Kurs: Der Kurs besteht aus vier Tagen, einschließlich Dienstag abend. Heute ist erst der Anfang. Heute kriegst du erst drei Prozent vom Forum. Bis zum Samstag sind es dann vierzig Prozent, und dann kommt der Sonntag, der eigentlich große Tag. Du kriegst das Forum erst am Sonntag voll mit. Und erinnere dich, daß der Dienstag ein integraler Bestandteil des Forums ist: Du mußt am Dienstag dasein, wenn du das Forum voll mitkriegen willst. Das ist eine Veranstaltung, bei der du Gäste mitbringen kannst. Bring alle mit, deine Freunde, Eltern, alle! Soviel vorab. Das waren Dinge, die mußten geklärt werden. Wir werden nach der Pause voll einsteigen in den ersten Kursteil. Wir haben jetzt die erste Pause. Ich habe eine Aufgabe für dich für diese Pause: Teile zwei Leuten deine Ziele mit, die du mit der

Teilnahme am Forum erreichen willst! Das ist ein wichtiger Punkt, denn je klarer du dir über deine Ziele bist, desto eher wirst du sie auch erreichen. Wir werden das übrigens in jeder Pause so machen, daß ich euch eine Aufgabe stelle. Bitte denk daran, auch diese Aufgaben gehören zum Kurs! Bemühe dich, deine Aufgaben zu machen! So, also jetzt, erste Pause.«

Sophie geht entschlossenen Schrittes von der Bühne und durch die Zuschauerreihen nach hinten.

Ich gehe umher und rede mit mehreren Leuten über die Ziele, die ich erreichen will. Den meisten geht es um mehr Selbständigkeit, Entscheidungsfähigkeit bei Beziehungsproblemen und in beruflichen Angelegenheiten oder um die Verbesserung vernachlässigter Beziehungen. Einige sind nur so aus Interesse hier.

Ich gehe zur Theke, um eine Wurstsemmel und eine Flasche Mineralwasser zu kaufen; hier bedient der Grieche, der das Restaurant im Gebäude betreibt. Ich muß lange anstehen und ärgere mich über den hohen Preis. Ich kaufe dann noch für vierzehn Mark Essensmarken für den Nachmittag und kann es einfach nicht in Ordnung finden, daß das nicht im Preis inbegriffen ist. Die anderen Leute scheint das nicht zu stören, die haben wohl alle zuviel Geld.

Die Pause ist sehr schnell zu Ende. Ich setze mich auf meinen alten Platz. Sophie steht plötzlich wieder auf der Bühne, genauso energiegeladen wie vorher.

»Wer möchte sich mitteilen? Wir machen das so, ihr könnt euch nach jeder Pause melden und euch mitteilen. Sagt alles, was euch einfällt, hier im Forum ist der Ort dazu, hier dürft ihr wirklich alles sagen, auch wenn euch etwas nicht paßt, sagt einfach alles! Gibt es jemanden, der etwas sagen möchte?«

Es zieht immer noch. Soll ich es diesmal sagen? Edeltraud kommt mir wieder zuvor. Diesmal hört man verhaltenen Ärger durch: »Ich möchte darauf aufmerksam machen, daß das mit der Klimaanlage immer noch nicht geregelt ist. Ich halte das nicht mehr aus, wenn ich hier sitzen bleibe. Kann das jetzt endlich einmal gemacht werden?«

»Ist das dein einziges Problem?« Sophie ist gereizt. »Du mußt wissen, jede Wortmeldung, die nicht zum Gelingen dieser Veranstaltung beiträgt, ist sehr störend für die anderen Teilnehmer. Das setzt den Erfolg der ganzen Sache aufs Spiel. Wenn ihr nichts anderes denken könnt als: ›Bin ich krank, geht's mir schlecht‹, dann bleibt bitte zu Hause! Die Assistenten geben euch das Geld zurück, ihr könnt nach Hause gehen und es so machen wie immer. Aber hier müßt ihr voll dabeisein, vergeßt bitte einmal für dieses Wochenende den Rest!«

»Aber ich kann mich hier nicht auf den Inhalt konzentrieren. Ich halte das nicht mehr aus!« Edeltraud betont jedes einzelne Wort.

»Dann setz dich bitte woanders hin.« Ich wundere mich über Sophies barschen Ton. »Da gibt's sicher noch woanders freie Plätze. Wo ist noch ein freier Platz?«

Es melden sich ein paar Leute. »Hier ist ein freier Platz. Du kannst dich gleich hinsetzen.« Sophie zeigt Edeltraud, wo sie sich hinsetzen soll.

Immer noch ungehalten, fährt Sophie fort: »Ich bitt euch, kümmert euch selbst um solche Sachen. Versuch mal, dieses eine Wochenende wirklich voll dazusein, und nicht immer: ›S' ist so kalt, mir geht's so schlecht!‹ Damit könnt ihr nach dem Wochenende wieder anfangen. Setzt euch in den Pausen woanders hin, wenn euch der Platz nicht paßt.«

Gut, denke ich, ich konzentriere mich aufs äußerste. Aber warum regt sie sich denn gleich so auf? Etwas Unerwartetes bringt sie offenbar völlig aus dem Konzept.

»Eine Sache müssen wir noch vorab klären. Ihr müßt bei dieser Frage wirklich ehrlich sein. Also, ich bitte euch, seid ehrlich. Wer ist nicht freiwillig hier? Bitte steh jetzt auf, wenn du nicht freiwillig hier bist! Ja, hier, die Annette.

Noch jemand? Nur die Annette?« Sophie wartet noch eine ganze Weile und sieht sich forschend um. »Niemand sonst? So, Annette. Du sagst, du bist nicht freiwillig hier. Das heißt, du kannst das Forum nicht machen. Ich bitte dich, Annette, geh hinter zu den freiwilligen Mitarbeitern, die geben dir dein ganzes Geld minus die Anzahlung zurück.«

Annette, ein junges Mädchen mit langen dunklen Haaren, steht mit gesenktem Kopf da. Leise sagt sie: »Aber ich möchte den Kurs jetzt wirklich machen.«

»Und warum sagst du dann, du bist nicht freiwillig hier?«

»Weil meine Mutter gesagt hat, ich soll das hier machen.«

»Deine Mutter hat gesagt, du sollst das Forum machen, aber du wolltest nicht.«

»So war's auch wieder nicht. Es war so: Ich hab immer Streit gehabt mit meiner Mutter. Dann hat meine Mutter gesagt – das war, nachdem ich Abitur gemacht habe –, ich schenk dir das Forum, und wenn du nachher nicht zufrieden bist, dann schenk ich dir das Geld noch mal so.«

»Aber da war doch kein Zwang da, oder?«

»Das kann man schon als eine Art Zwang ansehen!« ruft jemand dazwischen.

Ich finde es auch: Erpressung mit Geld.

Annette stimmt jedoch Sophie zu: »Nein, kein richtiger. Ich sag ja auch, ich will es wirklich machen.«

»Du möchtest dich mit deiner Mutter wieder verstehen, und deshalb möchtest du es machen.«

»Ja.«

»Was gibt es für Probleme mit deiner Mutter?« fragt Sophie besorgt.

»Wir streiten uns halt dauernd. Beim Essen, eigentlich immer.«

»Und worüber?«

»Na, über alles. Ihr paßt gar nichts, was ich so mache.«

»Und früher war's besser?«

»Ja.«

»Und dann hat deine Mutter gesagt, mach das Forum, damit wir uns wieder verstehen.«

»Ja.«

»Annette, du mußt wirklich ehrlich sein. Möchtest du das Forum machen?«

»Hab ich doch schon gesagt, ja.«

»Gut, du kannst bleiben. Aber rede in der Pause noch mal mit den freiwilligen Mitarbeitern.«

»Ihr müßt sehen«, wendet sich Sophie wieder an alle, »wer das Forum macht, der muß es wirklich wollen. Sonst wird er nichts erreichen damit. Wir sind das unserem Anspruch schuldig, daß hier nur Leute teilnehmen, die das wirklich wollen, nur so können wir auch die hohen Erfolgszahlen haben. Wenn hier Leute drinsitzen, die das nur so über sich ergehen lassen, dann werden sie ein anstrengendes Wochenende haben, aber sonst nichts. Da ist es besser, sie machen etwas anderes mit dieser Zeit. Jetzt sind wir aber wirklich fertig mit den formalen Dingen, wir können jetzt endlich richtig einsteigen in den ersten Kursteil. Ihr habt in der Pause schon über eure Ziele im Forum gesprochen. Wer kann mir sein Ziel sagen? Was möchtest du mit deiner Teilnahme am Forum erreichen? Wer kann mir und den anderen das sagen?«

Es melden sich sehr viele Leute. »Ja, bitte, die Rita. Was ist dein Ziel, Rita?«

Rita, eine etwa dreißigjährige Frau mit Kurzhaarschnitt und einem kalten Blick, erklärt sachlich: »Ich habe folgendes Problem: Ich bin sehr erfolgreich im Beruf, mein Beruf erfüllt mich total und macht mir auch wahnsinnig viel Spaß. Ich überlege mir daher, ob ich mich selbständig mache. Die Schwierigkeit ist, daß dafür eine Menge Zeit verlorengeht; ich werde wohl mindestens zwei Jahre brauchen, bis ich da durch bin. Bisher konnte ich mich nicht entscheiden, ob ich das durchziehen soll oder nicht.«

Ich wundere mich, wo das Problem liegt. Was fehlt dieser Frau eigentlich, daß sie immer noch nicht zufrieden ist? Sophie versteht das schon eher: »Ja, dank dir, Rita. Du bist erfolgreich und willst noch erfolgreicher sein. Das ist ein häufiges Problem, mehr in den USA allerdings als in Europa. Noch Ziele? Welche weiteren Ziele habt ihr?«

Es gibt zahlreiche Wortmeldungen. Viele Menschen wollen unabhängiger werden, können sich nicht recht entscheiden, wollen Beziehungen verbessern, die so schlecht sind, daß sie das belastet. Sophie lächelt jedesmal verständnisvoll und scheint genau auf diese Zielvorstellungen gewartet zu haben. Offenbar ist der Kurs genau das richtige für all diese Fragen.

»Ja, danke, das langt jetzt. Ihr seid übrigens ein typisches Forum-Publikum. Wir kommen jetzt zu einem Thema, das wird manchem von euch etwas theoretisch erscheinen. Das macht überhaupt nichts, hört einfach zu und nehmt soviel auf, wie ihr könnt. Es geht um den Begriff des Seins, das ist ein philosophischer Begriff aus der Ontologie. Wir wollen untersuchen, was es heißt zu *sein*. Jeder von euch hat in seinem Bekanntenkreis sicher ein paar besondere Leute, die das heraushaben, was es heißt, zu *sein*. Das sind Leute, die wirken einfach anziehend, das ist eine Kraft, der kann man sich nicht entziehen. Du hast das Gefühl: Die sind sie selber. Die strahlen eine solche Energie aus, und das macht sie so besonders. Diese Leute sind authentisch. Sie stehen zu sich selbst.«

Ich denke an Fernanda.

»Ihr alle könnt so sein. Wir werden an diesem Wochenende lernen, was es heißt, authentisch zu sein. Authentizität ist ein ganz zentraler Begriff im Forum, ihr werdet ihn noch oft zu hören bekommen. Was heißt das eigentlich, *Sein*?

Wir wollen uns einmal unser bisheriges Leben ansehen: Wie war das denn früher? Einmal, als Kind, da warst du frei. Du hast einfach gemacht, was du wolltest. Dann bist du in die Schule gekommen, auf einmal warst du nicht mehr so frei. Dann hast du Abitur gemacht, wieder weniger

Freiheit. Dann Studium, Beruf, Familie, jedesmal weniger frei.«

Sophie zeichnet wieder den Kreis vom Einführungsabend an die Tafel und streicht ihn nach und nach zusammen, bis nur noch das kleine Loch in der Mitte übrigbleibt.

»Und wo bist du jetzt? Da, in der Mitte! Alles, was dir schließlich geblieben ist, ist: Essen, Trinken, Schlafen, Toilette gehen!«

Allgemeines Gelächter – wie am Einführungsabend.

»Habt ihr euch eigentlich schon einmal überlegt, wann ihr in eurem Leben wirklich nur ihr selbst seid, einfach nur *seid*? Bei welchen Dingen seid ihr einfach nur da, seid wirklich glücklich, ohne daß euch Gedanken belästigen? Wer sagt mir, wann er einfach nur *ist*? Ja, der Karl. Sag uns, wann du *bist*, Karl!«

Karl, ein wohlgenährter junger Mann mit gutmütigem Lächeln, erhebt sich. Irgendwie wirkt er wie ein großes Kind. »Beim Motorradfahren.«

»Die ganze Zeit beim Motorradfahren? Sag mir, wieviel Zeit pro Woche macht das aus? Du schleppst ja sicher zuerst noch deine Gedanken mit dir herum.«

»Ja, stimmt. Ich mach mir eigentlich auch beim Motorradfahren ziemlich viele Gedanken. Das hört dann aber an einem bestimmten Punkt auf. Dann kann ich einfach nur entspannen, ich sehe alles vorüberflitzen. Da macht's dann so richtig Spaß.« Er lacht.

Sophie wirkt gerührt. »Und wieviel Zeit pro Woche macht es so richtig Spaß?«

»Vielleicht ... zehn Minuten.«

»O. k., das kann ich dir abnehmen.«

»Seht ihr«, wendet sie sich wieder an alle, »wie wenig es ist? Wie wenig Zeit wir eigentlich für uns selbst da sind? Wer sagt mir noch, wie lange er einfach nur *ist*? Bei was kannst du einfach nur du selbst sein? Ja, die Ute. Sag uns, wann du einfach nur du selbst bist!«

Ute ist eine etwa fünfundzwanzigjährige, gutaussehende Frau mit langen, rotgefärbten Haaren und Designerkleidung. Sie stellt sich dekorativ hin und lächelt: »Also, bei mir ist es so, ich bin Sängerin, ich singe oft auf der Bühne. Da kann ich mich schon in den Gesang versenken, ich singe einfach nur und denke an nichts mehr.«

»Und dir kommen keine Gedanken wie: Jetzt muß ich aber wieder aufpassen, daß ich nicht falsch singe?«

»Doch, manchmal schon. Ich muß mich natürlich auch konzentrieren.«

»Und wieviel Zeit, denkst du, ist das pro Woche, wo du einfach nur im Gesang bist, ohne diese Gedanken?«

»Pro Woche … vielleicht zwanzig Minuten.«

»Und wo noch? Wo noch kann die Ute einfach nur die Ute sein?«

Ute zögert. Dann lächelt sie und sagt: »Beim Kuscheln.«

»Ja, beim Kuscheln! Das kennen wir alle. Es hat doch bestimmt jeder von euch eine Beziehung. Aber selbst da kannst du doch nie aufhören zu denken: Ach, ist das schön, hoffentlich hört das nie auf!« Sophie grapscht sich mit beiden Armen am ganzen Körper herum. »Und der Orgasmus! Ziemlich schnell ist doch sowas vorüber. Und wenn wir einmal einen richtig guten hatten, dann denken wir noch nach Jahren daran, weil so einer nicht so schnell wieder kommt!«

Fast alle Leute lachen, mehr oder weniger.

Sophie wird wieder ernst: »Warum, meint ihr, ist das so? Wenn ihr Gott wärt, hättet ihr das auch so gemacht? Wer hätte es nicht so gemacht? Karl, was meinst? Hättest du das auch so gemacht?«

Karl lacht etwas unbedarft. »Ich hätt's anders gemacht, glaub ich.«

»Was hättest du anders gemacht, Karl?«

»Ja, so einen Knopf, wo ich das abstellen kann, das ewige Denken.«

»Der Karl hätte die Menschen anders gemacht, mit einem Knopf.« Sophie betrachtet Karl gerührt. »Danke, Karl! Eine gute Idee. Ein Knopf zum Ein- und Ausschalten! Was ist das eigentlich, was uns da immerzu zum Denken zwingt? Warum können wir nie aufhören zu denken? Was meint ihr?«

Es gibt verschiedene Wortmeldungen: Wegen der Probleme, die einen beschäftigen, oder der Sorgen um die Zukunft.

»Und was denkt ihr, könnt ihr dagegen tun?«

Mehrere Vorschläge werden gemacht, zum Beispiel die Probleme einfach nicht so wichtig nehmen, sie für einen Moment vergessen.

»Was ist es denn, was einem da immer so im Kopf herumgeht? Probleme, die man hat, Sorgen, meint ihr. Das sind innere Gespräche, die in eurem Kopf herumgehen! Ihr meint, dagegen kann man nichts machen, stimmt's? Da ist einfach ein Problem, und dann mußt du eben drüber nachdenken. Kann man nichts machen, denkt ihr. Seht ihr, das genau ist es, was wir hier im Forum erreichen wollen. Hier im Forum befreit ihr euch von diesen inneren Gesprächen, die euch belasten. Du meinst, du denkst etwas, in Wirklichkeit denkt *es* in dir! Laß es raus, befreie dich davon! Das sind ganz verschiedene Gedanken, die du da hast. Wir werden sie im Forum unterscheiden lernen. Du wirst erkennen, was davon zu dir gehört und was nicht. Und du wirst dich befreien von dem, was nicht zu dir gehört. So, wir haben jetzt wieder eine kurze Pause. Deine Aufgabe für die Pause: Besprich dich mit zwei Leuten: Wo habe ich ein inneres Gespräch, das mich zum ständigen Nachdenken zwingt, wo findet ein inneres Gespräch in meinem Kopf statt?«

Die Pause ist wieder sehr kurz. Ich will eigentlich etwas essen, komme aber nicht dazu. Die ganze Zeit unterhalte ich mich mit meiner Nachbarin Ilse über unsere jeweiligen inneren Gespräche. Das innere Gespräch von Ilse ist, mehr Selbständigkeit zu gewinnen bei dem, was sie tut und denkt. Sie ist gerade in Rente gegangen und möchte nun einen neuen, besseren Lebensabschnitt beginnen. Wovon will sie sich freimachen, denke ich, von ihrem Mann vielleicht? Doch ich frage sie nicht.

Mein inneres Gespräch ist: Studiere ich nicht etwas völlig Falsches, etwas, was mir gar nicht liegt? Diese Frage behindert mich sehr beim Arbeiten.

Wir stellen fest, daß es uns beiden um mehr Eigenständigkeit geht. Doch genau wie ich weiß auch Ilse nicht, was der nächste Schritt hierzu sein könnte. Werden wir es nach dem Forum besser wissen?

Das Ende der Pause unterbricht unser Gespräch. Sophie steht wieder auf der Bühne. »Wir kommen nun zu einer ersten Unterscheidung deiner inneren Gespräche. Das ist übrigens die Methode, mit der wir hier im Forum arbeiten: Wir lernen, Unterscheidungen zu machen, der Begriff wird noch öfter auftauchen. Eine Sache, die eigentlich jeden von euch beschäftigt, sind Beziehungen zu anderen Menschen. Da sind wir oft unzufrieden, meinen, wir müßten etwas ändern, aber wir wissen nicht so recht was. Das ist ja alles schon viel zu tief eingefahren, denken wir oft, da kann man eh nichts mehr machen. Daher ist das auch unser erstes Thema. Es geht also heute um deine Beziehungen. Wir werden erfahren, was es heißt, tiefgreifend in Beziehungen zu sein. Wer hat Probleme in Beziehungen und möchte sie lösen?«

Sophie reißt ihren Arm hoch, als würde sie sich selbst melden. Das wirkt offensichtlich animierend, denn viele Leute machen es ihr nach. Ich melde mich nicht, ich bin nicht wegen Beziehungsproblemen hierhergekommen.

»Wer kann mir sagen, was sein Problem in einer Beziehung ist?«

Ein paar Arme gehen wieder nach unten. Sophie ruft einen etwa fünfunddreißigjährigen, schmächtigen Mann mit Brille und schütterem blonden Haar auf: »Der Bernd, ja Bernd, was ist dein Problem in einer Beziehung?«

Bernd bleibt sitzen, als ihm das Mikrofon überreicht wird. »Ich hab Probleme mit meiner Frau. Ich glaube, so wie das jetzt läuft, wird's nicht gutgehen. Wir denken schon an Trennung.«

»Kannst du bitte aufstehen, Bernd, wenn du sprichst? Die Leute in den hinteren Reihen wissen gar nicht, mit wem sie es zu tun haben. Und schämen brauchst dich hier nicht. Niemand braucht sich schämen im Forum. Jeder ist mit seinen Problemen hierher gekommen, die er loswerden möchte.«

Bernd steht widerwillig auf und bleibt etwas gebückt stehen.

»Was ist passiert, Bernd?« erkundigt sich Sophie besorgt. Ohne seine Antwort abzuwarten, wendet sie sich wieder an alle und erklärt: »Ihr müßt immer daran denken, die richtigen Fragen zu stellen. Nur so könnt ihr das trennen, was wirklich passiert ist und was ihr hineininterpretiert habt. Also, was ist passiert, Bernd?«

Bernd lächelt verkrampft: »Ich weiß nicht, ob das hier alle interessiert. Vielleicht gibt es jemand anderen ...« Er macht Anstalten, sich zu setzen.

»Bernd, schau her, du willst doch etwas davontragen von diesem Wochenende. Du tust dir keinen Gefallen, wenn du die Chancen nicht nutzt, die dieser Kurs dir bietet. Hier im Saal versteht dich jeder, da geht es doch allen so wie dir. Du tust das für alle, wenn du hier offen bist. Jeder im Kurs profitiert von deiner Offenheit. Verstehst? Also, machst mit, Bernd?«

»Ja, o.k.«

»Also, Bernd, was ist vorgefallen bei euch?«

»Na ja, was soll ich sagen«, fängt Bernd etwas verlegen an zu erzählen. »Passiert ist eigentlich nichts Schlimmes ...«

»Es können auch irgendwelche Worte sein, Gespräche. Gibt es irgendein Gespräch, das dich gestört hat?« hakt Sophie nach.

Bernd zögert. Nach einer Weile bringt er heraus: »So direkt fällt mir der Wortlaut jetzt nicht ein.«

»Was habt ihr ungefähr gesagt? Worum ging's?« bohrt Sophie weiter.

»Ich versteh mich einfach nicht mehr so gut mit meiner Frau. Ich hab immer das Gefühl, ich kann sagen, was ich will, sie kümmert sich eh nicht darum.«

»Und woran, glaubst du, liegt das?«

Bernd krümmt sich: »Ich weiß es nicht... da hat sich vielleicht mal etwas hochgeschaukelt ...«

»Hast du schon einmal daran gedacht, daß der Grund dafür in deiner Vergangenheit liegen könnte? Wie war das mit deiner Mutter? Hast du deine Mutter geliebt?«

»Da gab's auch Probleme, ich hab ziemlich schlechte Erinnerungen an meine Mutter.«

»Was ist passiert, was hat sie gesagt?«

Bernd überlegt eine Weile, dann sagt er: »Wenn ich jetzt irgendeine Einzelheit sage, dann gibt es das ja auch nicht richtig wieder ...«

»Aber du erinnerst dich an etwas.«

Bernd hat inzwischen einen hochroten Kopf. »Ja, eine Sache, die konnte ich nie vergessen, da hat mich meine Mutter geschlagen, als ich sechs Jahre alt war. Mit der Einkaufstüte auf den Kopf.« Er redet jetzt sehr schnell. »Da waren Dosen drin, ich hatte eine richtige Platzwunde. Das ist jetzt vielleicht ein blödes Beispiel. Ich sollte eben lernen und hab das nicht gemacht. Und meine Mutter hat dann schon auch einen Schreck gekriegt. Sie hat das verbunden, eigentlich war es dann wieder o.k.«

»Aber du hast es ihr bis heute nicht verziehen.«

Bernd zögert, dann sagt er: »Nein, also vergessen konnte ich das nicht.«

»Weißt du, was du gemacht hast? Du hast das nicht nur deiner Mutter nachgetragen, du hast das auch noch deiner Frau nachgetragen! Diese Erinnerung war deine Interpretation. Deine Mutter schlägt dich, und du denkst: Sie liebt mich nicht! Deine Frau hört dir nicht zu, und du denkst: Sie liebt mich nicht! Passiert ist: Deine Mutter schlägt dich mit der Einkaufstüte. Wie alt bist du jetzt, Bernd?«

»Sechsunddreißig.«

»Und als das passiert ist, warst du sechs! Dreißig Jahre lang hast du das deiner Mutter nachgetragen. Siehst du, Bernd, gut daß du ins Forum gekommen bist! Es wird langsam Zeit, daß du aufhörst mit deinen Frauengeschichten.«

Bernd ist jetzt stark in der Defensive: »Ich hab aber nicht nur Probleme mit Frauen, so ist es nun auch wieder nicht.«

»Aber verstehst den Zusammenhang: Du mußt den Menschen nur deine Liebe zeigen! Sprich dich aus! Sie müssen wissen, was du denkst! Es war falsch, was du gedacht hast! Wenn du dich öffnest und sagst, was du denkst, dann wirst schon sehen, wie die Menschen auf dich zukommen. Besprich die Probleme, anstatt sie ewig vor dir herzuschieben!«

»Seht ihr«, wendet sich Sophie wieder an alle, »das sind Gespräche, die in eurem Kopf herumgehen: Sie liebt mich nicht, er achtet mich nicht, ich bin nicht anerkannt. Mach dich frei von den Gesprächen! Gestehe den Menschen deine Liebe, auch wenn es dich Überwindung kostet! So was muß nicht bequem sein, nein, so was muß nicht leicht sein! Aber wenn du den inneren Schweinehund überwunden hast, wirst du Wunder bewirken. Den liebst du, diesen inneren Freund, stimmt's? Ja, von dem möchtest dich nicht trennen, dem bleibst du treu! Und warum? Du willst recht haben mit deinen Erwartungen! Du sagst dir, meine Frau liebt mich nicht, also erwartest du, daß sie das und das macht. Und was macht sie? Das, was du erwartet hast! Hast du schon einmal daran gedacht, daß du etwas ändern könntest? Brich aus dem Teufelskreis aus! Deine Erwartungen geben dir vor, was du tust. Geh aus von dir! Von dir mußt du ausgehen! Du bist jemand, der geliebt werden möchte. Also sag's doch!

Gesteh ihnen, daß du nicht offen warst! Gesteh ihnen deine Fehler! Du wirst merken, was sich tut.«

Besorgt wendet sie sich wieder an Bernd: »Und, Bernd, redest mit deiner Mutter? Du wirst schon sehen, das andere ergibt sich dann viel leichter.«

»Ja, o.k., ich werd's versuchen.«

Sophie nickt und setzt eine spöttische Miene auf: »Versuchen willst es. Versuchen ist gut. Ihr alle seid gut im Versuchen. Versuch mal, dich zu setzen, Bernd!«

Bernd will sich hinsetzen, aber kurz bevor er sitzt, ruft Sophie: »Stop! Versuche es! Du sollst es nur versuchen! Ich habe nicht gesagt, du sollst dich setzen! Das wär dir recht, stimmt's? Nein, nur versuchen!«

Bernd steht wieder auf und lächelt unbeholfen.

»Verstehst jetzt? Versuchen gibt's nicht. Entweder du machst es, oder du machst es nicht. Also, Bernd, sprichst mit deiner Mutter?«

»Ja, o.k. Ich hab aber nicht nur Probleme mit Frauen. Ich hab gestern mit meiner Tochter Englisch geübt. Sie hat mir gesagt, daß sie einen ganz lieben Vater hat.«

»Und was glaubst du, wird sie erst sagen, wenn du die Sache mit deiner Frau in Ordnung gebracht hast? Deine Tochter wird es dir das ganze restliche Leben danken! Die wird sich denken: Mein Vater, der hat das in Ordnung gebracht! Ein toller Papi! Wißt ihr, was ihr die ganze Zeit gemacht habt? Das war nicht nur der Bernd, das habt ihr alle so gemacht. Wo sind wir hier? In München. Welcher Fluß fließt da durch?«

»Die Isar!« wird von mehreren Seiten gerufen.

»Wo kommt die Isar her? Wo ist die Quelle?«

»Alpen!«

»Karwendelgebirge!«

Sophie skizziert ein Gebirge und einen Fluß an die Tafel; der Fluß fließt aus dem Gebirge heraus. »Schau, das ist die Isar. Du wohnst hier, in München.« Sie kennzeichnet eine

Stelle am Unterlauf. »Und du wunderst dich, daß die Isar immer so dreckig ist.« Sophie zeichnet einige Brocken in den Fluß. »So, und du fischst ständig den Dreck in München heraus und arbeitest und arbeitest. Dann ist das Wasser für eine Weile sauber, und du genießt so richtig dein Leben. Und dann? Schon wieder Dreck!«

Verärgert schaut sie ins Publikum. Einige Leute beginnen zu lachen.

»Kapierst es, Bernd?«

Bernd lächelt hilflos.

»Ins Karwendelgebirge mußt gehn!« ruft sie eindringlich. »Zur Quelle! Von vorn mußt anfangen mit dem Aufräumen! Bei der Mutter, nicht bei der bösen Frau! Daheim bleiben nützt nichts. Seht ihr, jeder Mensch geht gern den Weg des geringsten Widerstandes. Aber das nützt nichts, da wirst nicht viel erreichen. Entweder du jammerst ewig über die Vergangenheit: ›Ich kann aber nicht, ich möchte ja gern, ich versuch's ja‹. Oder du entscheidest dich, dein Leben voll zu leben! Lebe dein Leben voll und ganz! Du kannst auch so weitermachen wie bisher, immer hier ein bißchen leben, dort ein bißchen, schön dosiert. Dann wirst wahrscheinlich ein schöner Leichnam sein, wenn du einmal stirbst. Ich werde kein schöner Leichnam sein. Wenn ich sterbe, dann bin ich verbraucht! Du hast es in der Hand: Entweder du lebst dein Leben voll und ganz, oder du bist ein schöner Leichnam!«

Liebevoll wendet sie sich Bernd zu, der immer noch dasteht und verlegen lächelt: »Dank dir, Bernd! Das war sehr mutig von dir. Siehst du, du hast das nicht nur für dich gemacht, du hast das für alle gemacht. Das Forum lebt von der Offenheit, und du hast den Mut gehabt, offen zu sein. Dank dir, Bernd! So, anschließend ist Essenspause. Deine Aufgabe für die Pause: Besprich mit anderen, was du in einer Beziehung ändern möchtest. Wir sehen uns dann wieder in einer Stunde. Ich wünsche euch guten Appetit.«

Als ich endlich aus dem Saal komme, hat sich vor der Essensausgabe schon eine Riesenschlange gebildet. Ich stehe eine Viertelstunde an, bis ich endlich mein Essen in Empfang nehmen kann. Meine Portion Curryreis mit Gyros ist zwar etwas klein geraten, aber ich habe sowieso kaum Hunger. Und außerdem: Die Gespräche hier im Forum sind schließlich das, worauf es ankommt. Ich höre interessiert meiner Tischnachbarin Gerda zu, wie sie von ihrer Tochter erzählt, die sie seit ihrer Scheidung allein erzieht.

Bald ertönt der Gong und ruft uns zurück in den Saal. Es haben sich noch nicht alle gesetzt, da beginnt Sophie bereits zu sprechen. Sie deutet auf ein neues Tafelbild. »Hier an der Tafel seht ihr ein Schema, das werdet ihr im Verlauf des Kurses noch öfter sehen.«

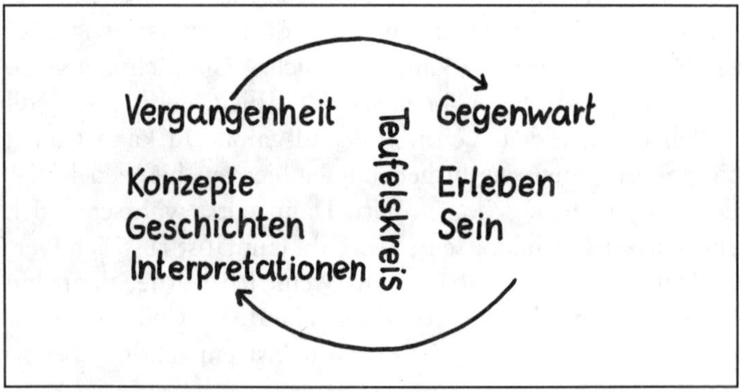

»Hier geht es um die Dinge, die deine jetzige Persönlichkeit bestimmen. Wir alle werden bestimmt von Dingen, die in der Vergangenheit geschehen sind. Du wirst merken, daß du fast ausschließlich von deiner Vergangenheit bestimmt bist. Wir leben aber nicht in der Vergangenheit, wir leben im Jetzt, in der Gegenwart. Das Forum wird dir zeigen, was es heißt, voll in der Gegenwart zu sein. Du wirst lernen, was es heißt, auf die Zukunft hin und nicht aus der Vergangenheit heraus zu leben. Bisher hast du so gelebt: Dein Sein, alles was du tust und sagst, bestimmte sich zum großen Teil aus der Vergangenheit.« Sophie deutet auf die linke Seite des Schemas. »Wer hat zum Beispiel Angst, vor Leuten zu sprechen? Ich hab das übrigens auch. Nicht daß ihr denkt, die macht das einfach so locker. So sieht es höchstens aus. Vor jedem Forum muß ich ständig denken: Ich schaff das doch nicht, wenn das nur gutgeht! Woran, glaubst du, könnte das liegen?«

»Schlechte Erfahrungen?« schlägt jemand vor.

Sophie geht nicht darauf ein. »Wir werden ein neues Konzept kennenlernen. Das ist das Konzept der Nummer. Das ist eine weitere Unterscheidung, die du kennenlernen wirst. Du wirst sehen, daß du viele Nummern hast. Was ist eine Nummer? Hier die Definition: Eine Nummer ist eine stets wiederkehrende Handlung oder Gegebenheit, verbunden mit einer Beschwerde. Der zweite Teil ist besonders wichtig: verbunden mit einer Beschwerde. Ein Beispiel: Mein Mann ißt wie ein Schwein. Ich ärgere mich, sage aber nichts. Ständig passiert mir das wieder. Das ist eine Nummer. Oder eine Nummer, die ich oft habe: Ich steige ins Flugzeug, gehe extra in die Business Class, damit ich einmal ungestört bin. Jemand kommt auf mich zu, fragt mich etwas. Ich will abblocken, denke mir, das kann ich jetzt aber wirklich nicht brauchen, ich muß mich sonst schon ständig mit Leuten unterhalten. Dann kommen wir ins Gespräch, und oft wird es ein interessantes, nettes Gespräch. Aber die Nummer kommt jedesmal wieder.

Unsere Nummern sind etwas Negatives in unserem Leben; das sind Dinge, von denen wir uns gern befreien möchten. Aber nicht das einzige.« Sie winkt ab. »Ha! Da gibt's noch viel mehr, was wir gerne los wären! Wir müssen hier erst mal den Duschablauf in unserem Leben reinigen. Ihr wißt ja, wie das ist, das schleimige Zeugs mit den Haaren, das stinkt.« Sie bückt sich, zieht »Haare« aus einem »Duschablauf« in Bodennähe, hebt sie hoch und verzieht angeekelt ihr Gesicht. »Wir werden den Großteil des Freitags und Samstags mit der Arbeit verbringen, die es da zu tun gibt. Ihr werdet noch viel Dreck in eurem Duschablauf entdecken! Aber die Arbeit ist nötig für das, was dann am Sonntag kommt. Du wirst dann ein freier Mensch sein, zum ersten Mal in deinem Leben wirst du ein freier Mensch sein! Du weißt gar nicht, was das bedeutet, was für neue Möglichkeiten dir das eröffnet. Du wirst Resultate erzielen, die du vorher nicht für möglich gehalten hast. Wir sprechen deshalb von einem Durchbruch im Sein. Aber zurück zur Nummer. Du hast viele Nummern in deinem Leben. Woher kommen unsere Nummern? Nummern entstehen in der Vergangenheit. Ein Ereignis irgendwann in der Vergangenheit ist der Auslöser, du weißt gar nicht mehr welches. Und was tust du? Du beschließt, ich habe eine Nummer! Jedesmal, wenn eine bestimmte Situation wiederkommt, reagierst du gleich darauf. Du bist unzufrieden, du weißt ja, daß es eigentlich nicht richtig ist, wie du reagierst, trotzdem machst du's. Aber weißt du, du kannst das ändern! Schmeiß sie weg, deine Nummern! Deine Nummern gehören nicht zu dir! Irgendwann wirst du enttäuscht, und du beschließt: Ich werde nicht geliebt! Eine Nummer! Befreie dich von dem Zeugs im Duschablauf, damit du frei wirst für die Gegenwart! Warum hängen wir eigentlich so an der Vergangenheit? Warum bleiben wir unseren Nummern eigentlich treu? Was glaubt ihr?«

»Aus Gewohnheit«, sagt jemand.

»Ja, gut, Gewohnheit. Warum haben wir Gewohnheiten? Was denkt ihr?«

Niemand weiß eine Antwort.

»Weil wir recht haben wollen!« ruft Sophie. »Wir wollen recht haben, und deshalb kommen die Dinge so, wie wir sie erwarten. Deshalb ziehst du ständig deine Nummern ab: ›Ich werde nicht geliebt, ich kann nichts sagen ...‹ Es gibt sonst keinen Grund! So, und was sehen wir jetzt? Wir müssen auf unsere geliebten Nummern verzichten! Und was ist der Gewinn? Du gewinnst deine ganze Energie, die du auf dein altes Zeugs verschwendet hast, für deine Zukunft, für das, was du schon immer machen wolltest! Wirf's weg! Du wirst merken, wieviel Energie in dir steckt, wenn du das hinter dir hast. Du sagst: Ich will aber recht haben. Vergiß es! Lebe dein Leben! Wir werden dazu noch eine zweite Unterscheidung kennenlernen: die Unterscheidung zwischen Haben und Sein. Das wird dir helfen, deine Nummern einzuordnen. Ihr seht das wieder hier an der Tafel.«

HABEN		SEIN	
NUMMERN			
AUSBEUTE:	klein sein	KOSTEN:	Liebe
	recht haben		Zuneigung
	dominieren		Vitalität
	Verantwortung vermeiden		Erfüllung
	Rechtfertigung haben		Selbstausdruck

»Du wirst merken, daß sich dein gesamtes bisheriges Leben fast nur auf der linken Seite abgespielt hat. Du hattest deine Nummer: Ich werde nicht geliebt. Was hattest du davon? Was war deine Ausbeute? Ich kann klein sein! Ich bin immer noch der sechsjährige Bernd, der von den Frauen schlecht behandelt wird! An mir liegt das nicht! Ich bin nicht verantwortlich für mich selbst! Das war schön bequem, oder? Weitere Ausbeute? Ich dominiere jemanden, indem ich ihm meine Zuneigung verweigere! Und ich habe eine Rechtfertigung für meine Rolle, die ich bisher im Leben gespielt habe! Und erkennst du, was es dich gekostet hat? Merkst du etwas? Du hast dich selbst verleugnet, du hast in der Vergangenheit gelebt! Lebe im Sein, in der Gegenwart! Sei, was du bist! So, jetzt Beispiele: Wer möchte das mit mir machen, deine Nummer, die Ausbeute, die du gehabt hast, und deine Kosten auf der rechten Seite?«

Es melden sich einige Leute. Karl wird erneut aufgerufen.

»Wo hast du eine Nummer, Karl?« fragt Sophie in mütterlichem Ton.

»Ich weiß nicht, ob das eine Nummer ist, aber ich habe immer so den Gedanken, ich muß es meinem Vater recht machen.«

»Du meinst, dem Vater kannst du es nie recht machen?«

»Genau. Der hat immer was zu meckern, irgendwas paßt ihm halt immer nicht.«

»Und du hast versucht, es ihm recht zu machen?«

»Ja. Ich habe jetzt ein eigenes Geschäft, bin erfolgreich, so wie er's haben wollte, aber ich hab das Gefühl, es paßt ihm immer noch nicht.«

»Deine Nummer ist: Meinem Vater kann ich's doch nicht recht machen. Diese Nummer hast du gehabt. Und was denkst du, ist die Ausbeute, die du mit der Nummer gehabt hast?«

Karl überlegt, ihm fällt aber nichts ein. Gutmütig lacht er ins Publikum.

»Was denken die anderen?« fragt Sophie. »Was war die Ausbeute dieser Nummer?«

»Keine Verantwortung zu übernehmen!« sagt jemand.

»Genau! Du hast für alles in deinem Leben deinem Vater die Verantwortung gegeben! Du mußtest erfolgreich sein. Warum? Weil dein Vater es wollte! Du mußtest ein Geschäft gründen. Warum? Der Vater war schuld!« Erfahren nickt sie mit dem Kopf und fügt hinzu: »Wahrscheinlich hast du das schon immer so gemacht.«

Karl ist amüsiert. »Ja, stimmt eigentlich, in der Schule auch schon. Ich habe immer versucht, gut zu sein – wegen meinem Vater. Der hat mal zu mir gesagt – das war, als ich einmal sehr schlecht in der Schule war –: ›Siehst du den Schäfer hier mit seinen Schafen? Wenn du nicht mehr lernst, mußt du auch so ein Schäfer werden.‹ Seitdem hab ich mich angestrengt.«

»Und was meinst, warum hat er das gesagt?«

»Weil er wollte, daß ich erfolgreich bin.«

»Und warum, meinst, wollte er, daß du erfolgreich bist?«

»Das war halt so seine Vorstellung, wie ich sein sollte.«

»Weißt, warum er dir das gesagt hat? Weil er das Beste für dich wollte! Darum! Weil er dein Vater war! Und was machst du? Beschimpfst ihn ewig als den, der dich nie in Ruhe läßt. Und immer war der Vater schuld, daß du dich so angestrengt hast.« Sophie nickt: »Ja, natürlich. Du wolltest es ja gar nicht. Du hast immer eine schöne Ausrede gehabt.« Sie sieht Karl von oben herab an. »Du hast ganz gut gelebt damit bisher. Der Vater ist an allem schuld! Du hast ihn ganz schön dominiert damit, weißt du das?«

Karl lächelt, er scheint nicht sehr betroffen zu sein, eher belustigt darüber, was er doch für ein Schalk gewesen ist.

»Du hast wahrscheinlich auch deinem Vater nie die Anerkennung gegeben, die du ihm hättest geben sollen. Er war ja immer der Böse. Er hätte sagen können, was er wollte, er wäre trotzdem immer an allem schuld gewesen. Wie alt warst du da, als dein Vater zu dir gesagt hat, du mußt mehr lernen oder du wirst wie der Schäfer?«

»So sieben Jahre.«

»Und wie alt bist du jetzt?«

»Zweiunddreißig.«

»Es wird Zeit, Karl, daß du aufhörst, den Siebenjährigen zu spielen. Du solltest dich bei deinem Vater entschuldigen für die Vorwürfe, die du ihm gemacht hast. Weißt, dann kannst auch aufhören, immer nur zu müssen. Dann kannst einmal machen, was du wirklich willst. Dein Vater erwartet gar nicht mehr von dir. Das, was er dir gesagt hat, das hat er dir nur gesagt, weil du ja gar nichts anderes von ihm hören wolltest. Das war ja immer der nervige Vater, der nie zufrieden ist. Der konnte schon gar nichts mehr sagen, du hast ihm alles zur Last gelegt! Was denkst du, hat es dich gekostet? Alle: Was denkt ihr, hat es ihn gekostet?«

»Selbständigkeit«, schlägt jemand vor.

»Was noch?«

Vitalität, Lebensfreude und Anerkennung werden genannt.

Sophie stimmt jeweils zu und sagt schließlich: »Natürlich! Du hast ja immer gelitten, warst immer Opfer deines Vaters! Du konntest ja nie machen, was du eigentlich wolltest! Und dein Verhältnis zu deinem Vater hat es auch belastet. Du warst ja nie richtig anerkannt bei deinem Vater, warst immer der kleine, siebenjährige Bub, der nie etwas selbständig entscheidet. Erkennst du, was es dich gekostet hat, Karl? Seht ihr allmählich, wie das zusammenhängt? Wie ihr euch mit euren Nummern und Rollen das Leben schwer gemacht habt? Ich dank dir, Karl! Wer möchte noch? Wer möchte noch sehen, was er von seiner Nummer gehabt hat und was es ihn gekostet hat? Ja, da hinten, die Elfriede. Was war deine Nummer, Elfriede?«

Eine etwa sechzigjährige, unscheinbar wirkende Frau mit grauen Haaren erhebt sich und sagt: »Ich habe immer so das Gefühl gehabt, ich mache eigentlich nichts für mich, alles, was ich tu, mache ich für jemand anderen.«

»Deine Nummer war also: Ich tu nichts für mich selbst. Das war das innere Gespräch, das dich immer verfolgt hat. Was bist du von Beruf, Elfriede?«

»Ich bin Sekretärin in einem größeren Büro.«

»Und was denkst du, hast du davon gehabt, von dieser Nummer?«

»Ich mußte nie selbständig entscheiden, ich war nicht verantwortlich.«

»Ja, sicher! Es waren ja immer die anderen, die verantwortlich waren! Und was denkst du, hat es dich gekostet?«

Elfriede überlegt eine Weile, dann sagt sie: »Zufriedenheit, Selbständigkeit, Vitalität vielleicht.«

»Natürlich! Du warst ja immer unzufrieden! Du hast ja immer gedacht, ich bin sowieso nur das Opfer der Umstände! Du konntest überhaupt nicht zufrieden sein! Ja, sehr gut, Elfriede, ich dank dir. Ich dank euch allen für eure Mitarbeit. Wißt ihr, das ist es, was das Forum zum Leben bringt. Wir sind damit am Ende des heutigen Forumtages angelangt. Wie fühlt ihr euch? Sagt mir, wie ihr euch fühlt! Wer ist so in der Mitte, denkt sich, ja, ganz interessant, möchte gern mehr erfahren?«

Die meisten melden sich, ich auch.

»Und wer ist eher down, weiß nicht so recht, ob das was für ihn ist?«

Es melden sich nur wenige.

»Und wem geht's ganz gut, wer ist ganz oben, fühlt sich sehr gut?«

Wieder melden sich nur wenige.

»Das ist gut so, das ist ganz normal, daß es dem einen so geht, dem anderen anders. Wir sagen im Forum immer, das ist die Achterbahn der Gefühle. Ihr werdet im weiteren Verlauf des Kurses feststellen, daß ihr mal oben, mal unten seid. Ich werde euch auch immer mal wieder fragen, wo ihr seid auf der Achterbahn. Macht weiter so mit wie heute; das wird ein gutes Forum, wenn ihr weiter so dabei seid! Wir verteilen jetzt die Schlafplätze. Wir machen das blockweise. Von diesem Block hier auf dieser Seite steht jetzt bitte jeder auf, der einen Schlafplatz braucht!«

Die Schlafplätze werden unter der Regie von Sophie verteilt. Leute, die von weiter weg kommen und nicht im Hotel übernachten wollen, werden auf die Wohnungen von Forumsteilnehmern aus der Umgebung von München verteilt. Christoph und ich kommen zu Waltraud, einer Frau mittleren Alters, die insgesamt sieben Schlafplätze anbietet. Ich nutze die Zeit und schreibe die zwei Tafelbilder ab. Das sind ja wohl die Grundlagen, da darf nichts verloren gehen.

Sophie gibt uns noch ihr Geleitwort mit: »So, und was

machen wir jetzt? Ich sage dir: Teile dich mit! Sag, was du empfindest! Bewirke eine Veränderung! Sei, was du bist! Ruf an bei deinen Leuten, zeige ihnen deine Liebe! Du wirst sehen, daß du eine Veränderung bewirken wirst. Mach dich frei von dem alten Ballast, den du immer mit dir herumgeschleppt hast! Du kannst nur gewinnen auf der Seite des Seins. Ruf heute noch an! So, und die Hausaufgabe für heute abend: Tu etwas Unvernünftiges! Etwas, das du noch nie getan hast! Etwas, das dich Überwindung kostet! Sei kreativ! Hausaufgabe Nummer zwei: Schreibe einen Brief! Du hast zwei Möglichkeiten: Erstens, schreibe einen Brief an jemanden, mit dem du einen Durchbruch in einer Beziehung erreichen willst. Sei ehrlich, gestehe ein, was du falsch gemacht hast! Zweitens: Schreibe jemandem über dein Forum. Schreibe, was du erreichen möchtest, und schreibe auch, was es dir bisher gebracht hat! Die Zettel mit den Hausaufgaben werden jetzt gleich von den Assistenten verteilt. Bitte nehmt euch jeder ein Blatt! Und denkt daran, nehmt die Briefe morgen mit, wir werden daran arbeiten!«

Es werden Blätter verteilt mit Anweisungen, was in den Briefen stehen soll.

»Dann, wer nimmt den Bonuspunkt? Mach aus deinem Forum ein 10.000-Mark-Forum! Wer nimmt den Bonuspunkt? Melde dich, bevor du es weißt! Wer möchte den Bonuspunkt?«

Es melden sich nur wenige.

»Wer hat den Bonuspunkt heute abend? Noch jemand?« Sophie schaut sich um und scheint sich die Leute zu merken. »So, du verpflichtest dich, jemanden anzurufen. Teil dich mit! Sag, was du empfindest! Morgen besprechen wir das dann. So, das war's für heute. Und ich bitt dich: Trag bei zur Authentizität der Veranstaltung! Wir wollen uns um ein höheres Maß an Authentizität bemühen. Heute waren einige Leute unpünktlich nach den Pausen. Ich bitt dich: Steh zu deinem Versprechen, diese Veranstaltung hier voll und ganz zu machen, und sei pünktlich! Du bist dir das selbst und den anderen Teilnehmern schuldig! Wir werden merken, daß sich das Maß an Authentizität in dieser Veranstaltung jeden Tag erhöhen wird. Das ist notwendig, damit dieses Forum ein Erfolg für euch alle wird. Wir sind morgen um neun wieder hier. Ihr wart ein gutes Publikum bisher, so ein gutes Publikum habe ich nicht oft. Ihr seid ein offenes Publikum, das ist sehr gut. In Deutschland sind die Menschen ja im allgemeinen mehr verschlossen, so ...«, sie duckt sich und schaut mißtrauisch hin und her, »... ›Wenn mir der nur nicht zu nahe kommt!‹«

Das Publikum lacht und klatscht begeistert.

»Ich kenn das ja aus der Schweiz, da ist das genauso. Deshalb ganz besonderen Dank für eure Mitarbeit, macht weiter so! Wir sind schon sehr weit für den Freitag abend. Wenn es so weitergeht, habt ihr am Sonntag euer Forum. Dank euch!«

Wieder Beifall. Ich freue mich, daß das Publikum »gut« ist, davon kann ich nur profitieren. Ich nehme mir aber vor, selbst vorerst nichts zu sagen, um nicht wie Bernd in die Mangel genommen zu werden.

Der Saal leert sich allmählich. Viele reden noch mit Sophie oder den Assistenten. Am Saalausgang stehen links und rechts von der Tür Assistenten mit Körben, in die wir unsere Namensschilder werfen.

Ich gehe noch eine Weile im Vorraum umher, weil ich auf Christoph warte. Viele Leute unterhalten sich noch, man sieht, sie sind erregt von den Eindrücken dieses Tages. Inzwischen ist es Mitternacht.

Christoph redet trotzdem noch eine halbe Stunde mit Sophie. Es beeindruckt ihn offenbar wenig, daß vier Leute auf ihn warten – wir sind todmüde und wollen mit seinem Auto zu unserer Unterkunft fahren.

Es ist schließlich fast ein Uhr nachts, als wir beim Quartier ankommen, einem netten Vororthäuschen mit kleiner

Terrasse und gemütlicher Küche. Mir fällt ein, daß ich noch die Hausaufgabe erledigen sollte. Ich nehme das alles aber nicht so wichtig. Mich bei meinem Vater entschuldigen, das müßte ich aber wirklich mal machen, da bin ich in genau der gleichen Lage wie Karl: Ich habe mich immer zu Unrecht als Opfer gefühlt. Ich verspüre aber zu große Hemmungen, etwas zu unternehmen, will halt doch am liebsten in den alten Gewohnheiten verharren. Das ist wohl der innere Schweinehund, den Sophie immer meint. Na ja, jetzt ist es auf jeden Fall zu spät, noch irgendwo anzurufen, und für den Brief bin ich zu müde. Sonst kann ich mich morgen nicht konzentrieren. Das ist doch wichtiger als dieser blöde Brief. Was Unvernünftiges fällt mir auch nicht ein – egal. Aber gut war das heute schon, alles richtig eigentlich. Daß man da selbst nie draufkommt! Also, ich ändere mich bestimmt nach diesem Kurs!

Aber jetzt erst mal schlafen! Vor lauter Müdigkeit vergesse ich völlig, daß ich eigentlich Hunger und Durst habe. Mich stört es auch nicht, daß ich mit drei anderen in einem winzigen Zimmer untergebracht bin. Ich schlüpfe in meinen altgedienten Schlafsack und schlafe schnell ein.

Samstag, der zweite Tag des Forums

Um 6.15 Uhr klingelt der Wecker, den ich mir extra früh gestellt habe, um in Ruhe duschen zu können. An diesem Tag will ich wirklich alles in meiner Macht Stehende tun, um möglichst viel aus dem Forum mitzunehmen; daß es viel mitzunehmen gibt, da bin ich mir sicher nach dem gestrigen Tag. Ich freue mich richtig auf die Erkenntnisse, die diesmal auf uns warten. Ich unterhalte mich noch mit Christoph über das, was wir gestern gehört haben: Wir finden es beide sehr interessant und philosophisch, diese Sache mit dem Man-selbst-Sein vor allem. Es stimmt, immer ist einem das Denken im Weg! Ich erzähle Christoph, daß ich mich auch immer als Opfer meines Vaters gefühlt habe und daß ich mich jetzt endlich einmal bei ihm entschuldigen muß. Er sucht bei sich auch ein Schuldgefühl seinen Eltern gegenüber und findet dann ebenfalls, daß er sich mit seinem Vater aussprechen müsse, da dieser ihn als sehr kleines Kind nicht genügend beachtet hätte, wie die Haushälterin ihm einmal erzählt habe. Ich halte das allerdings für weit hergeholt.

Anschließend gehen wir runter in die Küche, um mit den anderen zu frühstücken. Die Stimmung ist sehr gut, allen macht es Spaß, das Frühstück vorzubereiten. Wir setzen uns um den großen Tisch und erzählen uns gegenseitig, woher wir kommen und was wir machen. Da ist Petra, eine ältere Frau, die irgendwie verhärtet wirkt, eine Statur wie ein Mann hat und ein Gesicht, dem der häufige Ärger anzusehen ist. Dann Andrea, die noch ziemlich jung und mir nicht besonders sympathisch ist, da sie sich gern über andere lustig macht, was ich nicht leiden kann. Außerdem sind da noch zwei ältere Männer.

Viel Zeit zum Reden bleibt uns allerdings nicht, denn wir sollen ja pünktlich sein und müssen deshalb rechtzeitig losfahren. Christoph und ich wollen außerdem noch schnell in einen Supermarkt gehen: Nachdem wir gestern sehr wenig gegessen haben und es an der Essensausgabe nur Teures und Ungesundes gibt, wollen wir uns diesmal selbst versorgen.

Am Veranstaltungsort dann das gleiche wie am Vortag: Namensschilder anstecken, anschließend Platzsuche im Saal, für mehr bleibt keine Zeit. Ich setze mich bewußt woanders hin, neben einen älteren Mann. Er heißt Alfons und ist so um die fünfundfünfzig Jahre alt. Mit seiner Strickjacke erinnert er mich an einen Gymnasiallehrer. Ich begrüße ihn, er scheint ganz nett zu sein.

Da steht auch Sophie schon wieder auf der Bühne, sie ist offenbar kein bißchen müde von den gestrigen Strapazen. Wie hält die das nur aus?

»Guten Morgen! Ich hoffe, ihr hattet eine gute Nacht in euren verschiedenen Unterkünften. Ich kann euch sagen, ich hab nicht gut geschlafen heut nacht! Ich hab mir Sorgen gemacht. Das ist immer so bei mir. Ich mach mir bei jedem Forum Sorgen um jeden einzelnen von euch. Mir sind eure Geschichten im Kopf herumgegangen. Ich wünsch euch wirklich allen, daß ihr das Forum kriegt am Sonntag. So, wer möchte sich mitteilen? Wer hatte den Bonuspunkt? Ich bitt euch, teilt euch mit, nutzt die Erfahrung der anderen. Ja bitte, die Britta möchte sich mitteilen. Was hast du uns zu sagen, Britta?«

Eine etwa vierzigjährige Frau mit blonder Dauerwelle steht auf und sagt: »Ich wollte eine Erfahrung beitragen, die ich über Offenheit gemacht habe. Ich habe festgestellt, daß es eigentlich nie verkehrt ist, offen zu sein. Also es geht um meinen Mann. Der ist Alkoholiker, trockener. Ich hab ihn trockengelegt. Wir haben da immer ein riesiges Getue gemacht, um das zu verheimlichen, daß er trockener Alkoholiker ist. Ich sehe inzwischen ein, daß das falsch war, denn schließlich haben wir's doch gesagt, und das war überhaupt kein Problem. Vorher war das Leben viel unangenehmer, immer mit dem Verheimlichen. Also ich sehe das so: Offenheit ist wirklich ganz wichtig.«

»Dank dir, Britta! Offenheit ist wichtig, das werden wir alle sehen, und die ersten haben ja schon Öffnungen hier vor den Leuten hinter sich. Du wirst merken, daß du dich so richtig freisprechen kannst von den Dingen, die dir auf der Seele liegen. Und hier im Forum hast du ein dankbares Publikum, das ist nicht so wie draußen. Ha! Draußen, da kannst dir so was nicht leisten, diese Offenheit, da fallen sie wie die Wölfe über dich her. Du hast hier im Forum wirklich das Privileg, daß du offen sein darfst, hier sind nur Menschen, die dich verstehen. Noch Wortmeldungen? Wer möchte sich noch mitteilen? Ja, der Reinhard.«

Reinhard, ein dicker junger Mann mit Brille, etwa dreißig Jahre alt, blickt sich lächelnd im Saal um. »Ich möchte zuerst einmal sagen, daß ich es toll finde, vor so vielen Leuten reden zu können«, sagt er enthusiastisch und erhält tosenden Beifall.

»Was ich euch mitteilen wollte, ist, daß ich gestern abend bei meiner Mutter angerufen habe. Ich habe zu ihr gesagt: Mama, vielen Dank, daß du mich geboren hast, ich hab dich lieb. Und sie hat auch gleich wunderbar reagiert, fand ich. Sie hat gesagt, ich liebe dich doch auch, du bist ja mein Sohn. Das war richtig schön, es hat mich einfach gefreut, und ich wollte es euch allen mitteilen.«

»Schön, Reinhard!« lobt Sophie mit warmer Stimme. »Und du hast das vorher nie zu deiner Mutter gesagt?«

»Nein, aber ich hab gesehen, daß es gut war, es zu sagen. Ich möchte dir auch danken, Sophie, daß du uns so weiterhilfst. Danke Sophie!« Wieder bekommt Reinhard allgemeinen Beifall.

Ich finde es bescheuert, sich bei seiner Mutter zu bedanken, daß sie einen geboren hat. Daß Sophie gelobt wird, finde ich aber sehr gut. Sie muß doch wissen, daß wir ihren Einsatz für diese wichtige Sache schätzen.

»Ich dank dir auch, Reinhard! Dank dir! Wer noch? Ja, die Erna.«

Erna, eine weißhaarige, etwa siebzigjährige Frau, hält den Kopf stark nach hinten während sie spricht: »Ich hab da immer so den Gedanken: Ich habe Angst vor dem Verrücktwerden. Ist das eine Nummer?«

Sophie reagiert scharf: »Woher hast du diese Angst?«

»Von meiner Mutter. Sie hatte auch Angst, verrückt zu werden.«

»Erkennst du, daß das kein Grund ist? Diese Angst ist

nicht real! Eine Nummer! Wirf sie aus deinem Leben! Beziehe eine Haltung! Sag, wirst du verrückt?«

Erna zögert.

»Bezieh eine Haltung! Wirst du verrückt, oder wirst du nicht verrückt?«

Erna sagt unsicher: »Ich werde nicht verrückt.«

»Genau! Du mußt nur eine Haltung beziehen! Wenn du die Haltung hast, ich werde nicht verrückt, dann wirst du es auch nicht.«

Mir kommt das seltsam vor: So könnte man ja ganz einfach alle Krankheiten heilen. Ob das wohl so stimmt? Aber man sagt ja auch, wenn man unbedingt krank werden will, dann wird man es ... Vielleicht ist ja doch was dran an dieser Haltung.

»Danke, Erna. So, jetzt zur Hausaufgabe. Wer hat seine Hausaufgabe gemacht?«

Sie reißt einen Arm in die Höhe, und fast alle melden sich. Ich ärgere mich über mich selbst: Eigentlich hätte ich sie auch machen können, soviel Zeit hätte ich schon noch gehabt.

»Und wer hat sie nicht gemacht?«

Es melden sich nur wenige, darunter auch ich.

»Da hinten haben wir Tische aufgestellt, bitte geht jetzt da hinter und schreibt eure Briefe! Ihr braucht die Briefe, weil wir daran arbeiten wollen. Schreibt die Briefe und hört zugleich, was die anderen sagen!«

Mehrere Leute gehen nach hinten zu den Tischen. Ich bleibe an meinem Platz, hole meine Schreibsachen heraus und beginne mit dem Brief an meinen Vater.

»Diejenigen, die ihren Brief geschrieben haben: Wer will seinen Brief vorlesen?«

Einige Teilnehmer melden sich und lesen Briefe vor, in denen sie anderen beteuern, daß sie sie lieben oder sie nicht genügend geachtet haben, oder Briefe über das Forum, in denen steht, daß sie gelernt hätten, was Nummern seien, welche Nummern sie bei sich entdeckt hätten, was sie ändern wollten und daß alles ganz toll sei und unbedingt empfehlenswert. Das letztere kommt mir wie Anbiederung gegenüber Sophie vor.

Sophie kritisiert die Briefe, in denen Teilnehmer um Verzeihung bitten. Sie gehen ihr meist nicht weit genug. »Erkenne, daß du nicht authentisch genug gewesen bist! Du mußt authentischer sein! Du hast dem anderen immer noch Vorwürfe gemacht. Du mußt endlich aufhören damit. Tu du deinen Teil voll und ganz, dann werden sich auch die anderen Menschen öffnen! Aber zuerst mußt du dich vollständig öffnen, absolut ehrlich sein. So, und nun teile dich deinem Nachbarn mit! Lies ihm deinen Brief vor und rede darüber! Sag ihm, wo er nicht authentisch genug gewesen ist! Wechselt euch nach zwei Minuten ab!«

Alfons, der Mann neben mir, beginnt hastig und mit verlegenem Lächeln: »Ja, dann mach ich halt den Anfang. Ich habe einen Brief an meinen Sohn geschrieben. ›Lieber Stefan, ich möchte mit diesem Brief erreichen, daß sich unser Verhältnis wieder bessert, nachdem wir uns in letzter Zeit nicht mehr so gut verstanden haben. Ich habe in der Vergangenheit vieles falsch gemacht. Ich weiß, daß ich dir auch nicht immer die volle Aufmerksamkeit entgegengebracht habe, die nötig gewesen wäre.‹« Er beginnt zu schluchzen. »›Ich möchte mich entschuldigen für die Fehler, die ich gemacht habe, und hoffe, wir werden in Zukunft mehr Gemeinsamkeiten entdecken. In Liebe, dein Vater.‹«

Ich sage Alfons, daß ich den Brief sehr schön finde und sicher bin, daß er seinen Sohn damit gewinnen wird, weil er auch mich damit gewinnen würde. Ich sage das nicht nur, um ihn zu trösten, ich bin auch wirklich davon überzeugt.

Nachdem Alfons sich wieder beruhigt hat, lese ich meinen Brief vor: »Lieber Papa! Wir haben eigentlich nie über unser Verhältnis geredet. Das haben wir immer so gemacht und deshalb für selbstverständlich gehalten. Ich bin mir aber sicher, daß das nicht richtig war, da wir so nie Klarheit hatten. Ich habe dir die ganze Zeit nachgetragen, daß du mich früher als Kind öfter angeschrien und, wie ich denke, ungerecht behandelt hast. Das hat unser Verhältnis belastet und mich in die Lage gebracht, mich bis heute als Opfer zu fühlen, das nichts dafür kann, daß es ihm so schlecht geht, und sich nicht selbst entscheiden kann. Damit will ich jetzt endlich Schluß machen. Ich weiß ja, daß du inzwischen anders bist und wahrscheinlich damals von irgendeiner Seite unter Druck warst und nicht so sein konntest, wie du wolltest. Ich will aufhören mit der üblen Nachrede über dich und einfach in der Gegenwart leben. In der Gegenwart sehe ich, daß unser Verhältnis so gut ist, daß es nicht viel besser sein könnte.«

Ich lese den Brief vor, aber irgendwie teilnahmslos. Für einen Moment weiß ich nicht mehr, was dieser Brief soll. Er kommt mir nur albern vor.

Alfons lächelt verlegen: »Ja, ganz gut. Aber ich weiß nicht, ob du wirklich ehrlich mit dir selbst warst. Du erwähnst nicht deine Dankbarkeit dafür, daß er immer da war für euch, die Familie, daß er alle ernährt hat.«

Im ersten Moment befremdet mich seine Kritik. Verwechselt er mich vielleicht mit seinem Sohn? Muß ich für seinen verletzten Stolz herhalten? Dann wieder glaube ich, daß er recht hat. Es ist offensichtlich, daß mein Brief schäbig und egoistisch ist – schließlich ist Alfons in Tränen ausgebrochen, ich dagegen bin ungerührt geblieben. Also kann meine Reue noch nicht so ehrlich sein wie die seine.

»Ja, du hast recht«, gebe ich schließlich zu. »Ich weiß jetzt auch, daß ich noch ehrlicher mit mir selbst hätte sein können. Gut, daß wir die Sache besprochen haben, bevor ich den Brief abgeschickt oder angerufen habe.«

Sophie beendet die Übung. »So, wir machen jetzt wieder zwanzig Minuten Pause. Deine Aufgabe: Teile dich zwei Menschen mit, mit denen du bisher noch nicht geredet hast! Sprich darüber, was du im Forum schon erkannt hast und ändern möchtest! Und den Bonuspunkt gibt's heute in jeder Pause. Ruf zu Hause an, ruf bei guten Freunden an, rede dich aus! Wir haben extra Telefone für diesen Zweck installiert, sie stehen gleich rechts um die Ecke, wenn ihr rausgeht. Die freiwilligen Mitarbeiter können sie euch zeigen. Die Gebühreneinheit kostet fünfzig Pfennig. Bitte macht Gebrauch davon. Außerdem können euch die Assistenten Lagepläne von weiteren Telefonen hier im Ort geben. Und noch etwas: Ihr dürft nicht denken, das muß angenehm sein! Ehrlich sein ist nie leicht! Wenn ihr denkt, ihr müßt warten, bis ihr richtig Lust dazu habt, dann könnt ihr lange warten. Nein, angenehm muß das nicht sein. Aber es zeigt deine Stärke, wenn du dich überwindest und es trotzdem schaffst. Denk daran, was dich davon abhalten will, sind deine Nummern! Zeig dir selbst, daß du größer bist! Jeder von euch ist größer, als er denkt.«

Ich rede im Hinausgehen mit Alfons. Ich erfahre von ihm, daß sein Sohn das Forum schon zu einem früheren Zeitpunkt gemacht hat. Das sei für ihn der Anstoß gewesen, es auch zu machen. Kurz bevor die Pause zu Ende ist, esse ich noch schnell eine Banane von unserem Supermarkt-Vorrat.

Kaum habe ich mich gesetzt, steht Sophie auch schon wieder auf der Bühne. »So, wer hat den zweiten Teil der Hausaufgabe gemacht? Wer hat etwas Unvernünftiges gemacht, etwas gesagt, was er vorher nicht gesagt hat, einen Unterschied bewirkt? Wer möchte sich mitteilen?«

Mein schlechtes Gewissen drückt: Ich sollte zu Hause anrufen und mich entschuldigen. Irgendwann an diesem Wochenende muß ich das noch schaffen.

»Ja, die Evi. Was hast du Unvernünftiges gemacht, Evi?«

»Ja, guten Morgen«, sagt Evi fröhlich. »Ich habe heute Nacht etwas Verrücktes ...«

»Nicht etwas Verrücktes!« unterbricht Sophie sie. »Ich sag euch nicht, ihr sollt etwas Verrücktes tun hier im Forum.

Etwas Unvernünftiges! Das ist etwas anderes! Ihr müßt unterscheiden lernen hier im Forum!«

»Also, ich habe etwas Unvernünftiges getan: Ich habe einfach im Garten übernachtet, ich hab gestern abend mein Bett genommen und es in den Garten gestellt.«

»Und das hast du sonst noch nie gemacht?«

»Nein, das habe ich noch nie gemacht.«

»Das war nichts Unvernünftiges, was du da gemacht hast. Du hast es wahrscheinlich ganz gern getan, einfach mal im Garten übernachten. Wißt ihr, wenn ich sage, tu etwas Unvernünftiges, dann meine ich nicht, ihr sollt etwas tun, das einfach ist, das euch keine Überwindung kostet. Rede mit deinen Leuten, sag ihnen, was du ihnen bisher immer verschwiegen hast! Es geht darum, daß du lernst, ehrlich zu werden! Du mußt erwachsen werden! Da helfen dir solche Kindereien nichts. Dank dir, Evi. So, wer hat sich geöffnet, wer hat wirklich etwas Unvernünftiges getan? Ja, hier, die Claudia.«

Eine etwa fünfunddreißigjährige Frau, gebräunt und mit rötlicher Lockenfrisur, steht auf. Sie wirkt wie ein junges Mädchen mit ihrer natürlichen, heiteren Art. »Ich habe meiner älteren Tochter mitgeteilt, wie lieb ich sie habe. Also, ich wohne hier in München, ich übernachte zu Hause, und da habe ich gestern abend meiner Tochter einen Brief auf den Tisch gelegt. Ich hab ihr geschrieben, wie froh ich bin, daß ich sie habe, und daß ich mir einfach keine bessere Tochter wünschen kann.«

»Und weißt du schon, wie sie reagiert hat?« fragt Sophie kritisch.

»Ja«, strahlt Claudia, »ich habe mich sehr über ihre Reaktion gefreut. Sie hat einfach gesagt: ›Aber das wissen wir doch, Mutti, daß du uns ganz lieb hast, das war doch immer schon so, und das wird sich bestimmt nicht ändern.‹«

»Und warum dachtest du, deine Töchter könnten etwas Schlechtes über dich denken?«

Claudia zögert eine Weile. Sie schaut wie ein ertapptes Kind. »Ich habe, ehrlich gesagt, ein schlechtes Gewissen wegen meines Mannes. Also, das ist der Vater meiner Töchter, und wir leben schon länger getrennt. Und da hab ich Bedenken wegen der Töchter, daß ihnen das nicht guttut, daß sie vielleicht auch nicht mehr in der Lage sind, ein normales Eheleben zu führen.«

»Seit wann lebt ihr getrennt?«

»Seit drei Jahren. Mit einer Unterbrechung.«

»Was heißt Unterbrechung?«

»Wir haben es noch mal versucht. Ich hab zu ihm gesagt, komm, wir versuchen es noch mal. Das ging aber wieder schief.«

Sophie sieht Claudia von oben herab an. »Du hast es von vornherein nicht gewollt.«

»Ja«, gibt Claudia schuldbewußt zu, »ich hab's mir gedacht, das geht wahrscheinlich wieder nicht gut. Aber wegen der Kinder, hab ich gedacht.«

»Die Kinder sollten ihren Vater im Haus haben. Aber du wolltest es eigentlich eh nicht mehr. Du warst unehrlich, Claudia. Du warst nicht ehrlich deinem Mann gegenüber. Das ist es, was dir aufs Gewissen drückt. Nicht die Töchter, nein, mit denen verstehst du dich bestens, das glaub ich dir. Aber du bräuchtest auch kein schlechtes Gewissen ihnen gegenüber zu haben, wenn die Sache mit deinem Mann bereinigt wäre. Die würden sich sagen: Wir haben eine tolle Mutti, die hatte den Mut, Klarheit zu schaffen, auch eigene Fehler zuzugeben. Die hat das mit unserem Vati in Ordnung gebracht. Hast du ihm das schon einmal gesagt, daß du unehrlich warst? Hast du dich ausgesprochen?«

»Mein Mann ist ziemlich krank, das möchte ich ihm nicht antun, ihm das so direkt zu sagen.«

»Ha, Mitleid!« ruft Sophie spöttisch. »Wißt ihr eigentlich, was Mitleid ist? Eine Nummer, nichts weiter! Was denkt ihr, profitiert ihr auf der Haben-Seite von eurem Mitleid? Na, was denkt ihr?«

»Recht haben?« schlägt jemand vor.

»Genau! Recht haben und dominieren! Du sagst dir: Er ist krank, also kann ich ihm das nicht sagen. Das redest du dir ein! In Wirklichkeit möchtest du ihn dominieren! Du willst ihn im ungewissen lassen, weil du ihn dominieren möchtest! Und du sagst: Er ist ja so krank, das kann ich ihm nicht zumuten! Vergeßt euer Mitleid! Denk daran, die anderen sind mindestens so stark wie du selbst. Weißt du überhaupt, ob er wirklich so krank ist? Vielleicht ist das ja auch nur eine Nummer von ihm, diese Krankheit.«

»Doch, doch, der ist wirklich krank. Der hat Arthrose.«

»Aber verstehst jetzt, was du machen mußt? Hör auf, ihn zu dominieren, und sag ihm, daß Schluß ist, daß du nicht mehr mit ihm zusammenleben willst! Du gibst ihm damit den Freiraum, das Seine zu tun!«

»Aber ich muß doch auch an meine Töchter denken. Ich will doch nicht ein schlechtes Beispiel vorleben. Die könnten doch einen Schaden davontragen.«

»Das ist eh schon passiert«, winkt Sophie ab. »Kinder kriegen alles mit. Kinder finden auch deine Nummern sofort heraus. Hier ein Knopf, da ein Knopf. Die wissen das eh schon, was du denkst. Wenn sie sehen, daß du auch dazu stehst, werden die sagen: Wir haben eine tolle Mutti. Sei ein Vorbild! Nicht immer: Ich kann aber nicht, ich muß aber, mein Mann, meine Töchter ... Rede dir nicht immer solchen Unsinn ein, nur damit du das machen kannst, was du immer gemacht hast! Also, Claudia, was machst?«

»Mein Mann ist aber in Amerika«, erwidert Claudia sichtlich eingeschüchtert, »ich weiß gar nicht genau wo. Mit seiner Schwester. Ich hab keine Ahnung, wie ich ihn jetzt erreichen soll.«

»So krank kann der ja dann nicht sein. Aber es geht jetzt darum: Willst du, oder willst du nicht?«

»Ich versuch's ...«

»Blablablabla ... Ich höre bei euch immer die Wörter ›aber‹ und ›versuchen‹. Wenn ihr so etwas sagt, müßt ihr aufhorchen. Es gibt nur ja oder nein. Versuch doch mal, dich zu setzen! Nicht setzen, du sollst es nur versuchen!«

Claudia lächelt verlegen.

»›Versuch‹ gibt's nicht. Entweder du machst es, oder du machst es nicht. Du mußt dich entscheiden. Machst es?«

»Ja«, nickt Claudia.

»Weißt, das mit deinen Töchtern wird sich dann von selbst erledigen. Du mußt von vorne anfangen. Bereinige erst die Sache mit deinem Mann, entschuldige dich für deine Fehler! Weißt, ins Karwendelgebirge mußt gehen.« Während sie das sagt, sieht Sophie Claudia liebevoll an.

»Ja«, lächelt Claudia sichtlich erfreut zurück.

»Gut, daß du anrufst. Dank dir, Claudia!«

Von allen Seiten kommt lauter Beifall. Auch ich bin überzeugt, daß Claudia sich zum richtigen Schritt entschlossen hat, nämlich der Bereinigung ihres schlechten Gewissens.

»Wer möchte sich noch äußern? Ja, hier drüben, die Helen. Bitte, Helen!«

Eine etwa fünfunddreißigjährige Frau mit bleichem, schmalen Gesicht und dunklen Ringen unter den Augen steht auf und blickt sich mit unsicherem Lächeln nach allen Seiten um. »Ja, guten Morgen, ich heiße Helen.« Sie spricht mit einem starken englischen Akzent. »Mein Problem ist: Ich habe Schwierigkeiten in meiner Ehe. Ich denke an Trennung, aber ich kann mich nicht richtig entscheiden.«

»Seit wann bist du verheiratet, Helen?« fragt Sophie sanft.

»Das sind jetzt zehn Jahre.«

»Wo liegt das Problem?«

»Wir verstehen uns einfach nicht mehr so gut. Warum, weiß ich auch nicht.«

»Gibt es in deiner Vergangenheit vielleicht ein Beziehungsproblem, das du noch nicht bereinigt hast?«

Helen zögert. »Ja ... da gibt es ein wirklich schlimmes Erlebnis«, erklärt sie schließlich. »Ich komme aus Amerika, da hatte ich einen Freund, und ich mußte zweimal direkt hintereinander abtreiben. Beim zweiten Mal hat er mich einfach verlassen.« Sie schluchzt. »Das war wirklich furchtbar.«

Helen tut mir schrecklich leid, wie sie so allein in ihrem Elend dasteht. Verstohlen wische ich mir ein paar Tränen aus den Augen.

»Hast du's ihm noch nicht verziehen?« fragt Sophie sanft.

Helen schluchzt immer noch. »Das konnte ich ihm nicht verzeihen, nein! Ich mußte allein ins Krankenhaus fahren. Das werde ich nie vergessen können.«

»Und, willst du's ihm verzeihen?«

Langsam gewinnt Helen ihre Fassung wieder. »Ich möchte schon, aber ich weiß nicht, ob ich es kann.«

»Willst du, oder willst du nicht?«

»Ich weiß nicht, ob ich ihn erreichen kann. Steve wohnt in Milwaukee, das ist eine Millionenstadt ... da hat er jedenfalls gewohnt.«

»Wenn du willst, kannst du es auch. Kennst du niemanden aus seinem Bekanntenkreis?«

»Ich habe die Adresse seiner Mutter. Ich könnte vielleicht ihre Nummer herausfinden.«

»Du solltest es tun. Weißt du, du mußt von vorn anfangen mit dem Aufräumen. Du trägst dem Steve das ständig nach, und dein Mann leidet darunter. Bereinige erst diese Sache, und du wirst in deiner jetzigen Beziehung auch klarer sehen. Machst du's?«

»Ja, aber ich weiß nicht, ob ich ihn erreiche. Das ist wirklich eine große Stadt, das kennt ihr hier nicht, das ist nicht so leicht, da eine Telefonnummer herauszufinden.«

»Helen, schau, sei doch ehrlich zu dir selbst. Du willst doch die Beziehung zu deinem Mann verbessern. Und du tust deinem damaligen Freund auch etwas Gutes. Die Sache belastet ihn bestimmt auch ganz schön. Er freut sich doch, wenn er weiß, daß du ihm verziehen hast. Tu was Gutes! Räum auf! Du machst das für ganze Generationen nach uns! Die müssen dann nicht unseren ganzen Ballast weiter mit sich herumschleppen. Der Steve hat vielleicht eine Familie. Er kann vielleicht auch nicht so sein, wie er will, kann seiner Familie nicht seine volle Liebe geben, nur weil ihn die Sache mit dir belastet. Befreie ihn davon! Und, Helen, was sagst?«

Ein Lächeln breitet sich auf Helens verweintem Gesicht aus: »O. k., ich mach's.«

»Danke, Helen!«

»Danke, Sophie!« Helen strahlt vor Erleichterung.

Alle klatschen begeistert, sind ergriffen und gerührt. Auch ich bin begeistert von der Wirkung der Worte Sophies: Sie haben die total verzweifelte Helen wieder aufgerichtet. Sie wird das Richtige tun, und das weiß sie.

»Wer noch? Hier drüben habe ich noch jemanden gesehen. Ja, die Thea.«

Eine etwa fünfundsechzigjährige Frau steht auf. »Ich habe folgende Frage: Was kann ich tun, wenn ich mit jemandem etwas zu besprechen habe, und derjenige ist schon verstorben?«

»Ja, das ist ein Problem, das häufig vorkommt«, erwidert Sophie ernst. »Eine gute Frage, die interessiert sicher mehrere hier im Raum. Was kann ich tun, wenn mich Dinge bedrücken, aber ich kann sie nicht sagen, weil der Betreffende schon verstorben ist? Was ihr hier machen könnt: Nehmt euch jemanden als Ansprechpartner! Es ist dabei nicht wichtig, wer das ist, aber es hilft euch, wenn es jemand ist, der euch an die betreffende Person erinnert. Und sprecht euch aus, sprecht euch voll aus, als wäre diese Person der Verstorbene! Das hilft euch, ihr seid befreit, nachdem ihr das gemacht habt. Ja, eine wichtige Frage. Dank dir, Thea! Wir kommen jetzt zu einer neuen Unterscheidung. Das ist der Begriff des Immer-bereits-Hörens. Was ist unser Immer-bereits-Hören? Ich kann euch das am deutlichsten an einem Beispiel zeigen. Ihr müßt dafür eine Weile wegschauen, ich werde jetzt gleich etwas an die Tafel schreiben. Bitte schließt die Augen oder schaut einfach weg!«

Ich schließe die Augen, auch wenn ich schon weiß, was kommt: der »Spatz in der Hand«.

»So ... ich bin gleich fertig ... jetzt dürft ihr wieder herschauen. Wer liest für die anderen vor, was hier an der Tafel steht?«

Die Geschichte läuft genau so wie beim Einführungsabend. Ich wundere mich, daß der Trick wieder funktioniert: Wieder haben die meisten das zweite »der« nicht gesehen.

»Ich hatte ein Immer-bereits-Hören bei meiner Mutter, bevor ich das Forum gemacht habe«, fährt Sophie fort. »Ihr müßt wissen, ich komme aus einem Dorf in der Schweiz, von einem Bauernhof ...«

Auch das mit der Mutter kommt wieder. Ich schaue mich im Saal um, betrachte die gespannt lauschenden Gesichter. Mit halbem Ohr höre ich zu und bin nun wirklich erstaunt: Das ist ja Wort für Wort dasselbe! Es klingt wie auswendig gelernt, jetzt, beim zweiten Mal. Beim ersten Mal klang es so natürlich! Ich kann es beim besten Willen nicht mehr lustig finden, als wieder die »nette« Frage der Mutter kommt; doch die anderen lachen wie beim Einführungsabend. Na ja, denke ich, die hat das wohl schon zu oft erzählt, sie macht das ja schon zehn Jahre lang. Kein Wunder, daß es allmählich künstlich wird ... Ist aber eine gute Schauspielerin, die Frau!

»Unser Immer-bereits-Hören«, erklärt Sophie jetzt, »ist etwas, das uns überallhin verfolgt. Kennst du das auch: Du sagst etwas, und du weißt schon vorher, was ein anderer darauf sagen wird? Wer kennt das von sich?«

Es melden sich fast alle.

»Warum ist das eigentlich so, was denkt ihr?«

»Aus Gewohnheit?« schlägt jemand vor.

»Aus Gewohnheit, meint ihr. Wer möchte ein Beispiel sagen? Ja, die Gisela. Wo geht's dir so in deinem Leben, daß du schon vorher weißt, was passieren wird, Gisela?«

Gisela, so um die Fünfzig, trägt eine Brille und einen Trachtenjanker. Ihr Blick hat etwas Gestreßtes. »Ja, das ist so mit meinem Vater. Seit ich denken kann, war mein Vater krank. Der hatte immer irgendwas, mal schlimmer, mal weniger schlimm. Hat er zumindest immer behauptet. Wir haben uns schon so dran gewöhnt, daß wir es gar nicht mehr gemerkt haben, wenn er einmal wirklich krank war. Und da geht's mir eben auch so, ich weiß immer, daß er wieder mit seiner Krankheit kommen wird, egal, was ich zu ihm sage.« Sie redet schnell und in einem Ton, als ob ihr das alles unglaublich auf die Nerven ginge. »Ich weiß schon gar nicht mehr, was ich machen soll. Wir haben versucht, ihm das auszureden, wir haben zu ihm gesagt, wenn es wieder einmal ganz klar war, daß es ihm bestens ging: Na, Vater, heute siehst aber besonders gut aus. Aber es hilft nichts. Als nächster Satz von ihm kommt schon wieder: Heut geht's mir aber wirklich schlecht, ich hab das und das. Wir sind ganz verzweifelt!«

»Weißt du, was das ist? Das ist dein Immer-bereits-Hören über deinen Vater. Du siehst deinen Vater, und das Nächste, was du denken mußt, ist: Jetzt kommt der gleich wieder mit seiner Krankheit. Du mußt es denken, du hast gar keine andere Wahl. Stimmt's?«

»Ja, aber es ist ja auch so! Der kommt garantiert mit seiner Krankheit!«

»Weißt du, was ihr mit eurem Vater macht? Ihr dominiert euren Vater mit eurem Immer-bereits-Hören!«

»Aber wir haben doch schon alles versucht! Was sollen wir denn noch tun?« protestiert Gisela.

»Du mußt aufhören, alles immer schon vorher zu wissen. Du mußt aufhören zu denken: Jetzt kommt gleich wieder seine Krankheit. Dann gibst du ihm die Möglichkeit, aufzuhören mit seinen Beschwerden. Ihr habt eurem Vater wahrscheinlich noch nie richtig zugehört. Euer Vater ist in der allerverzweifeltsten Lage, die man sich vorstellen kann. Der kann gar nichts anderes mehr machen, als euch das zu sagen, was ihr von ihm hören wollt! Weißt du, was du machen solltest?« Sophie spricht jetzt ganz sanft. »Du solltest deinem Vater zum ersten Mal wirklich zuhören. Hör das, was er zwischen den Worten sagt! Du gibst ihm zum ersten Mal die Möglichkeit, sich wirklich mitzuteilen. Verstehst?«

»Und was mach ich dann, wenn er wieder mit seiner Krankheit kommt?«

»Dann laß ihn reden! Das ist seine Art, dir seine Liebe zu zeigen! Du mußt ihm diesen Freiraum geben, damit er sich ändern kann. Also, Gisela, redest mit ihm?«

»Ja, gut, ich glaub aber nicht ...«

»Du mußt nichts glauben. Du mußt ihm nur zuhören! Ruf ihn an und hör auf das, was er sagt! Machst es?«

»Ich überleg's mir.«

»Ja, aber entscheide dich auch! Und denk daran, du tust es für deinen Vater und die ganze Familie! Dank dir, Gisela! Ihr müßt lernen«, wendet sich Sophie wieder an alle, »euer Immer-bereits-Hören über andere Leute zu erkennen. Ihr müßt es erst einmal unterscheiden lernen, dann könnt ihr auch dagegen ankämpfen. Woher kommt unser Immer-bereits-Hören eigentlich? Warum haben wir das? Das Immer-bereits-Hören ist etwas, das wir aus der Vergangenheit haben, wir haben uns unsere Meinung über andere Leute gebildet: Der ist halt so. Der Vater ist halt so, daß er immer so tut, als wäre er krank. Kann man nichts machen. Habt ihr euch schon einmal überlegt, ob das stimmt, was ihr so über die anderen Leute denkt? Vielleicht sind die ja gar nicht so! Vielleicht seid das ja nur ihr, die das von ihnen denken! Ihr habt eure festgefahrene Meinung von den Leuten und denkt, das ist alles richtig so. Wißt ihr, was ihr denen damit antut? Ihr nehmt ihnen jede Möglichkeit, sich zu ändern! Die tun alle nichts anderes, als euren Erwartungen gerecht zu werden. Hört endlich auf, die anderen mit euren Meinungen zu tyrannisieren! Ihr hört immer auf euer Immer-bereits-Hören und hört gar nicht auf das, was die Leute euch sagen wollen. Gebt ihnen endlich den Freiraum, den ihr ihnen bisher nicht gegönnt habt, indem ihr loslaßt von eurem Immer-bereits-Hören! Wenn ihr das gemacht habt, werdet ihr selber sehen, daß die Leute gar nicht so sind, wie ihr immer gedacht habt. Dann siehst du nämlich, wie sie wirklich sind!

Wir haben jetzt wieder eine Pause. Deine Aufgabe für die Pause: Besprich dich mit zwei Leuten, mit denen du bisher noch nicht geredet hast, über dein Immer-bereits-Hören in deinem Bekanntenkreis! Sag, was du ändern willst!«

Obwohl mich der Begriff allmählich nervt, überlege ich mir ein »Immer-bereits-Hören« bei mir selbst. Das könnte zum Beispiel sein, daß ich immer denke, meine Eltern seien ziemlich verschlossen, da sie nie über eigene Probleme reden. Sie tun so, als hätten sie keine. Meine Schlußfolgerung war daher, sie sind nicht offen genug. Möglicherweise stimmt das aber nicht, ich selbst habe mich ja auch nie um mehr Offenheit bemüht. Also war ich selbst mitschuldig – durch mein Vorurteil: Die wollen eh nicht –, habe aber immer meinen Eltern die alleinige Schuld gegeben.

Ich gehe aus dem Saal. Im Vorraum komme ich mit einer jungen Frau ins Gespräch. Angie ist eher klein, hat kurze, dunkle Haare und blickt die ganze Zeit sehr ernst, während sie spricht. Sie sagt mir, sie habe ein Verhältnis mit einer anderen Frau und wolle diese immer ändern, weil sie so unselbständig sei. Sie könne sie aber trotz aller Bemühungen nicht ändern. Also sei das nur eine schlechte Angewohnheit von ihr, sie habe das jetzt erkannt. Sie werde in Zukunft eine Freundin nehmen, die besser zu ihr passe, statt die alte immer ändern zu wollen. Außerdem gebe es da noch ein Problem mit ihrer Mutter: Ihre Mutter habe sich aus dem Fenster stürzen wollen, als sie, Angie, noch ein kleines Kind gewesen war, gerade mal laufen konnte. Sie habe geschrien, geweint, am Rock ihrer Mutter gezogen und sie so gerade noch davon abhalten können zu springen. Nie habe sie sich mit ihrer Mutter darüber ausgesprochen. Jetzt sei es aber zu spät, da ihre Mutter tot sei.

»Sophie hat doch etwas gesagt über tote Angehörige oder Freunde, denen man noch etwas nachträgt«, sage ich. »Sie hat gemeint, man soll einfach einer anderen Person alles sagen, was noch zu sagen ist. Aber bei dir ist das schon ein besonderer Fall, vielleicht solltest du doch mit Sophie selbst darüber reden. Sie weiß wohl am ehesten, was da richtig ist.«

Die Pause ist zu Ende. Angie bedankt sich fürs Zuhören, und ich gehe zurück auf meinen Platz.

Sophie steht wieder vorn und fordert erneut dazu auf, sich anderen mitzuteilen. »Ja, der Herbert. Was hast du uns zu sagen, Herbert?«

Herbert ist etwa neununddreißig Jahre alt und blickt etwas schläfrig. »Ich hab Probleme mit meiner Frau. Wir leben schon lange zusammen, seit zwanzig Jahren. Und wir haben das so gemacht, daß jeder in der Beziehung immer volle Freiheit hatte, wir haben das so abgesprochen.« Er näselt und spricht betont cool, als langweile ihn das Thema eigentlich.

»Also auch bei anderen Partnern?« fragt Sophie.

»Genau. Aber jetzt lebt meine Frau bei einem anderen Mann. Ich ruf immer dort an, ständig ruf ich sie an, aber sie von sich aus unternimmt da nichts. Manchmal liegen sie auch beide gerade im Bett, wenn ich anrufe. Und, also ich bin irgendwie unzufrieden mit diesem Zustand jetzt. Ich weiß wirklich nicht, was ich da machen soll.«

»Denkst du, sie ist noch interessiert an dir?«

»Das denk ich schon, denn jedesmal, wenn ich anrufe, freut sie sich wirklich. Also, ich kann mir nicht vorstellen, daß ihr das echt alles so egal ist, wie sie immer tut.«

»Liebst du sie? Wenn du sie liebst, gesteh ihr deine Liebe! Du mußt es sagen! Liebe ist nur in dem Moment wirklich präsent, in dem du sie aussprichst, in dem du sagst: Ich liebe dich. Nur in dem Moment ist wirklich Liebe da!«

Diese Behauptung finde ich nun doch etwas seltsam. Obwohl, wer weiß...?

»Sie muß es wissen, verstehst du! Und du mußt dich entscheiden. Entscheide dich voll für sie oder trenne dich! So wie du es jetzt machst, ist es eine einzige Quälerei. Sie weiß nicht, woran sie ist, und du weißt es auch nicht.«

»Also, ich kann das nicht so von heute auf morgen. Ich finde, meine Frau könnte auch einmal von sich aus ein Zeichen geben. Wenn sie auf mich zugehen würde, wäre das was anderes. Aber sie tut ja so, als wär ihr das alles egal. Außerdem ist das jetzt schon meine zweite Frau, und ich hab wirklich keine Lust mehr, noch mal von vorne anzufangen, also das kann ich mir nicht mehr vorstellen.«

»Du mußt beginnen! Sag's ihr, daß du sie liebst! Sonst ändert sich nichts. Dann wird sie auch ihre Gefühle zeigen. Dank dir, Herbert! Wir werden jetzt sehen, was es heißt, ein Problem zu haben. Wir kennen das, jeder hat so seine Probleme. Wer möchte mir sagen, was sein Problem ist? Ja, die Sabine. Was ist dein Problem, Sabine?«

Sabine, etwa dreißig Jahre alt, steht auf. Sie macht auf mich einen fröhlichen Eindruck. »Ich hab noch mal über die Sache mit den Problemen nachgedacht, und ich glaub, mein Problem ist, daß ich gar keines habe«, sagt sie munter und lächelt erwartungsvoll.

»Du meinst, stimmt alles, Beruf, Familie, Freunde?«

»Genau, ich weiß eigentlich gar nicht, was mir fehlt, ich habe einen netten Mann, wir haben ein großes, schönes Haus, aber irgendwie bin ich trotzdem immer unzufrieden.«

»Ja, das ist oft das größte Problem«, nickt Sophie ernst. »Und was tust du?«

»Ich versuch einfach, mehr das Positive zu sehen.«

»Willst du was ändern in deinem Leben?«

»Das ist es ja, eigentlich will ich gar nichts ändern. Es soll alles so bleiben, wie es ist.«

»Willst du dein Verhalten ändern, zu Freunden, zu deinem Mann?«

»Ja, ich glaub, was mir fehlt, ist einfach, daß ich das nicht genug würdige, was ich habe. Vielleicht sollte ich das meinem Mann und meinen Freunden verständlich machen, daß ich das eben schon toll finde.«

»Aber es soll alles so bleiben, wie es ist.«

»Nein, nicht genauso natürlich, ich könnte vielleicht schon auch mehr dazu beitragen, daß alle sehen, daß ich sie würdige. Ich sollte vielleicht öfter mal was unternehmen mit meinen Freunden.«

»Weißt du, was du brauchst, ist einmal ein wirkliches Problem.«

»Ja, ich weiß. Aber ich bin auch ohne Problem zufrieden«, lacht sie.

»Du hast also kein Problem und möchtest auch keines haben. Vielleicht hast du dein wirkliches Problem, etwas, was dich wirklich antörnt, eine richtige Herausforderung, noch nicht gefunden?«

»Ja, das ist möglich. Aber mir langt's, glaube ich, einfach so, wie es ist.«

»Es ist deine Entscheidung, was du aus deinem Leben machst. Ich dank dir, Sabine.«

Sophie wendet sich wieder ans Publikum und ruft: »Wer hat ein wirkliches Problem? Ich möchte Leute mit wirklichen Problemen!«

Ein Mädchen meldet sich. Sie ist hübsch mit ihrer dunklen Haut und ihren langen, braunen Haaren.

»Die Saskia hat ein Problem.«

»Ja, ich kann mich nie entscheiden. Also mein Freund, der hat sich eigentlich schon richtig für mich entschieden, aber ich konnte mich nie entscheiden.« Saskia spricht selbstsicher und gelassen und zeigt nicht die Betroffenheit der meisten anderen Sprecher.

»Was hast du gemacht?«

»Ich bin herumgereist, ich war ziemlich lange in den USA.«

»Da bist du allein herumgereist?«

»Ja. Ich hab da auch jemanden kennengelernt …«

»Einen anderen? Und dein alter Freund war in Deutschland?«

»Ja, ich hab mich verliebt. Er hat mir auch besser gefallen.«

»Und dein anderer Freund, weiß der davon?«

»Nein.«

»Und was machst du jetzt? Welchen Freund nimmst jetzt?«

»Ich kann mich eben nicht entscheiden.«

»Warum nimmst nicht den alten?«

»Er hat mich auch lange hingehalten …«

»Er hat sich auch nicht entscheiden können.«

»Ja, er hat auch andere gehabt.«

»Dein alter Freund hat dich betrogen. Aber jetzt hat er sich für dich entschieden. Und du möchtest es ihm jetzt heimzahlen.«

Saskia lächelt, sagt aber nichts.

»Es wird Zeit, daß du dich entscheidest. Sonst entscheidet sich der alte auch für eine andere.«

»Das glaub ich nicht.«

»Ja, ja! Du läßt ihn zappeln und fährst inzwischen nach Amerika. Du weißt ja, daß er dir nicht entwischt. Weißt du, was du mit ihm machst? Du dominierst ihn völlig! Also welchen nimmst, den alten oder den neuen?«

»Ich überleg's mir.«

»Du mußt dich aber auch entscheiden. Nicht ewig überlegen und inzwischen den ›Lonely Rider‹ in Amerika spielen. Sonst verliebst dich wieder in einen anderen. Das hört nie auf.«

»O. k., ich überleg's mir.«

»Gut, dank dir, Saskia! Und laß ihn wissen, für wen du dich entschieden hast!« Sophie wendet sich wieder an alle: »Es ist gut, wenn ihr so offen seid. Das trägt diese Veranstaltung, diese Offenheit. Das gibt die Energie, die diese Veranstaltung so wertvoll macht. Seid offen, es tut euch keiner was!« Mit warmer Stimme fügt sie hinzu: »Dank dir noch mal, Saskia! Das war mutig von dir. Es sind nicht alle so mutig. Noch Probleme? Wer möchte mir noch sein Problem sagen? Ja, die Katrin. Was ist dein Problem, Katrin?«

Eine große, sehr schlanke junge Frau in der ersten Reihe bekommt das Mikrofon gereicht. Sie hat wirres Haar und trägt ein seltsames Kostüm mit einem ultrakurzen Lederminirock. Auch sie wirkt sehr lässig. »Mir geht's eigentlich ähnlich wie der Sabine. Ich hab nämlich auch kein größeres Problem, ich hab einen Beruf, der mir Spaß macht, einen tollen Mann, gute Freunde ...«

»Also, dein Problem ist auch, daß du kein Problem hast?«

»Ein Problem, das ich hatte, war die Beurteilung in einer Stage. Also, ich bin Regisseurin, da braucht man so was. Ich meine, die Frau, die das beurteilt hat, war nicht gerecht, sie hat meine Leistung nicht anerkannt, ich glaube einfach, daß ich was Besseres verdient gehabt hätte.«

»Warum meinst du das?«

»Es gab einfach keinen Grund, das nicht anzuerkennen. Ich nehme an, die Frau hat mich deswegen so schlecht beurteilt, weil sie selbst für die gleiche Sache fünf Jahre gebraucht hat, ich wäre aber schon nach eineinhalb Jahren fertig gewesen.«

»Hast du's mit ihr beredet?«

»Nein.«

»Das hättest du machen sollen. Bemüht euch um Offenheit! Es hilft euch nichts, wenn ihr eure Probleme mit euch herumtragt. Die anderen wissen ja nicht einmal, daß ihr ein Problem habt.«

»Ja, das stimmt.«

»Sie konnte ja nicht wissen, daß du dich ungerecht behandelt fühlst. Weißt du, in ihren Augen hat sie richtig gehandelt. Du hättest dich austauschen sollen. Vielleicht hätte sie ihre Meinung geändert.«

»Ja, o.k.«

»Gut, Katrin, dank dir! Habt ihr eigentlich schon einmal darüber nachgedacht, warum wir immer so viele Probleme mit uns herumtragen? Was macht uns ständig Probleme? Wer hat ein Problem und möchte es loswerden? Wer traut sich? Komm auf die Bühne, und du wirst sehen, wie du dein Problem los wirst!«

Eine jüngere Frau meldet sich.

»Die Hannelore. Kommst du bitte vor, Hannelore! … So, jetzt setz dich doch mal auf den Stuhl hier.«

Hannelore setzt sich auf den blauen »Thron«, dem Publikum zugewandt. Sophie stellt sich neben sie und legt ihr den Arm auf die Schulter. »Ich werde dich von deinem Problem befreien. Was ist dein Problem?«

»Mein Problem ist«, beginnt Hannelore gut gelaunt, »ich habe einen Beruf, der mir sehr viel Spaß macht, ich bin Architektin, aber ich weiß nicht, wie ich Karriere und Kinder vereinbaren kann. Ich weiß wirklich nicht, was ich machen soll.«

»Paßt gut auf«, wendet sich Sophie ans Publikum und setzt dabei eine ernste Miene auf. »Ihr werdet jetzt sehen, wie ich Hannelore von ihrem Problem befreie.« Sie umfaßt Hannelores Arm und sagt: »Ich nehm jetzt deinen Arm … und hack ihn ab.« Dabei vollführt sie mit ihrer freien Hand eine Hackbewegung. »Sag mir, Hannelore, wo ist jetzt dein Problem?«

Hannelore lächelt gezwungen: »Das hab ich doch immer noch, und jetzt noch ein neues dazu.«

Konzentriert und mit gesenkter Stirn blickt Sophie ins Publikum: »Nein, sag mir, wo dein Problem ist! Der Arm ist weg, das blutet fürchterlich. Wo ist dein Problem?«

»O. k., jetzt habe ich vor allem das mit dem Arm. Aber der verheilt ja wieder, und dann hab ich wieder das gleiche Problem.«

»Und wo ist es jetzt? Wo ist dein Problem jetzt, in diesem Augenblick?«

»Ja, o.k., im Moment habe ich das alte Problem nicht mehr.«

»Ja, siehst du«, ruft Sophie, »du hast gar kein Problem! Du hast auch nie eines gehabt! Es gibt immer ein größeres Problem als das, das du gerade hast. Weißt du, warum du so an deinen Problemen hängst? Alle: Warum glaubt ihr, liebt ihr eure Probleme so?«

»Damit wir eine Beschäftigung haben?« schlägt jemand vor.

»Genau! Ihr liebt eure Probleme so, weil ihr euch gerne die Zeit vertreibt mit ihnen! Ihr hört euch gerne über eure Probleme reden! Und warum? Weil ihr nichts tun müßt, solange ihr drüber redet! Es gibt keine Probleme! Entweder du tust etwas, oder du läßt es bleiben! Und was machst du? Du redest ständig, anstatt etwas zu tun! Eure Probleme sind alle eingeredet! Ich sag dir: Vergiß deine Probleme! Schaff dir ein größeres! Wißt ihr, das ist die Herausforderung des Lebens: Stelle dir selbst eine Aufgabe, die dich wirklich erfüllt! Du wirst merken, deine Probleme erledigen sich dann von selbst. Du wirst feststellen, daß du nie ein Problem gehabt hast. So solltest du aus dem Forum herausgehen, das will dir das Forum geben! Ich war mal in einer Situation, da hatte ich nur noch ein einziges Problem. Damals, als dieses große Erdbeben in Kalifornien war, da war ich gerade in Los Angeles. Ich war im sechzehnten Stock eines Hochhauses. Auf einmal fing alles an zu rutschen und zu schwanken. Ich hatte noch nie ein Erdbeben erlebt, aber ich wußte sofort, daß das eines ist.« Während sie spricht, wird Sophie immer lauter. Jetzt ruft sie: »Und ich hatte kein Problem mehr in dem Moment! Die waren alle weg, meine Probleme! Ich hatte nur noch ein einziges Problem! Wißt ihr, was ich euch damit sagen will, ist folgendes: Du kannst natürlich weiter deine Probleme hegen und pflegen. Aber dann wird die Herausforderung deines Lebens an dir vorübergehen. Wenn du stirbst, bist du vielleicht ein schöner Leichnam. Aber wirst du dir sagen können: Ich habe wirklich gelebt? Ich habe alles gegeben? Wenn du das Forum als neuer Mensch verlassen willst, dann stelle dich dieser Herausforderung! Sag einfach: Ich lebe! Siehst du, du solltest mit dieser Einstellung aus dem Forum gehen. Dann kannst du dir sagen: Das hat wirklich was gebracht. Wenn du mir sagst, du hast ein Problem, dann sag ich dir: Schaff dir ein größeres! Dank dir, Hannelore! Du kannst wieder auf deinen Platz gehen.«

Während Hannelore von der Bühne geht, fährt Sophie fort: »Woher kommt es eigentlich, daß wir nie zufrieden sind? Warum, denkt ihr, sind wir nie zufrieden, so wie es ist? Ich zeige euch einmal euer Leben.«

Sophie beginnt eine Pantomime aufzuführen: Sie hält sich etwas vor den Mund und rennt in gebückter Haltung hinter diesem Etwas her. Währenddessen spricht sie sehr schnell: »Wißt ihr, das ist die Karotte, du bist die Ziege, die immer hinterherrennt.« Sie rennt weiter in gebückter Haltung über die Bühne, von links nach rechts und wieder zurück, sich ständig die »Karotte« vor die Nase haltend: »Die Karotte, das ist der Erfolg. Du denkst: Ich muß erfolgreich sein. Schule: Ich muß erfolgreich sein. Das Abitur...« Sie schnappt nach der Karotte, bleibt für kurze Zeit stehen, sieht auf einmal aus wie ein Schwein, das mit schnüffelndem Rüssel Witterung aufnimmt. »... weiter geht's! Was siehst du? Ha, Studium! Du weißt, du mußt erfolgreich sein! Das brauchst du noch, dann bist du zufrieden! Also her damit!« Sie rennt wieder eine Weile und schnappt zu. »So, das hätten wir. Was siehst du?« Wild wie ein schnüffelndes Schwein blickt sie um sich. »Ha, eine Blondine! Her damit!« Sie rennt, schnappt zu und schaut sich um. »Die Blondine verläßt dich. Du bist unglücklich. Aber du hast es eh schon gewußt: Blondinen sind untreu! Also: eine Schwarze! Da ist eine!« Sie schaut gierig, rennt, schnappt zu. »So, das war's! Heiraten und Kinder kriegen!« Sie rennt, schnappt zu. »Was fehlt noch? Ein BMW! Also her damit! Du kaufst einen BMW, kurvst herum damit, weißt für eine Weile, du bist glücklich. Dann fehlt dir wieder etwas. Du holst es dir. Und so weiter und so weiter.« Sie richtet sich auf und blickt, scheinbar erstaunt, ins Publikum. »Und nie wirst du glücklich! Warum eigentlich? Warum kommst du nie an?«

Ich bin begeistert von dem Schauspiel und muß die ganze Zeit über laut lachen. Genauso ist es doch! Dieses Erfolgsdenken prägt doch wirklich alles, einen selbst auch! Endlich wird das mal kritisiert!

Sophie verwandelt sich wieder in die souveräne Weltfrau und streicht ihr Jackett zurecht. »Siehst du, eigentlich geht's doch immer aufwärts in deinem Leben.« Sie zeichnet eine steil ansteigende Kurve an die Tafel; bei jedem Stichwort kommt ein neuer Anstieg: »Schule … Studium … Beruf … Heirat … Kinder … Scheidung …«, ein Zacken in der Kurve abwärts, »… wieder Heirat …«, die Kurve geht wieder nach oben. »Was machst du falsch, daß du nie ankommst? Wer glaubt, er hat erkannt, was wir falsch machen?«

Ein paar Leute melden sich: Man stehe nicht zu sich selbst, lasse sich Ziele von der Außenwelt vorgeben, ohne nachzudenken. Man wolle machen, was alle machen.

»Genau!« stimmt Sophie zu. »Weil's alle machen! Du willst einfach dazugehören. Man macht das einfach so und nicht anders. Aber hast du schon einmal darüber nachgedacht, was das für dein Leben bedeutet? Essen, trinken, schlafen, Toilette gehen! Das ist alles, was dir noch bleibt, dir selbst! So, und was können wir tun, um das zu ändern? Was denkt ihr, müssen wir ändern? Sagt nicht, meine Umgebung. Du änderst nichts, indem du deine Umgebung änderst. Das wirst du vielleicht schon öfter gemerkt haben. Du denkst: Jetzt wechsle ich den Partner, danach wird alles anders. Irrtum! Nichts ändert sich, gar nichts! Du rennst weiter der Karotte hinterher. Oder du ziehst um. Jetzt bist du dir sicher: Alles wird anders, alles wird besser. Aber nichts ändert sich! So geht das immer weiter und weiter, und immer machst du etwas falsch.«

Allmählich ist es doch allzu offensichtlich, denke ich: Natürlich muß man sich selbst ändern, das ist doch klar!

»Aber was ist es? Was ist es nur, was du falsch machst? Was glaubst du?«

»Ich muß zu mir selbst stehen«, meint jemand.

»Und was heißt das? Was mußt du machen?«

»Ich muß mich ändern.«

»Richtig! Du mußt dich ändern! Nicht die Schale wechseln, damit kommst nicht weit. Du mußt etwas an dir ändern. Denn irgend etwas an dir stimmt ja offensichtlich nicht. Es muß etwas sein, was mit dir selbst zu tun hat!«

Ja, natürlich, denke ich. Aber was genau stimmt nicht?

»Du mußt dich ändern, und genau das macht das Forum mit dir. Du erkennst, was richtig an dir ist und was falsch. Dafür mußt du ehrlich sein, du mußt offen sein und zu deinen Fehlern stehen. Das ist die Methode des Forums. Wir haben jetzt wieder eine kurze Pause. Deine Aufgabe für die Pause: Besprich dich mit zwei Leuten darüber, was dir an dir selbst nicht gefällt, was du ändern willst.«

Mir geht immer noch die Sache mit meinem Vater durch den Kopf: Das ist es, was ich ändern muß, na klar! Ich erzähle das auch ein paar Leuten. Bei denen geht es ebenfalls um Beziehungssachen, die sie durch Offenheit verbessern wollen.

Die Pause ist zu Ende, und Sophie steht wieder vorn. »Ich habe gestern den Begriff der Authentizität eingeführt. Authentisch sein, das heißt ehrlich sein. Wer von euch gibt öfter ein Versprechen und hält das dann nicht ein? Wer von euch macht das öfter?«

Viele melden sich, ich nicht – eigentlich halte ich meistens ein, was ich sage.

»Und wer hat's schon aufgegeben, überhaupt etwas zu versprechen? Wer macht schon von vornherein keine Versprechungen mehr, ist immer unverbindlich?«

Wieder melden sich ein paar Leute, diesmal auch ich.

»Und wer kann sich selbst gegenüber kein Versprechen halten? Das ist übrigens etwas, da haben wir alle Dreck am Stecken! Bei anderen Leuten nehmen wir's oft noch ziemlich genau, aber bei uns selbst, ha! Da kennen wir keine Gnade, wir werfen alles um, was wir uns vorgenommen haben, weil das ja »nur« wir sind! Wer meint, daß er sich selbst gegenüber öfter unehrlich ist, nicht zu seinem Versprechen steht?«

Jetzt melden sich fast alle.

»Ihr alle müßt noch viel lernen an diesem Wochenende. Aber wir sind auch erst am Anfang des Forums. Bemüh dich um Authentizität, was immer du machst! Komm pünktlich zu den Veranstaltungen! Steh zu deinem Versprechen, dieses Forum hier voll und ganz zu machen! Sei ehrlich, wenn du dich mitteilst, egal, ob das jetzt hier im Saal, in der Pause oder bei einem Telefonat ist! Das ist es, was du in diesem Kurs lernen wirst. Du mußt lernen, wieder Versprechen einzuhalten, zuerst dir selbst gegenüber, dann gegenüber den anderen. Du darfst Versprechen auch brechen. Aber dann sei so ehrlich und gib es zu! Entschuldige dich dafür! Ein Versprechen ist eine Haltung, die du einnimmst, und du darfst deine Haltung auch ändern.

Wir kommen jetzt zu einer neuen Unterscheidung. Es geht

uns um das, was wir sind, oder das, was wir zu sein glauben. Ihr seht, wir kommen so langsam zum Kern unseres Seins, nachdem wir bisher vor allem Negatives gefunden haben, das wir ablegen möchten. Wie sind wir denn nun wirklich? Wir alle haben es bisher so getrieben, daß wir mal so und mal so waren. Das hing von der Umgebung ab, in der wir gerade waren, von den Leuten, mit denen wir gerade zusammen waren. Mach dir das einmal klar: Bei deiner Familie bist du doch ein ganz anderer als in der Arbeit. Da gibt's Tausende von Beispielen. Immer sind wir anders. Wir haben das soweit getrieben, daß wir gar nicht mehr wissen, wer wir wirklich sind! Wer ist denn das, die Annette, der Karl ...? Stell dir mal vor, du bist auf einer Party mit allen Leuten, die du in deinem Leben einmal gesehen hast. Schreckliche Vorstellung, oder? Aber warum ist das denn so schrecklich? Weil du gar nicht mehr wüßtest, wie du dich verhalten sollst! Wo ist denn dieser Kern, das, was wir wirklich sind? Wer kann mir sagen, wer er ist? Sag einfach den Satz: ›Ich bin ...‹, und dann, was du denkst, wer du bist!«

»Ich bin ich«, sagt jemand.

Sophie schüttelt den Kopf. »Nein, sag mir, wer du bist! Ja, bitte, Joachim, sag: Ich bin ...«

»Ich bin der Joachim.«

Wieder schüttelt Sophie energisch den Kopf. »Nein, das ist nicht, wer du bist. Noch einmal. Wer sagt mir, wer er ist? Ja, die Elvira.«

»Ich bin eine Mutter.«

»Ja, schön, die Elvira sagt uns, sie ist eine Mutter.«

Aha, klar, denke ich, meine Identität erklärt sich aus den Leuten, mit denen ich zu tun habe.

»Wer sagt mir, wer er ist? Ja, der Gerd. Sag mir, wer du bist, Gerd!«

»Ich bin ein Vater, Sohn und Mann«, sagt Gerd selbstbewußt.

»Ja, gut, der Gerd sagt uns, er ist ein Vater, ein Sohn und ein Mann. Wer noch? Wer sagt mir noch, wer er ist? Ja bitte, du!«

»Ich bin eine Sekretärin und eine Mutter von zwei Kindern.«

»Die Manuela sagt uns, sie ist eine Sekretärin und eine Mutter von zwei Kindern.«

Es werden weitere Berufe und familiäre Rollen genannt, und Sophie ist zufrieden. Ihr Tonfall ist leicht spöttisch, als sie weiterspricht: »Ich werde euch jetzt zeigen, wer ihr wirklich seid. Wer möchte das mit mir machen? Wer möchte zu mir auf die Bühne kommen und das für die anderen machen?«

Eine etwa vierzigjährige Frau wird aufgerufen und geht auf die Bühne. Sophie dreht sie zum Publikum hin und behält die Hand auf ihrer Schulter. Während sie so neben ihr steht, mit konzentriertem Blick ins Publikum, sagt sie: »Marlene, sag uns doch bitte, wer du bist.«

»Ich bin Apothekerin, Mutter von zwei Kindern und Ehefrau.«

»Ich werde euch zeigen«, sagt Sophie ernst, »wer die Marlene wirklich ist. Paßt genau auf! Also, ich nehme diesen Arm von der Marlene, hack ihn ab und werf ihn in die Isar. Ist die Marlene noch da oder nicht? Wer sagt, sie ist noch da?«

Fast alle melden sich.

»Und wer sagt, sie ist nicht mehr da?«

Es melden sich nur wenige.

»Sie ist also noch da, meint ihr. So, paßt auf! Jetzt nehme ich die Marlene und hack ihr alles ab, was da drunten ist.« Mit einer Handbewegung »schneidet« sie Marlene den Kopf ab. »Das hier unten werf ich alles in die Isar. Ist die Marlene noch da? Wer sagt ja?«

Diesmal stimmen nur wenige zu.

»Wer sagt nein?«

Jetzt melden sich viele, darunter auch ich. Dann ist sie ja tot, denke ich, wie sollte sie dann noch hier sein?

»Die Leute, die gesagt haben, sie ist noch da: Warum denkt ihr, sie ist noch da?«

Sie ist in meinem Kopf, im Denken, in der Phantasie, lauten die Antworten aus dem Publikum.

»Nein, nicht im Denken«, lehnt Sophie jedesmal ab. »Marlene ist nicht im Denken da. Nein, nicht in der Phantasie. Marlene ist nicht in der Phantasie da ...«

Ich überlege angestrengt: Was könnte es sonst sein? Ach so, na klar, die Worte sind wichtig, wichtiger, als ich bisher dachte! In Gesprächen wahrscheinlich, das wird sie hören wollen. Wir reden ja dauernd über Gespräche.

»Ja?« ruft Sophie den nächsten auf.

»In Worten?«

»Genau!« ruft Sophie fast kreischend, »nur in Gesprächen ist die Marlene noch anwesend! Wir sind nur in unseren Gesprächen wirklich anwesend! Das gilt nicht nur für die Marlene, das gilt für euch alle! Ihr seid durch das, was ihr sagt. Wir sind unser Wort! Ihr werdet gemerkt haben, jetzt in den Pausen, daß ihr nur in Gesprächen wirklich Klarheit über euch selber bekommt. Ihr seid durch eure Gespräche das, was ihr seid!«

Ist das wirklich so? überlege ich. Da müßte ich mal stärker drauf achten. Ich muß mich an diese Vorstellung zwar erst gewöhnen, trotzdem erscheint mir der Gedanke irgendwie logisch. Wo sonst sollte Marlene noch anwesend sein, wenn nicht im Gespräch? Im Denken natürlich auch, aber was ich denke, sage ich ja auch oft, jedenfalls ist Marlene eher präsent, wenn alle über sie reden, als wenn nicht. Das kann man gelten lassen ...

»Wir haben jetzt wieder eine zwanzigminütige Pause«, sagt Sophie. »Deine Aufgabe für die Pause: Besprich dich mit zwei Leuten über eine Sache, die du hier im Forum im Gespräch klären konntest. Du wirst dann deutlicher sehen, was es heißt, durch sein Wort zu sein.«

Ich suche nach eigenen Beispielen. Bald fällt mir eines ein:

Es stimmt schon, heute morgen habe ich mit Alfons über meinen Brief geredet, und er hat mir klargemacht, daß mein Brief unehrlich war, nicht offen genug. Das hat mir eingeleuchtet, ich bin also wirklich näher an das herangekommen, was ich selbst wollte, an mein wahres Ich. Noch etwas? Ja, natürlich, das ganze Forum ist ja ein solches Gespräch, das einen an sich selbst heranführt. Ja, es stimmt wohl, ich *bin* durch Worte.

Ich will eigentlich etwas essen, habe aber seltsamerweise gar keinen Appetit. Ich bin sehr angespannt, der Kopf brummt mir vor lauter Konzentration und Denkarbeit. Ich gehe nach draußen, um ein wenig frische Luft zu schnappen, bevor es weitergeht.

»So, Achterbahn! Wer ist wo auf der Achterbahn? Wer ist in der Mitte, nicht begeistert, aber interessiert, möchte wissen, was als nächstes kommt?«

Die meisten Leute melden sich, darunter auch ich.

»Wer ist ganz oben, wer fühlt sich gut?«

Deutlich weniger Leute melden sich.

»Und wer ist unten, wer ist down, fühlt sich alleine, leer?«

Nur sehr wenige melden sich.

»Macht euch nichts draus, das ist ganz normal! Das ist die Achterbahn. Wir haben jetzt ein neues Thema: Aberglaube. Welche Aberglauben habt ihr hier in Deutschland? Welche Aberglauben gibt's hier in München? Sagt mir, was glaubt ihr hier so in München? Sag mir bitte jeder einen Aberglauben!«

Es melden sich sehr viele Leute, als wollten sie diese Gelegenheit nutzen, um auch einmal etwas beizutragen. »Kaminkehrer bringt Glück«, »Schwarze Katze von links nach rechts bringt Unglück«, »Freitag der 13. bringt Unglück ...«

Ich melde mich und sage: »Horoskope.«

»Glaubst du an Horoskope?« fragt Sophie.

Ich verneine entschieden.

Es folgen noch weitere Beispiele für Aberglauben. Nachdem Sophie den letzten aufgerufen hat, fragt sie: »Warum glauben wir eigentlich all diese Dinge? Warum, meint ihr, hat jeder seinen Aberglauben?«

»Man hat einfach die Erfahrung gemacht, daß es stimmt«, meint jemand.

»Weil es andere Leute glauben und sagen«, schlägt jemand anders vor.

Sophie schüttelt energisch den Kopf. »Nein. Wißt ihr, warum? Wir wollen recht haben! Jemand glaubt, Freitag der 13. bringt Unglück. Und was passiert? Er macht einen Unfall! Weshalb? Weil er daran geglaubt hat! Er wollte recht haben mit seinem Glauben, darum glaubt er! Der Glauben ist nur eine Bedeutung, die wir den Dingen geben, und diese Bedeutung ist beliebig, absolut beliebig! Seht ihr das hier?« Sie deutet auf den blauen Klappstuhl. »Was, glaubt ihr, ist das?«

»Ein Stuhl«, wird gerufen.

»Ihr glaubt, das ist ein Stuhl. Was, meint ihr, passiert, wenn dieser Stuhl im afrikanischen Busch steht? Was werden die Leute dort glauben?«

»Brennholz!« ruft jemand.

»Ja, sie glauben vielleicht, es ist Brennholz, oder sie glauben, daß es ein Gott ist, und fallen auf die Knie vor ihm. Seht ihr, was das ist, eine Bedeutung? Eine Bedeutung ist etwas Nicht-Reales, absolut beliebig! Es gibt keine Bedeutung!«

Ich bin fasziniert von den neuen philosophischen Erkenntnissen, die ich mir später noch einmal klarmachen will. Aber ich zweifle nicht daran, daß alles, wenn man es durchdenkt, richtig ist. Es klingt ja logisch. Und Aberglauben habe ich sowieso schon immer für Unsinn gehalten ...

»Wir kommen jetzt zu einem wichtigen Teil im Forum, einer Übung, die euch ermöglichen wird, mit Angst umzugehen. Wer von euch hat hin und wieder Angst? Es ist jetzt egal wovor. Es kann die Angst sein, vor Leuten zu reden, Angst vor Dingen.«

Fast alle melden sich.

»Wir werden eine Übung machen, die euch erlauben wird, euch von Angst zu befreien.« Sophie ist jetzt sehr ernst. »Ihr müßt euch voll einlassen auf diese Übung, sonst habt ihr nicht den vollen Erfolg. Diese Übung wird es euch ermöglichen, eure Angst zu überwinden. Zuerst ist es ein neues Gefühl, ihr müßt es zulassen, laßt euch voll auf dieses Gefühl ein! Das Forum ist eine Achterbahn der Gefühle, manchmal seid ihr oben, manchmal in der Mitte, manchmal unten. Das ist ganz normal so. Das ist das Aufregende, und ihr werdet merken, daß diese Achterbahn nach dem Forum weitergeht. Euer Leben ist aufregend geworden. Laß dich voll ein auf das Gefühl, stell es dir vor, so als wäre es real! Du wirst durch einen Tunnel gehen, und am Ende des Tunnels kommt das Licht, etwas Unerwartetes.«

Ich bin aufs äußerste angespannt, entschlossen, voll mitzumachen.

»Bist du bereit für die Übung? Sei locker und entspannt, Arme locker zur Seite! Schließ die Augen! Laß dich voll ein auf das, was ich sage! Du wirst sonst nicht den vollen Erfolg haben.«

Sie wartet eine Weile, bis alle ruhig dasitzen. Ich warte konzentriert.

Sophie spricht während der ganzen Übung in einem beschwörenden Tonfall, sehr langsam und mit langen Pausen zwischen den Sätzen. Ihre Stimme wirkt geradezu dämonisch.

»Stell dir die beiden Leute vor, die neben dir sitzen! Stelle dir vor, du hast Angst vor jedem einzelnen von ihnen! Stell dir vor, du hast wahnsinnige Angst vor deinen beiden Nachbarn! Laß dich voll ein ...« Und gebieterisch ruft sie: »Auch die Machos hier! Du mußt keine Haltung bewahren! Niemand muß hier Haltung bewahren!«

Es folgt langes Schweigen. Ich habe bald ein Bild gefunden, das drastisch genug ist: Meine Nachbarn versuchen, mich mit Messern zu erstechen, ich muß mich unwillkürlich ducken, jedesmal, wenn ich in Gedanken sehe, wie einer von ihnen sich erhebt.

»Und jetzt stell dir diesen Saal voller Leute vor! Stell dir vor, du hast wahnsinnige Angst vor jedem einzelnen in diesem Saal!«

In der langen Pause, die folgt, stelle ich mir den ganzen Saal vor: Alle kommen schweigend mit Messern in der Hand auf mich zugerannt. Immer wieder kommt mir der Gedanke, meine Vorstellungskraft reiche nicht aus für diese Übung, das Bild sei noch zu schwach, nicht real genug. Ich zwinge mich daher permanent zu diesem Gedanken. Trotzdem werde ich die Sorge nicht los, immer noch zu viel zu reflektieren, da ich immer wieder aus meiner Vorstellung auftauche und mir wieder zu Bewußtsein kommt, daß diese Situation eben nicht real ist. Jedesmal zwinge ich mich, sofort wieder zu dem Schrekkensbild zurückzukehren. Ich fasse es als Erfolg auf, als ich eine Reaktion meines Körpers spüre: Ich atme schwer, in mir zieht sich etwas zusammen, meine Hände ballen sich zu Fäusten, der Kopf sinkt nach unten, ein beklemmendes Gefühl im Bauch entsteht, es ist wie eine ungeheure Aufregung.

»Und jetzt stell dir München vor! Eine Million Menschen in München, stell sie dir alle vor! Du hast Angst vor jedem einzelnen von ihnen. Stell es dir vor!«

Mein Gefühl im Bauch bleibt. Ich stelle mir jetzt vor, durch düstere, slumartige Straßen zu gehen, wo zwischen den Häusern Menschen auftauchen und sich auf mich stürzen. Ich gehe immer weiter, und immer mehr Menschen stürzen sich auf mich. Ich atme schwer, mein Herz klopft, ich will unbedingt dieses Gefühl im Bauch aufrechterhalten.

»Und jetzt stell dir die ganze Welt vor! Hundert Millionen Menschen auf der ganzen Welt! Du hast Angst vor jedem einzelnen von ihnen. Wahnsinnige Angst!«

Drohend fügt sie hinzu: »Stell es dir vor!«

Jetzt kommt eine sehr lange Pause, in der ich ständig darauf warte, endlich das »Licht am Ende des Tunnels« zu erreichen. Ich warte und warte, zwinge mich weiter zu der Vorstellung, daß Menschen sich auf mich stürzen. Ich gehe weiter durch Slumstraßen, habe immer noch dieses Gefühl im Bauch, mir ist fast schlecht davon.

Auf einmal höre ich wieder Sophie. »So, und jetzt stell dir deine beiden Nachbarn vor. Stell dir vor, deine beiden Nachbarn haben wahnsinnige Angst vor dir! Stell es dir vor!«

Erneutes Schweigen. Ich versuche es, aber ich kann es nicht; ich kann mir nicht vorstellen, daß meine Nachbarn Angst vor mir haben. Ich stelle mir die zugehörigen Bilder vor – ich mit Messer, sie mit abwehrenden Händen –, aber es wirkt einfach unecht.

»Und jetzt den ganzen Saal. Stell dir vor, jeder im ganzen Saal hat wahnsinnige Angst vor dir! Stell es dir vor!«

Wieder Schweigen. Auch das kann ich mir nicht vorstellen.

»Und jetzt ganz München, eine Million Menschen in München. Stell dir vor, jeder Einwohner der Stadt München hat wahnsinnige Angst vor dir!«

Schweigen.

»Und jetzt die ganze Welt. Stell dir vor, jeder Einwohner auf der ganzen Welt hat wahnsinnige Angst vor dir! Stell es dir vor!«

Ich gebe es auf: Das kann ich nicht. Ich habe nicht genügend Vorstellungsvermögen! Ich habe nicht durchgehalten, zu schnell aufgegeben! Ich bin mutlos, resigniert, und mir ist schlecht.

Auf einmal ertönt Lachen von irgendwoher; eine, zwei Stimmen. Die haben's geschafft, denke ich, die sind durch. Die Übung ist also zu Ende, und ich habe irgend etwas falsch gemacht.

Sophie klingt spöttisch, ja höhnisch, als sie schließlich fragt: »Wer hat noch nicht gesehen, daß es lustig ist?«

Meine Gedanken wirbeln völlig durcheinander. In rasender Eile versuche ich zu begreifen: Ich hätte denken müssen! Ich Idiot stelle mir ständig diese Angst vor, aber ich hätte denken müssen! Auf einmal kommt mir ein schrecklicher Gedanke, blitzartig schnürt sich alles noch einmal in meinem Bauch zusammen: Jeder hier im Saal hat es begriffen, ist am Ende des Tunnels angekommen. Und nun sehen sie mich alle an, mich, den einzigen, der noch zusammengekauert auf seinem Stuhl sitzt, und alle unterdrücken ein Lachen, bis ich endlich aufblicke. Es ist ein Moment der absoluten Verlassenheit. Ich fahre entsetzt auf, sehe mich schweratmend im ganzen Saal um und merke, daß es nicht stimmt. Alle sitzen noch zusammengekauert auf ihren Stühlen und warten. Verdammt, ich habe zu früh aufgehört! Ich kauere mich wieder zusammen. Aber was ist mit den anderen? Die meisten sind ja offensichtlich auch nicht weiter als ich. Also, Sophie meint, es ist lustig. Was soll daran lustig sein? Irgend etwas war absurd vorher ... Ich konnte mir vorstellen, daß ich Angst habe vor jedem Menschen, aber ich konnte mir nicht vorstellen, daß irgend jemand Angst vor mir hat. Das ist es also, was sie meint! Ja, man muß erkennen, daß es Unsinn ist, Angst zu haben! Angst ist nur in der Vorstellung da, aber nicht in Wirklichkeit! Es gibt einfach keinen Grund, Angst zu haben. Aber wieso kann ich nicht darüber lachen? Mir ist eher zum Weinen zumute ... Außerdem bin ich total erschöpft, und mir ist übel ... Vielleicht brauche ich einfach einen größeren Abstand.

Erneut ist alles still. Es geschieht gar nichts. Kein Ton, außer ein paar Schniefern. Bis auf einmal wieder Sophies Stimme ertönt. Ihr trockener und gleichgültiger Tonfall steht in völligem Gegensatz zu meiner inneren Aufgewühltheit. »Und jetzt setz dich wieder aufrecht hin. Die Übung ist zu Ende.«

Ich setze mich wieder gerade hin. Jetzt verstehe ich gar nichts mehr: Was war das denn? Wo war denn das »Licht am Ende des Tunnels«? Haben es die anderen gesehen? Einige wohl schon, es gab ja dieses Auflachen ein paar Reihen weiter ... Irgend etwas muß ich falsch gemacht haben. Das beklemmende Gefühl im Bauch bleibt. Es ist ein wirklich körperliches Gefühl, im ganzen Bauch, nicht genau zu lokalisieren.

Die freiwilligen Mitarbeiter bringen Taschentücher, einige Leute scheinen geweint zu haben.

Ich fühle mich zum ersten Mal bei der ganzen Veranstaltung nicht besonders gut. Vielleicht muß ich noch auf die positiven Auswirkungen warten? Vielleicht habe ich jetzt wirklich ein Mittel in der Hand, Angst zu bekämpfen?

Was ich damals nicht wußte, war, daß diese Übung das Gegenteil bewirkte. Sophie hatte gelogen mit ihrem Versprechen. Mir wurde eine Angst eingepflanzt, die so groß war, daß ich allein nicht mehr in der Lage war, mich von ihr zu befreien. Ich war wahnsinnig geworden vor Angst und in meinem Wahnsinn bereit, alles zu glauben.

»Teile dich deinem Nachbarn mit!« fährt Sophie fort. »Was hast du empfunden? Wie war das Gefühl am Anfang und am Ende der Übung?«

Ich rede mit Alfons. Er weiß auch nicht, was die Übung ihm gebracht hat. Ein Licht am Ende des Tunnels hat er jedenfalls auch nicht gesehen.

»Wir haben jetzt wieder Essenspause. Bitte teilt euch mit! Nutzt die Telefone, die wir für euch bereitgestellt haben!«

In der Pause rede ich noch mit ein paar anderen Leuten über die Angstübung. Keiner ist begeistert, alle wirken etwas verstört, nachdenklich, sind aber froh, sich auszusprechen. Wir sind uns einig: Was bestimmt nichts gebracht hat, das war diese Vorstellung von immer mehr Leuten. Es kann sich doch keiner die ganze Welt vorstellen und jeden einzelnen

Menschen darauf, der ihn haßt. Eigentlich hätte die erste Vorstellung mit den beiden Nachbarn schon gereicht.

Meine Verstörtheit legt sich allmählich: Anscheinend habe ich die Übung doch richtig gemacht, den anderen geht es ja genauso wie mir. Und Sophie hatte schon recht: Das war etwas Unerwartetes, daß man sich das Umgekehrte nicht vorstellen kann.

Nachdem ich mich soweit wieder beruhigt habe, merke ich, wie ein Zwang in mir aufsteigt, endlich bei den Eltern anzurufen. Essen kann ich später auch noch. Im Moment würde ich sowieso nichts runterbringen.

Ich gehe hastig hinaus, zwischendurch laufe ich; ich möchte mich von dieser fürchterlichen Aufregung durch Rennen ablenken, renne zuerst in die falsche Richtung, kehre um und laufe wieder los, finde schließlich eine der Telefonzellen, die auf meinem kleinen Plan eingezeichnet sind. Sie ist besetzt. Ich warte, habe unglaubliche Angst vor dem bevorstehenden Anruf und muß ständig mit dem Drang kämpfen, wieder zurückzugehen. Nein, ich muß das jetzt machen, ich verspreche mir selbst, daß ich das jetzt mache! Die Tür der Telefonzelle geht auf, jemand kommt heraus. Ein Mann stellt sich hinter mir an. Ich überlege, ob ich ihn vorlassen soll, um beim Telefonieren keinen Zuschauer zu haben. Ich frage ihn, ob es bei ihm lange dauert. »Fünf Minuten«, meint er, aber das ist mir zu lang, ich muß das jetzt hinter mich bringen. »Es geht schnell bei mir«, sage ich, obwohl ich ahne, daß es länger dauern könnte, und wähle die Nummer meiner Eltern. Meine Angst wird geradezu panisch, aber ich muß es tun.

Meine Mutter hebt ab; ich reiße mich zusammen, versuche, wie immer zu wirken, sage, wo ich bin und was ich mache, und unterdrücke die ungeheure Aufregung in meiner Stimme. Bereits nach ein paar Sätzen bin ich erleichtert, fühle mich schon viel besser. Meine Mutter meint, ich solle aufpassen, da gebe es Sekten, die tarnten sich geschickt. Ich finde die Verdächtigung lächerlich.

»Das ist doch ein Seminar, eher ein philosophischer Kurs, den ich da mache, von Sekte keine Spur, wirklich nicht! Nein, das ist ganz harmlos, ich sitze immer nur auf meinem Stuhl und höre zu, niemand belästigt mich in irgendeiner Weise. Mir hat die Veranstaltung bisher schon viel gebracht, und es geht dabei besonders um Beziehungen. Deswegen rufe ich auch an. Und was ich dich schon immer fragen wollte, das ist, ob du mit deiner jetzigen Lage wirklich zufrieden bist, nur so als Hausfrau, ohne Beruf, das wollte ich schon immer wissen; ich habe mich bisher nur nicht getraut zu fragen.«

Sie sagt, ja, das verstünden viele Leute nicht, daß ihr das genüge, aber da könne ich beruhigt sein, sie sei zufrieden, so wie es ist; ihr Hobby sei Lesen, das könne sie jetzt ausgiebig machen.

»Ja, dann ist es ja gut«, sage ich, »dann ist ja alles in Ordnung.«

Ich bin froh, daß ich es geschafft habe, dieses erste »innere Gespräch« loszuwerden. Jetzt wo ich das geschafft habe, schaffe ich das andere auch!

»Kann ich noch kurz mit dem Papa reden?« frage ich meine Mutter. Meine Nervosität steigt schon wieder. Das wird mich mehr Überwindung kosten, das betrifft uns beide, und ich muß eine Schuld eingestehen, die ich so viele Jahre geleugnet habe. Mein Vater kommt ans Telefon.

»Ich wollte mit dir reden«, sage ich, »denn ich muß mich bei dir entschuldigen ...« In dem Moment breche ich in Tränen aus, kann minutenlang nur schluchzen, bis ich meinen Vater sagen höre: »Ja, was ist denn?« Er ist sichtlich betroffen, und das beruhigt mich ein wenig. Stockend kann ich schließlich weiterreden: »Ich muß mich dafür entschuldigen, daß ich dir die ganze Zeit nachgetragen habe, daß du mich früher beim Klavierüben öfter angeschrien hast. Ich habe jetzt erkannt, daß das ein Fehler war.« Ich kann kaum aufhören zu schluchzen. »Ja, aber dafür brauchst du dich doch nicht zu entschuldigen«, sagt mein Vater, und seine Stimme bleibt völlig ruhig. Daraufhin erkundigt er sich nach dem Ort der Veranstaltung und wann sie aus sei. Ich erzähle noch, wie wir untergebracht sind. »Ruf doch am Sonntag noch mal an, wenn das aus ist«, sagt mein Vater noch, dann legen wir auf.

Ich habe es geschafft! In mir steigt ein Gefühl der Zufriedenheit auf. Ich gehe schnell an dem Mann da draußen vorbei, will ihn nicht anschauen, er hat ja gesehen, wie ich geheult habe. Auf dem Rückweg wird meine Stimmung immer besser – ich kann mir nun vorstellen, daß ich etwas essen kann, jetzt, wo das überstanden ist.

Ein paar Gedanken mache ich mir noch darüber, warum mein Vater so ruhig geblieben ist, bin ich mir doch ziemlich sicher gewesen, daß auch er in Tränen ausbrechen würde. Aber das ist wohl diese Verhärtung, die erst im Forum überwunden wird, dieses ewige Nicht-zugeben-Wollen eigener Fehler, das denen da draußen nicht erlaubt, so zu sein, wie sie wirklich sind.

Ich renne zurück zum Veranstaltungsort, um noch rechtzeitig zum Essen dazusein, und bin irgendwie erleichtert, wieder im alten Kreis zu sein, die Menschen zu sehen, die mich verstehen können. Während des Essens vertraue ich mich gleich Gerda an, meiner Tischnachbarin vom Vortag.

Ich erzähle ihr von der Antwort meiner Mutter, bin mir in dem Moment ganz sicher, daß meine Mutter kein Problem hat. Aber Gerda errät sofort, daß meine Mutter nicht die Wahrheit gesagt hat: Sie läßt sich von meinem Vater unterdrücken! Wie kann eine Frau mit einer so guten Ausbildung sich selbst verweigern, berufstätig zu sein? Sofort bin ich von dem überzeugt, was sie sagt. Wahrscheinlich ist meine Mutter wirklich nicht ehrlich sich selbst gegenüber. Ich muß noch einmal länger mit ihr darüber reden. Es stimmt eben immer wieder: Erst in Gesprächen mit anderen gewinnt man wirklich Klarheit.

Die Essenspause ist vorüber, ich gehe wieder in den Saal.

Die Telefone um die Ecke sind ständig besetzt – gut, daß ich zur Telefonzelle gelaufen bin.

Sophie steht wieder vorn. »Wer möchte sich mitteilen? Wer hat etwas Außergewöhnliches getan? Wer hat angerufen?«

Ich fühle einen Drang, mich zu melden, habe aber auch furchtbare Angst davor. Nein, denke ich, was ich heute abend schon erledigt habe, langt fürs erste, ich kann mit mir zufrieden sein.

Ein paar Leute melden sich. Sie hätten Verwandte, Freunde angerufen, ihnen erzählt, was der Kurs bisher schon gebracht hat, oder ihnen gesagt, daß sie sie lieben.

Dann ergreift Sophie wieder das Wort. »Wir kommen heute zu einer weiteren Unterscheidung: der Gewinnformel. Bisher haben wir nur über die negativen Dinge in unserem bisherigen Leben gesprochen, über die Nummern, die Geschichten, an denen wir so hängen, also alles, was den Teufelskreis ausgemacht hat, in dem wir uns bisher immer bewegt haben. Das Zeugs aus dem Duschablauf also. Ja, bleibt denn da gar nichts Positives mehr übrig? Wir wollen nun zu unserem eigentlichen Sein finden, und dazu brauchen wir die Grundlage unseres Selbst. Jeder von uns hat eine Gewinnformel, einen Weg, Erfolg zu haben in der Welt, sich Anerkennung zu verschaffen. Es ist die Formel, die uns den Weg weist zu all den Dingen, auf die wir so lange verzichtet haben, wie Liebe, Anerkennung, Erfolg, Zuneigung, Vitalität, Erfüllung, Selbstausdruck. Der Grund war, daß wir uns von den Dingen auf der Haben-Seite nicht trennen wollten. Die Gewinnformel ermöglicht uns ein erfülltes Leben. All die freigewordenen Energien, die uns die Dinge aus der Vergangenheit gekostet haben, die Sachen, die wir erst aufräumen mußten, wie zum Beispiel unsere aufgeschobenen Beziehungsprobleme, können wir nun voll dieser Seite zuschlagen, für die es sich lohnt zu leben. Auch ich hab meine Gewinnformel. Meine Gewinnformel ist: Ich nehme alles mit, stelle mich jeder Herausforderung, ich mache einfach alles, auch wenn es noch so schwierig aussieht. Diese Gewinnformel hat mir übrigens auch dazu verholfen, hier Forumsleiterin zu werden. Deine Gewinnformel ist das, was dich weiterbringt im Leben. Es gibt die allerverschiedensten Gewinnformeln. Der eine ist immer nett und freundlich, der andere arbeitet einfach viel, der dritte macht alles ganz genau und supergründlich. Jeder hat seine individuelle Art. Bei mir ist's: Ich bin die Sophie, die alles macht. Wer von euch kann mir seine Gewinnformel sagen? Womit hast du Erfolg im Leben?«

Es melden sich ziemlich viele Leute, und die häufigsten Antworten lauten: »Ich bin immer nett und freundlich« oder »Ich arbeite sehr viel.« Weitere Gewinnformeln sind: »Ich mache alles supergründlich, eigentlich zu genau«, »Ich rede gern mit Menschen über alles mögliche«, »Ich bin immer perfekt, ich mache alles richtig.«

Sophie bedankt sich anerkennend bei jedem einzelnen. »Der Andi sagt uns, er ist immer nett und freundlich. Ja, das ist deine Gewinnformel, Andi. Was sagt die Monika? Ja, Monika ...«

Was ist wohl meine Gewinnformel? überlege ich. Ich bin eigentlich auch immer nett und freundlich. Ja, das müßte sie sein. Meine Gewinnformel ist: Ich bin immer nett und freundlich.

»Woher haben wir eigentlich unsere Gewinnformel? Was denkt ihr?«

»Durch Erziehung«, schlägt jemand vor.

»Durch das Umfeld«, sagt jemand anders.

»Wir werden sehen, daß unsere Gewinnformel etwas ganz Fundamentales in unserem Leben ist. Die Gewinnformel ist etwas, das auf unsere früheste Kindheit zurückgeht. Irgendwann in unserer Kindheit ist etwas passiert, irgendein Ereignis: Deine Mutter schlägt dich mit der Einkaufstüte, du wirst allein gelassen, jemand lacht dich aus. Du beschließt: Ich werde nicht geliebt, etwas mit mir stimmt nicht! Und was ist deine Reaktion? Du beschließt: Ich muß mich ändern! Und du weißt: Ich werde perfekt sein! Ich werde immer nett und freundlich sein! Ich werde viel arbeiten! Und damit hast du dich entschieden, wie du für den Rest deines Lebens sein wirst! Bei mir war das so: Ich bin auf einem Bauernhof großgeworden, mein Vater hat mich immer aufs Feld geschickt zum Arbeiten. Der hat mich immer wie einen Sohn behandelt, hat mich hart arbeiten lassen. Und da hab ich eben beschlossen: Sophie, du läßt dich von nichts mehr kleinmachen, du stellst dich jeder Herausforderung! Und so bin ich seitdem: Ich stelle mich jeder Herausforderung!

Versuch dich einmal zu erinnern, welche Ereignisse in deiner Kindheit für dich entscheidend waren! Es macht nichts, wenn es dir jetzt nicht einfällt. Du mußt dich nicht daran erinnern. Es gibt aber immer ein Ereignis, das alles ausgelöst hat. Das kann noch so nebensächlich aussehen. Wer möchte mir seine Gewinnformel sagen und was ihn dazu gebracht hat? Ja, die Rikta möchte uns sagen, was ihre Gewinnformel ist. Rikta, was ist deine Gewinnformel?«

Rikta, ein junges Mädchen mit langen, strähnigen Haaren und einem geblümten Seidenhemd, steht auf. Sie redet langsam, nachdenklich: »Ich bin anders, glaube ich, ist die meine. Ich bin vor dem Abitur raus aus der Schule, bin dann drei Jahre in Indien gewesen. Jetzt arbeite ich nicht. Ich lebe in einem Wohnwagen, und ich habe einen Sohn und ein Fahrrad. Ich glaube, ich wollte immer anders sein.«

»Und an welches Ereignis in deiner Kindheit kannst du dich erinnern? Wann hast du beschlossen: Ich bin anders?«

Rikta steht da und starrt eine Weile vor sich hin. Auf einmal laufen ihr Tränen die Wangen hinunter. Sie schluchzt.

»Sag es uns, Rikta!« drängt Sophie mit sanfter Stimme.

»In der 5. Klasse, da hab ich mal zu der Lehrerin gesagt: ›Du dumme Sau‹. Da mußte ich dann raus aus der Klasse.«

»Die Rikta sagt also zu ihrer Lehrerin: ›Du dumme Sau‹«, wiederholt Sophie verständnisvoll. »Sie wird hinausgeschickt, muß denken: Ich werde nicht geliebt. Und was macht sie? Sie beschließt: Jetzt zeig ich's denen! Die sollen mich nicht wiedererkennen! Ich bin anders! Eine schöne Gewinnformel, und nicht die schlechteste! Du kommst ganz gut an damit, stimmt's, Rikta?«

»Ja, da gibt's schon einige, die das toll finden«, schnieft Rikta.

»Die es toll finden, daß du anders bist. Danke, Rikta! Wer noch?«

Weitere Ereignisse werden erzählt, die zu Perfektionismus, Nettigkeit und so weiter geführt haben.

Ich suche auch nach einem Ereignis in meiner Kindheit, auf das ich meine Gewinnformel zurückführen kann. Mir fällt ein Erlebnis ein, das einzige, an das ich mich erinnern kann: Im Kindergarten versuche ich, aus der Trinkflasche eines Freundes zu trinken, kann es aber nicht, weil ich noch nie aus so einer Flasche getrunken habe; ich verschütte etwas auf den Pullover, und der Freund lacht mich aus.

Ich konnte mir nie erklären, warum ich mir ausgerechnet das so lange gemerkt habe. Jetzt weiß ich es endlich: Das war auch so ein »Mit-mir-stimmt-was-nicht-und-deshalb-muß-ich-mich-ändern-Erlebnis«! Der Freund lacht mich aus, ich weiß, daß ich so nicht bleiben kann, gebe dem Lachen die nicht-reale Bedeutung: Ich werde nicht geliebt! Ja, das könnte der Auslöser für eine Gewinnformel gewesen sein. Aber für welche? Es war mir peinlich. Ich bin immer eher schüchtern gewesen. Na klar, ich habe beschlossen, immer vorsichtig zu sein, alles richtig zu machen, damit ich mich nicht blamiere! Deshalb wollte ich in der Schule immer gut sein, das war die Ursache! Meine Gewinnformel ist also: Ich mache alles richtig, damit ich mich nicht blamiere!

»Ihr seht also«, fährt Sophie fort, »die Gewinnformel ist etwas Fundamentales an uns, wir können sie nicht beseitigen. Die Gewinnformel ist unser Rezept, mit dem wir uns für die Ziele einsetzen können, für die es sich lohnt zu leben. So, jetzt haben wir wieder Pause, zwanzig Minuten. Deine Aufgabe: Unterhalte dich mit zwei Leuten über deine Gewinnformel und was sie dir in deinem bisherigen Leben gebracht hat! Also: Was ist deine Gewinnformel, was hat sie dir gebracht? Vorher kommt noch der Jürgen, unser Assistent, auf die Bühne, der sagt euch etwas über das Landmark-Seminar ›Forum in Aktion‹, das ihr im Anschluß an diesen Kurs besuchen könnt. Dieses Seminar bieten wir für Forumsbesucher kostenlos an, ihr solltet diese Chance nutzen.«

Jürgen, etwa dreißig Jahre alt, betritt mit einem gewinnenden Lächeln die Bühne. Er sagt etwas zu den Rahmenbedingungen des Seminars. »Das sind zehn Abende, am ersten Abend ist Anwesenheitspflicht. Das Seminar ist erstens eine schöne Gelegenheit, aus dem Alltagstrott herauszukommen, und zweitens, Probleme zu erörtern, mit denen man allein nicht so leicht fertig wird. Die Anmeldeformulare liegen hinten an den Tischen aus. Jeder von euch sollte diese Gelegenheit nutzen, schließlich ist das ja umsonst.«

In der Pause hole ich mir das namentlich gekennzeichnete Anmeldeformular ab. Es herrscht großes Gedränge; ich habe den Eindruck, alle melden sich an. Ich fülle das Formular aus und gebe es ab.

Anschließend unterhalte ich mich im Vorraum mit Rikta über unsere Gewinnformeln. Sind es wirklich Gewinnformeln? Kann man sagen, Rikta hat es besonders genützt, daß sie immer anders sein wollte? Wohl kaum, denn sie hat erstmal einen Riesenärger mit den Eltern gehabt, weil sie nach der 11. Klasse vom Gymnasium abgegangen war. Jetzt lebt sie von Sozialhilfe, weil sie keine Ausbildung hat und das Kind versorgen muß.

»Bei mir war das so ähnlich: Daß ich in der Schule immer versucht habe, gut zu sein, hat mir über Jahre die Abneigung der Schlechteren eingebracht, ich war halt der blöde Streber.

Das hat mich sehr an mir selbst zweifeln lassen. Gewinnformel ist zu einfach, finde ich. Sophie bemüht sich wahrscheinlich um Vereinfachungen, damit die Dinge verständlicher werden.« Rikta nickt.

»Man müßte wohl besser Lebensmotto sagen«, fahre ich fort. »Meine Gewinnformel hat mich bisher eher behindert, als daß sie mir genützt hat.«

Rikta findet das auch: Gewinnformel, die einen in einem Wohnwagen leben läßt? Während unseres Gesprächs starrt sie mir ununterbrochen ernst in die Augen. Ich denke, sie ist bestimmt auch froh, Gemeinsamkeiten zu entdecken.

Alfons kommt vorbei. Er sagt zu Rikta, daß ihm ihr Gesichtsausdruck so gut gefallen habe, während sie von ihrem Sohn erzählte. Er sei beeindruckt gewesen, man habe sehen können, wie sehr sie ihren Sohn liebe.

Rikta fällt ihm um den Hals, umarmt ihn etwa fünf Minuten lang. Das hat sie zuvor schon mit einigen anderen Leuten gemacht. Ich gehe weg, finde es aber gut: Rikta kann anderen Menschen wirklich ihre Gefühle zeigen. Ich muß das noch besser lernen, denke ich. Ich lasse mich noch zu sehr von meinen Nummern behindern.

Ich treffe auf Christoph und sage ihm, daß ich es geschafft habe, bei den Eltern anzurufen. Da kommt eine Blondine auf Christoph zu und fängt an, auf ihn einzureden: »Du, weißt du, was ich mir gedacht habe, als du vorhin geredet hast? Du könntest Forumsleiter werden!«

Christoph schaut nachdenklich vor sich hin.

»Ich hab einfach gesehen, daß das der ideale Beruf für dich wäre. Du kannst nämlich wirklich durch deine Art Menschen für eine Sache begeistern.«

Christoph hatte sich gemeldet und gesagt, seine Stärke sei es, Leute für etwas zu gewinnen. Begeistert erzählte er dann, wie es ihm gelungen war, bei einem Auslandsaufenthalt einen Chor zu gründen, den er dann geleitet hatte.

Christoph sagt eine Weile nichts, geht dann zum Treppengeländer, verbirgt das Gesicht zwischen den Armen und fängt an zu schluchzen. Er schluchzt und schluchzt. Die Blondine stellt sich neben ihn und redet weiter auf ihn ein.

Etwas später, als wir wieder im Saal sind, sage ich Christoph auch noch einmal, daß das sicher die ideale Sache für ihn sei. »Einen sinnvolleren Beruf als Forumsleiter kann ich mir im Moment nicht vorstellen – und zugleich so interessant. Und es geht ja, wenn man nur will. Sophie hat es doch mit ihrem Leben bewiesen.« Immer noch sehr ergriffen versichert Christoph mir, das sei wirklich seine Aufgabe, er wisse zum ersten Mal in seinem Leben, was seine Aufgabe sei. Ich bin ein bißchen enttäuscht, daß ich noch nicht so weit bin wie Christoph, denn ein richtiges neues Ziel habe ich noch nicht.

Ich setze mich auf meinen Platz. Sophie beginnt mit der »Achterbahn«.

»Wo seid ihr auf der Achterbahn? Wer fühlt sich super, findet gerade alles gut?«

Die meisten Leute melden sich, ich auch. Begeisterung hat von mir Besitz ergriffen.

»Und wer ist mehr so in der Mitte, denkt sich, das ist interessant, ich höre einfach weiter zu?«

Es melden sich einige Leute.

»Und wer ist unten, fühlt sich irgendwie leer oder ist gelangweilt?«

Diesmal melden sich nur wenige.

»Ihr müßt euch nichts dabei denken, wenn ihr euch leer fühlt. Das ist die Achterbahn, für jeden ist sie anders. So, ich habe euch heute nachmittag gesagt, ihr sollt euer Kopfweh und eure Müdigkeit behalten. Ich hoffe, es gibt noch genug Leute mit Kopfweh oder Müdigkeit. Wer hat immer noch Kopfweh?«

Wieder melden sich ein paar Leute.

»Und wer ist müde? Wo sind die Müden?«

Auch hier melden sich einige.

»Wir werden jetzt ein Wunder erleben«, sagt Sophie ernst. »Wir werden sehen, daß Kopfweh und Müdigkeit verschwinden werden. Wer möchte sich darauf einlassen? Wer hat Kopfweh und möchte es loswerden? Ja, die Ursula. Hast du öfter Probleme mit Kopfweh, Ursula?«

Ursula, etwa vierzig Jahre alt und eher mollig, sagt, sie habe immer Probleme mit Kopfweh. Alle vier Wochen komme es, sie lege sich eine kalte Kompresse auf die Stirn, und am nächsten Morgen sei es dann weg. Sie wüßte gern, was sie sonst dagegen tun könne.

Sophie fordert sie auf, sich auf den Stuhl in der Mitte der Bühne zu setzen. Ursula geht nach vorn und setzt sich. Sophie stellt sich neben sie, das Gesicht zum Publikum. Konzentriert runzelt sie die Stirn. »Wo ist dein Kopfweh, Ursula? Sage mir genau, wo dein Kopfweh ist!«

»In der Mitte der Stirn und hier an den beiden Seiten.« Ursula deutet auf ihre Schläfen.

Ich wundere mich, wie schnell sie die Antwort hat.

»Und welche Farbe hat es? Sag mir genau, welche Farbe es hat!«

»Rot.«

»Und wie wird es morgen früh sein, dein Kopfweh?«

»Schwächer.«

»Du meinst also, morgen früh wird dein Kopfweh schwächer sein.« Sophie macht eine kurze Pause und fährt dann fort: »Und jetzt sag mir, Ursula: Wo ist dein Kopfweh?«

Ursula ist verblüfft. »Jetzt ist es nur noch in der Mitte!«

»Welche Farbe hat dein Kopfweh?«

»Grün.«

»Und wie wird es morgen früh sein?«

»Schwächer.«

Sophie wartet eine Weile. »Und jetzt sag mir, Ursula: Wo ist dein Kopfweh jetzt?«

»Jetzt ist es weg! Eben war es noch da, aber jetzt ist es weg!«

»Das ging sogar besonders schnell heute. Danke, Ursula! Du kannst dich wieder setzen. Und jetzt jemand mit Müdigkeit! Wo sind die Müden? Wer ist müde und möchte seine Müdigkeit loswerden?«

Moni, eine jüngere Frau mit sehr kurzen Haaren und einer Jeans-Latzhose, wird aufgerufen. Sophie bittet sie ebenfalls auf den Stuhl in der Mitte der Bühne.

»Du bist also müde, Moni. So, jetzt setz dich. Entspann dich. Entspann deine Beine.«

Sophie stellt sich dicht neben sie, die Hand auf der Stuhllehne, den Blick ins Publikum.

»So, jetzt sag mir, Moni: Wo ist deine Müdigkeit?«

Die Antworten kommen wie aus der Pistole geschossen.

»In den Unterschenkeln.«

»Und wie groß ist sie?«

»Ähm … fünf Meter.«

»Und wie breit?«

»Zwanzig Zentimeter.«

»Wie wird sie morgen früh sein?«

»Weniger.«

Sophie macht eine kurze Pause.

»So, und jetzt sag mir, Moni: Wo ist deine Müdigkeit jetzt?«

»… weg!«

»Danke, Moni. Du kannst wieder auf deinen Platz gehen. So, wie ihr seht, müßt ihr nicht müde sein. Ihr müßt auch nicht alle vier Wochen Kopfweh haben. Warum seid ihr trotzdem müde oder habt Kopfweh? Was denkt ihr?«

»Vielleicht bildet man sich das nur ein?« fragt jemand.

»Nein, wißt ihr warum? Weil ihr es schon vorher gewußt habt! Du weißt nach vier Wochen: Jetzt kommt mein Kopfweh! Und was passiert? Du hast Kopfweh! Oder du weißt: Heute habe ich nur wenig geschlafen. Deshalb wirst du müde! Ihr wollt immer noch recht haben! Macht Schluß damit! Sei, was du bist, und nicht, was dir deine Nummern vorschreiben! Du mußt nicht denken: Ich bin müde, oder: Ich habe Kopfweh. Denk es einfach nicht, und du wirst sehen, du bist es auch nicht. Du bist dein Wort! So, das war's für heute. Morgen werden wir endlich zum Ziel kommen, morgen werden wir sehen, daß sich die ganze Aufräumarbeit gelohnt hat. Der Sonntag ist der schönste Tag vom Forum. Ihr habt eine neue Hausaufgabe, die Blätter werden gleich von den Assistenten verteilt. Es ist wieder ein Brief, den du schreiben sollst, und zweitens sollst du etwas Unvernünftiges für jemand anderen tun. Bemühe dich jetzt bei diesem Brief um noch mehr Ehrlichkeit, um ein noch größeres Maß an Authentizität!«

Die Blätter mit den Hausaufgaben werden von den Assistenten verteilt. Die Aufgabe für den Brief ist die gleiche wie am Vortag: Ein Brief, um einen »Durchbruch in der Beziehung« zu jemandem zu erreichen.

»So, und wer spielt Risiko? Wer möchte sein 10.000-Mark-Forum machen? Meldet euch, und ich sag euch, was ihr zu tun habt!«

Es melden sich einige Leute. Sophie scheint sie sich zu merken und sagt: »Ihr macht folgendes: Ihr ruft bis morgen früh bei Leuten an, mit denen ihr einen Durchbruch in einer Beziehung erreichen wollt. Ja? Verstanden? Gut.

Ja, hier ist noch eine Wortmeldung. Der Reinhard, ja bitte?«

Reinhard ist noch begeisterter als am Morgen. Er lächelt Sophie schwärmerisch an. »Ich wollte dir danken für diese ganz herzliche, warme Art, die du hast. Das ist wirklich eine so schöne Atmosphäre hier. Ich find's einfach super. Danke, Sophie!«

Alle applaudieren, ich auch. Gut, daß er es gesagt hat! Sophie versteht es wirklich, sich in unsere eingebildeten Probleme hineinzuversetzen. Sie verdient den Beifall!

»Dank dir, Reinhard!« sagt Sophie warm.

Als das Klatschen verklungen ist, fährt sie fort: »Wir sehen uns morgen wieder um neun. Und bemühe dich, pünktlich zu sein! Diese Veranstaltung braucht dieses hohe Maß an Integrität. Trage auch du dazu bei!«

Ich gehe aus dem Saal. Draußen warten wieder die anderen darauf, daß Christoph kommt, damit wir heimfahren können. Ich will es ihm sagen, gehe zurück in den Saal und sehe, wie er mit Manuela, einem Mädchen, das wie eine Schülerin aussieht, durch den ganzen Saal geht und ihr alle Leute vorstellt, die noch herumstehen, obwohl er sie selbst nicht kennt. Ich kann mir denken, warum: Manuela ist schüchtern und traut sich allein nichts zu. Christoph tut gut daran, ihr zu helfen.

Die beiden kommen auf mich zu. Das wär jetzt toll, denke ich, wenn ich Manuela einfach umarme. Dann lerne ich, meine Gefühle auszudrücken, und sie sieht, daß sie keine Angst haben muß. Ich tue es, überwinde den inneren Widerstand und umarme Manuela. Christoph ist begeistert von meiner unerwarteten Aktion. Er findet es toll, daß ich mich auf einmal so »natürlich« gebe, daß ich offenbar Hemmungen abgebaut habe. Ich stimme ihm zu: Ich bin wirklich auf dem richtigen Weg, auf dem Weg zu mir selbst.

Endlich gehen wir zum Auto und fahren wieder zu unserem kleinen »Ferienhaus«. Dort angekommen, sagt Christoph, daß er sofort seine Eltern anrufen wird und ihnen von seiner Vision, Forumsleiter zu werden, erzählen wird. Unsere Gastgeberin, Waltraud, zeigt ihm das Telefon und setzt sich zu uns auf die Terrasse, um zu warten, bis Christoph fertig ist.

Christoph braucht Ewigkeiten. Wir sitzen am Gartentisch und trinken noch etwas. Waltraud meint, wir sollten durch die Kraft unserer Gedanken Christoph dazu bringen, mit dem Telefonieren aufzuhören. Wir konzentrieren uns also auf Christoph und denken alle: Gleich kommt er raus. Es funktioniert aber nicht. Da kommt mir eine Idee: Ich könnte ja mit Christophs Eltern reden und ihm helfen, sie zu überzeugen. Das wäre etwas »Unvernünftiges« für jemand anderen, die Hausaufgabe – unter normalen Umständen würde ich ihm schließlich nicht den Hörer aus der Hand reißen, wenn er mit seinen Eltern telefoniert!

Als ich das Zimmer betrete, ruft Christoph gerade ziemlich laut ins Telefon, obwohl Waltraud ihn gebeten hatte, leise zu sprechen; ihre Mutter im Nebenzimmer schlafe schlecht und dürfe nicht geweckt werden. Ich höre die Frau nebenan auch schon stöhnen, schließe deshalb die Tür und höre Christoph eine Weile zu. Ich gebe ihm zu verstehen, daß ich auch noch etwas sagen muß. Er gibt mir den Hörer, und ich sage zu Frau Bruckner: »Guten Abend, Frau Bruckner, ich wollte Ihnen sagen, daß das wirklich eine gute Sache ist, für die Christoph sich da einsetzen will, da kann er eigentlich nichts Besseres machen. Den Menschen werden hier in diesem Kurs die Augen geöffnet, mir hat es jetzt schon so viel gebracht, davon werde ich mein ganzes Leben profitieren. Sie können da völlig beruhigt sein und brauchen sich keine Sorgen zu machen, das ist wirklich in Ordnung.« Auch Frau Bruckner ist lächerlich ängstlich, noch schlimmer als meine Mutter, denke ich. Was glauben die denn alle, das hier passiert?

Christoph redet dann noch eine Weile mit seiner Mutter. Schließlich ist es etwa halb drei Uhr nachts, und ich verzichte auf das Telefonat mit meinem Bruder, das ich noch vorhatte. Dafür schreibe ich, im Schlafsack liegend, einen Brief an ihn, das ist die zweite Hausaufgabe, die ich noch erledigen will, denn heute will ich wirklich zufrieden einschlafen.

Außerdem weiß ich ja jetzt, daß Müdigkeit irreal ist, also weggedacht werden kann. Es gelingt mir tatsächlich, denn während ich schreibe, fühle ich mich nicht müde.

Ich schreibe von meinem Telefonat, davon, daß es mir endlich gelungen sei, aus der alten Sprachlosigkeit auszubrechen und daß ich auch aufgehört hätte, unserem Vater Dinge nachzutragen. Das sei aber erst der Anfang, mit den Unehrlichkeiten in meinem Leben aufzuräumen. Anfangs hätte ich vom Forum eine diffuse Vorstellung gehabt, es als Geheimrezept gegen Entscheidungsunfähigkeit gesehen, aber bereits jetzt tausendmal mehr bekommen als das.

Gegen drei schlafe ich endlich ein.

Sonntag, der dritte Tag des Forums

Als ich aufwache, bin ich sehr nervös, ein kribbliges Gefühl im Bauch läßt mich auf der Stelle hellwach werden. Ich muß heute unbedingt noch vor den Leuten reden!

Christoph erzählt mir, er habe beim Aufwachen große Angst gehabt, er habe richtig gekämpft mit dieser Angst, es sei die Angst gewesen, verrückt zu werden. Ich nehme das nicht weiter wichtig, jetzt ist es ja vorbei, was soll's.

Es ist schon zu spät zum Duschen, da der Wecker nicht geklingelt hat; ich mache mir aber nichts daraus und gehe runter zum Frühstück. Alles ist bereits mit viel Liebe hergerichtet auf dem schönen Nußbaumtisch: Semmeln, Tee, Eier, Butter, Marmelade. Ich komme mir schon richtig wie zu Hause vor. Jetzt sehe ich Andrea auf einmal ganz anders; am Freitag hatte ich sie schon rein äußerlich abstoßend gefunden, mit ihren schwarz getünchten Haaren und ihrem dummen Blick, und außerdem arrogant in ihrem Urteil anderen gegenüber, so abschätzig. Jetzt finde ich sie hübsch und hilfsbereit, sie kümmert sich um das ganze Frühstück und lächelt alle freundlich an. Das war ohne Zweifel ein Vorurteil, das ich abgebaut habe mit Hilfe des Forums. Ich Idiot habe ihr da einen einzigen Satz übelgenommen und sie gleich abgeurteilt! Aber auch sie hat sich zu ihrem Vorteil verändert: Am Freitag war sie so negativ, jetzt ist sie nur noch fröhlich. Ja, das Forum hat den guten Kern in uns zum Vorschein gebracht. Kein Wunder, daß wir uns jetzt so gut verstehen.

Wir müssen bald wieder los, denn es ist schon gleich halb neun. Während der Fahrt erzählt mir Christoph, er habe inzwischen etwas Unvernünftiges für jemand anderen getan: Er habe einen Brief an Petra geschrieben, die Frau, die immer so verbissen gewirkt hat, einen Brief, der so formuliert ist, als hätte ihn Petra an sich selbst geschrieben. Darin stehe: Petra, hab dich doch mal selbst lieb.

Mir war Petra bisher unfähig erschienen, aus sich herauszugehen, sie wirkte viel zu verstockt, redete immer um ihre Probleme herum, wo doch jeder sehen konnte, daß sie ganz massive Probleme hatte. Aber jetzt, da ich sie mir auf dem Rücksitz ansehe, erkenne ich, was für ein toller Mensch sie ist. Über ihr Gesicht breitet sich ein entspanntes Lächeln, alle Verkrampftheit ist von ihr abgefallen. Das waren also mal wieder jede Menge Vorurteile von mir gewesen, ich hatte sie zu schlecht beurteilt, sie war für mich nur das übelgelaunte Mannweib gewesen. Ich wundere mich, wie falsch ich sie eingeschätzt habe. Ich nehme mir vor, mir nie mehr ein Bild von einem Menschen zu machen, bis ich nicht genau weiß, was sein wahrer Kern ist.

Als wir uns dem Veranstaltungsort nähern, nimmt meine Aufregung zu, ich muß ständig daran denken, daß ich es immer noch nicht geschafft habe, mich wenigstens einmal zu melden. Ich nehme mir fest vor, das heute zu machen. Ich kann an gar nichts anderes mehr denken. Ich will mir beweisen, daß ich diese Angst besiegen kann oder daß ich, wie Sophie einmal gesagt hat, selbst größer bin als der innere Schweinehund. Die Übung gestern hat ja gezeigt, daß es im Grunde lächerlich ist, Angst zu haben! Und wenn ich das heute nicht fertigbringe, werde ich am Montag furchtbar enttäuscht von mir selbst sein, denn dann habe ich versagt. Ich will doch die Haltung beziehen, nie mehr zu versagen! Ich will dieses schreckliche Gefühl im Bauch endlich loswerden, und das kann ich nur, indem ich mir zeige, daß ich wirklich größer bin als die Angst, daß ich es mache, obwohl ich Angst habe. Wie will ich sonst je mein Ziel erreichen, frei vor Leuten reden zu können? Da muß ich heute einfach durch! Es ist, wie wenn es mir jemand befohlen hätte.

Wir nehmen wieder unsere Namensschilder und gehen in den Saal. Die beiden Assistenten links und rechts an der Tür lächeln mich freundlich an, und ich suche mir einen neuen Platz, diesmal in der zweiten Reihe; ich will mich heute ja unbedingt melden, und wenn ich vorn sitze, fällt es mir bestimmt leichter. Sophie ist die einzige, bei der ich mir sicher bin, daß sie versteht, was ich sagen will; sie versteht vielleicht sogar, daß ich trotz der Angstübung von gestern immer noch so ein Angsthase bin.

Sophie tritt mit gewohntem Elan auf. Sie kommt mir heute besonders wohlwollend vor, meine Angst um so unbegründeter. Sie ist die Liebe in Person. Ich mache mir klar, warum: Gestern gab es ja noch ernste Themen zu besprechen, da war von Zeit zu Zeit ein strenger Tonfall angebracht, heute dagegen haben die Teilnehmer begriffen, was es heißt, wirklich menschlich zu sein, und Sophie honoriert das natürlich, sie freut sich mit uns allen.

»Guten Morgen, liebe Teilnehmerinnen und Teilnehmer«, beginnt Sophie. »Wir machen das so wie gestern, daß wir mit den Briefen anfangen, die ihr geschrieben habt.«

Diesmal habe ich den Brief und bin zufrieden mit mir.

»Wer hat seine Hausaufgabe nicht gemacht?«

Es melden sich nur wenige Leute.

»Ihr geht bitte wieder hinter zu den Tischen, die Assistenten zeigen euch, wo ihr euch hinsetzen könnt. Wer von den anderen möchte seinen Brief vorlesen?«

Wie am Vortag werden Briefe vorgelesen, in denen Leute andere um Verzeihung bitten oder ihre Begeisterung über das Forum mitteilen.

»So, und wer hat die andere Aufgabe gemacht? Wer hat für jemand anderen etwas Unvernünftiges getan? Wo sind die Leute?«

Ich bringe es nicht fertig, mich zu melden. Später, denke ich und verachte mich zugleich dafür.

»Wer von euch möchte sich mitteilen?«

Claudia, die mit den zwei Töchtern und dem kranken Mann, meldet sich wieder. »Ich hab's doch geschafft«, strahlt sie, »ich hab meinen Mann in Hollywood angerufen!« Beifall von allen Seiten. »Ich glaube, gestern abend war halb München mit dem Herausfinden der Nummer beschäftigt – meine Töchter haben mir geholfen, die haben dann wieder Bekannte meines Mannes alarmiert. Ich hab ihm gesagt, daß ich vieles falsch gemacht habe, daß ich mir Sorgen mache wegen unserer Töchter und ihn deshalb angerufen habe.«

»Toll, daß du's gemacht hast! Und hast du dich bei ihm entschuldigt?«

Claudia denkt nach. »Das Problem ist«, sagt sie schließlich, »ich will nicht, daß er meint, daß ich wieder mit ihm zusammenleben will. Das ist wirklich vorbei. Nein, das kann ich mir gar nicht mehr vorstellen.«

»Dann sag's ihm! Sag ihm alles! Sag ihm, daß du ihn liebst, aber nicht mehr mit ihm zusammenleben möchtest. Dann weiß er endlich, welche Haltung du hast. Du eröffnest ihm Freiräume. Weißt du, warum du es ihm nicht sagen möchtest? Du willst ihn immer noch dominieren! Du läßt ihn im ungewissen, und er bettelt um deine Liebe. Mach Schluß damit! Deine Töchter werden dir ewig dankbar sein, wenn du das bereinigt hast. Wißt ihr, es geht hier nicht nur um uns und unsere Familien. Was ihr bereinigt, das bleibt euren Kindern erspart. Macht Schluß mit dem Teufelskreis!« Besorgt fragt sie: »Rufst ihn noch mal an, Claudia? Siehst, es war toll, daß du dich überwunden hast, das zu machen. Aber du mußt alles sagen, sonst bleibt alles beim alten. Verstehst? Also, redest noch mal mit ihm?«

Claudia zögert, doch Sophie läßt nicht locker. »Am besten gehst gleich rauf zu den Telefonen. Wenn du's aufschiebst, wird's auch nicht leichter. Das ist immer so: Entweder du machst es gleich oder nie. Also, Claudia, machst es?«

»O. k., ich mach's.«

Wieder klatsche ich laut, wie alle anderen: Der Mut Claudias verdient Anerkennung. Ich weiß jetzt selbst, wie schwer so etwas ist.

»Schön, Claudia«, lobt auch Sophie. »Das freut mich. Du kannst jetzt gleich aus dem Saal gehen, die Assistenten zeigen dir, wo die Telefone sind.«

Claudia geht durch die Reihen und wird aus dem Saal hinausgeleitet.

»Wer noch? Ja, die Helen! Erzähl uns, was hat sich bei dir getan, Helen?«

Helen, die Amerikanerin mit dem treulosen Freund, hat sich wieder gemeldet. Sie wirkt freudig erregt und schaut sich eifrig um: »Ihr kennt ja alle meine Geschichte, und was ich sagen wollte: Ich hab's geschafft! Ich habe Steves Telefonnummer herausgefunden und ihn angerufen. Das war gar nicht leicht, aber ich hab's gemacht!«

Wieder klatschen alle.

»Und, was hat er gesagt, Helen?«

»Ja, es war schon gut, daß ich es gemacht habe. Er hat sich gefreut. Ich habe mich auch richtig befreit gefühlt danach. Aber leicht war das nicht, ich habe viel geweint.«

»Leicht muß es nicht sein«, winkt Sophie ab. »Das ist nie leicht! Und die Sache mit deinem Mann? Hast da schon etwas klären können?«

»Ja, ich habe dann doch gesehen, daß es da einen Zusammenhang gegeben hat. Ich glaube, ich habe meinem Mann immer das Leben schwergemacht, weil ich diese Sache nicht vergessen konnte. Ich habe auch ihn gestern angerufen und habe ihm das gesagt.« Helen beginnt zu schluchzen. »Er war ganz gerührt, und ich glaube, wir werden viel besser zusammenleben jetzt. Ich … ich habe immer gedacht, das mit den Abtreibungen kann ich mir nicht verzeihen, wenn ich keine Kinder mehr bekommen kann. Das hat unsere Ehe wirklich belastet. Wir haben acht Jahre zusammengelebt und hatten keine Kinder. Und dann ist ein echtes Wunder passiert, ich habe doch noch eines bekommen. Aber«, schluchzt Helen wieder, »ich habe die Schuld immer meinem Mann gegeben. Ich bin so froh, daß ich das jetzt erkannt habe.« Sie wischt sich die Tränen vom Gesicht und blickt Sophie dankbar an.

Sophie ist sichtlich gerührt. »Das ist schön für dich. Du hast wirklich etwas erreicht. Das Forum hat sich gelohnt für dich. Dank dir, Helen!«

Erneut lauter Beifall. Auch ich bin beeindruckt von diesen Erfolgen.

Als das Klatschen sich gelegt hat, ruft Sophie den nächsten auf: »Ja, der Karl!«

Karl ist ganz der alte mit seiner gutmütigen Art. Leutselig erzählt er: »Also, ich hab gestern mit meinem Vater geredet. Ich hab ihm erzählt, daß ich immer gedacht hab, er ist nicht zufrieden mit mir. Und da hat er gesagt, das stimmt doch gar nicht. Aber dann hat er trotzdem gleich wieder angefangen rumzumeckern und hat gemeint, im Geschäft würde er das lieber so und so machen. Also, viel erreicht hab ich nicht damit.«

»Hast ihm auch gesagt, daß du ihm deine Liebe verweigert hast auf diese Art? Daß du ihn nicht anerkannt hast?«

»Nein.«

»Das solltest du machen. Seht ihr, ihr müßt euch öffnen, ihr müßt aus euch herausgehen. Sonst erreicht ihr keine Veränderung! Machst es, Karl? Rufst ihn noch mal an?«

»Also, ich weiß nicht … ich glaub, mein Vater würde das komisch finden. Der würde nicht verstehen, was das soll.«

»Weißt du, was das ist? Das ist dein Immer-bereits-Hören über deinen Vater! ›Mein Vater würde das nicht verstehen.‹

Woher weißt du das denn? Hast es ihm schon einmal gesagt? Natürlich nicht, sonst müßtest ja nicht mehr der siebenjährige Karl sein! Weißt, du bist immer noch der siebenjährige Karl, der sich alles von seinem Vater sagen lassen muß, weil er sonst Schafe hüten muß. Werde der dreißigjährige Karl, der selber weiß, was er tun muß! Der anfängt, ehrlich zu sein! Weißt, dieser Anruf ist der Anfang der Ehrlichkeit in deinem Leben. Und, Karl, rufst an?«

Karl ist ernst geworden. »Versuchen kann ich's ja.«

»Versuchen gibt's nicht, machen mußt es! Am besten gehst gleich nach oben zu den Telefonen und rufst bei deinem Vater an. Machst es?«

»Gut, ich mach's.«

Er geht nach hinten zu den freiwilligen Mitarbeitern, die ihn hinausführen.

Claudia kommt erfolglos wieder zurück; sie hat ihren Mann nicht erreicht.

Es folgen noch weitere Wortmeldungen. Nach einer Weile kommt Karl wieder zurück. Er hat telefoniert, ist aber enttäuscht: Sein Vater hat anders reagiert, als er erwartet hat. Er hat alles abgetan, was Karl gesagt hat, gar nicht richtig zugehört.

»Das ist eben die Art deines Vaters, dir seine Liebe zu zeigen«, beruhigt Sophie ihn.

Meine Nervosität steigt, ich spüre einen immer größeren Zwang, mich zu melden. Schließlich ergibt sich kurz vor Mittag erneut eine Gelegenheit, als Sophie mit einem neuen Thema beginnt.

»Ich habe euch gestern angekündigt, daß ich für euch ein Coaching mache, wenn ihr nicht wißt, was ihr euren Leuten sagen sollt, damit sie am Dienstag abend mitkommen. Wer möchte ein Coaching?«

Ich melde mich zwanghaft, da ich sonst meine letzte Chance vertan sehe. Außerdem finde ich, das paßt eigentlich ganz gut, ich will ja meine Eltern mitbringen, weiß aber nicht, wie ich das anstellen soll: In meinen Augen sind sie dafür viel zu festgefahren in ihren Gewohnheiten. Und sicher bin ich auch nicht der einzige, dem es so ergeht – ich stelle die Frage also im allgemeinen Interesse …

Sophie merkt sich die Leute vor. »So, also wer braucht Coaching? Ja, der … wie heißt du? Ja, der Ernst, die Barbara, die Luzia, und der …« Sie reckt sich, um das Namensschild zu sehen. »… der Martin.«

Die drei vor mir werden von Sophie über die Kunst des Überzeugens belehrt. »Spiel nicht den Forumsleiter! Es gibt da Leute, die meinen, sie müßten den Forumsleiter spielen. Das kommt nicht gut an. Die müssen das erlebt haben, verstehst du? Da hilft es nichts, wenn du ihnen erklärst, was ihre Nummern sind oder was ihr Immer-bereits-Hören ist. Mach ihnen klar, daß man das erlebt haben muß! Sag ihnen, was es für dich gebracht hat! Und denk daran: Kommt fünfmal nein, dann kann das letzte Wort immer noch ja sein. Laß dich nicht abbringen! Du weißt, was es für dich gebracht hat, und das genügt.«

Während ich warte, bis ich drankomme, stelle ich verwundert fest, daß meine Nervosität nicht steigt, sondern abnimmt. Luzia, die vor mir dran ist, sitzt neben mir. Sie ist sehr schmächtig und hat angsterfüllte Augen, die mir zu sagen scheinen: Ich bin ein Opfer, helft mir! Ich spüre ein dringendes Bedürfnis, ihr den Arm um die Schulter zu legen, damit sie weiß, daß sie nicht allein ist. Sie sieht so aus, als wäre sie noch viel schlimmer dran als ich mit meinem bißchen Lampenfieber. Als sie aufgerufen wird, sagt sie etwas von einer Opferrolle, mit der sie sich immer identifiziert habe und die sie jetzt ablegen möchte. Sie redet aber so unsicher, daß ich zweifle, ob sie das schaffen wird. Sophie bedankt sich bei Luzia.

Endlich komme ich dran. »Ja, der Martin!«

Sophie steht mir direkt gegenüber auf der Bühne. Ich stehe auf, sie sieht mich an. Ich bin mir in dem Moment sicher, daß sie alles verstehen wird, was ich sagen werde, denn sie hat alle Probleme der Leute im Saal bisher verstanden.

»Zuerst möchte ich sagen, daß das für mich sehr viel bedeutet, vor so vielen Menschen zu sprechen, das habe ich noch nie gemacht«, sage ich. »Ich habe wirklich Angst vor jedem einzelnen von euch und hatte schon heute morgen dieses schreckliche Gefühl im Bauch.« Sophie nickt verständnisvoll. »Aber ich habe auch gesehen, daß diese Angst total lächerlich ist im Vergleich zu all den wichtigen Dingen, die wir uns hier zu sagen haben.«

Die Leute klatschen. Ich bin erleichtert.

»Schön hast du das gesagt«, nickt Sophie und fixiert mich weiter. »Was ist dein Problem? Wofür brauchst du Coaching?«

»Ich habe das Problem, daß ich meine Eltern gern am Dienstag mitbringen würde, aber ich weiß nicht, wie ich das machen soll. Ich habe mich ihnen gestern auch mitgeteilt, ich habe zuerst mit meiner Mutter geredet, und da hat sich einiges geklärt. Ich habe immer gedacht, sie ist nicht zufrieden mit ihrer Lage als Hausfrau: Mein Vater kommt von der Arbeit, und sie reden nur über seine Sachen, nicht über die von meiner Mutter, über die Leute, die er von der Arbeit kennt, und nicht über ihre Bekannten. Und da hab ich festgestellt, daß das gar nicht so ist. Meine Mutter hat gesagt, sie wisse schon, viele Leute dächten das, aber sie sei völlig zufrieden.«

Eigentlich wollte ich überhaupt nichts von meinem Telefonat erzählen, aber alles, was ich sage, sprudelt nur so heraus. Jetzt bin ich mir erst sicher, ich bin voll dabei, ich werde nicht abgehängt von den anderen. Kurz zuvor hatte ich mich noch nervös in den Zuschauerreihen umgesehen und festgestellt, daß schon fast jeder einmal drangekommen war – dieses Minderwertigkeitsgefühl schwindet jetzt dahin mit jedem Wort, das ich sage.

Sophie fixiert mich mit dem strahlenden, unanfechtbaren

Blick der Königin des Wissens, die sie für uns alle ist. Ich weiß, daß sie mich versteht und daß es wichtig und gut war, was ich gemacht habe: Sie nickt freundlich, die Hand am Kinn, und scheint sehr interessiert.

»Mit meinem Vater habe ich dann auch noch geredet, ich war auch in dieser blöden Opferrolle, die mich behindert hat. Ich habe ihm gestanden, daß ich es ihm sehr lange nachgetragen habe, daß er mich als Kind öfter angeschrien hat. Das war eigentlich nur für eine kurze Zeit so, aber trotzdem habe ich damit das Verhältnis belastet.«

»Und wie hat dein Vater reagiert? Hat er die Entschuldigung akzeptiert?«

»Er hat nicht gesagt, daß er es akzeptiert, aber ich habe es gespürt ... am Ton seiner Stimme.«

Ich bin mir in diesem Moment ganz sicher, daß es wirklich so war. Ich bin darüber erleichtert, und es beruhigt mich sehr. Das ganze Gespräch mit Sophie beruhigt mich, denn es schafft mir Gewißheit. Sophie nickt verständnisvoll und fixiert mich weiter mit ihrem strahlenden Blick.

»Und was ist jetzt dein Problem? Was glaubst du, könnte deine Eltern davon abhalten mitzukommen?«

»Ich kann es mir einfach nicht vorstellen, die machen nie so etwas. Außerdem kam in dem Gespräch gestern heraus, daß sie Vorurteile gegen Landmark haben, sie glauben, das ist eine Sekte oder so etwas.«

»Deine Eltern denken, das ist eine Sekte«, nickt Sophie gewichtig und blickt in die Runde.

»Ja, oder etwas Sektenartiges.«

»Das ist das gleiche. Sekte oder sektenartig, das ist kein Unterschied. Und was sagst du zu diesem Vorwurf?«

»Daß es keine Sekte ist.«

»Gut, aber was glaubst du, ist das Immer-bereits-Hören deiner Eltern beim Begriff Sekte? Wovor, denkst du, haben sie Angst?«

»Vor Manipulation?«

Sophie nickt wieder und blickt weiter in die Ferne. »Und was sagst du?«

»Ich weiß ja, daß das nicht stimmt.«

»Wer sagt uns denn eigentlich, daß Manipulation etwas Schlechtes ist? Das ist wie mit der Schildkröte und dem Vogel. Der Vogel sitzt auf dem Rücken der Schildkröte. Jedesmal wenn die Schildkröte den Kopf herausstreckt, pickt der Vogel. Dann traut sich die Schildkröte schließlich gar nicht mehr heraus, und der Vogel sagt zu ihr: Jetzt hack ich bestimmt nicht mehr. Die Schildkröte kommt heraus, und der Vogel hackt wieder. Wer ist also die Schildkröte?«

Ich kann das Gleichnis überhaupt nicht begreifen: Wer ist da was? Um etwas zu sagen, wage ich einen Vorschlag: »Ein Opfer?«

»Ja, was ist die Schildkröte?« sinniert Sophie. »Du bist die Schildkröte, wenn du aus dem Forum kommst! Du gehst aus dem Forum, wirst kritisiert, sagst etwas, wirst wieder kritisiert. Verstehst? Du mußt eine Haltung beziehen!« Sie wendet sich wieder mir zu. »Bist du bereit, eine Haltung zu beziehen?«

»Ja.«

»Und, was sagst du?«

Ich strenge mich an, das Richtige zu sagen. »Ich nehme die Haltung ein, daß meine Eltern am Dienstag abend mit dabei sind.«

»Gut, du hast eine Haltung eingenommen. Und siehst du, wenn du erst eine Haltung eingenommen hast, dann ergibt sich das andere. Sprich mit deinen Eltern, überzeuge sie! Du hast die Haltung: Sie werden am Dienstag abend mit dabeisein. Ja, das ist dann das Schöne, wenn die ganze Familie beisammen ist im Forum. Man kann sich mit allen austauschen. Wer von uns möchte das nicht. Gut. Danke, Martin!«

Die Leute klatschen wieder, aber ich brauche den Beifall schon gar nicht mehr. Ich fühle mich unendlich erleichtert, bin mir jetzt zum erstenmal sicher, daß ich den versprochenen Erfolg am Forum haben werde. Ich habe den inneren Schweinehund überwunden und vor allen Leuten geredet! Innerlich jubiliere ich.

»So, wir haben jetzt wieder Pause. Deine Aufgabe: Tu etwas Unvernünftiges für jemand anderen.«

Auf einmal ist das alles für mich wie ein Spiel. Ich habe richtig Lust darauf, etwas Unvernünftiges zu tun, aber mir fällt nichts ein. Ich unterhalte mich mit Gerda, die sich für meine Mutter interessiert. Sie rät mir dringend, meine Mutter am Dienstag abend mitzubringen ins Forum, damit sie Gelegenheit erhält, einmal aus dem alten Trott auszubrechen.

»Ja, natürlich, das hatte ich sowieso vor«, sage ich.

Während ich mit Gerda rede, kommt mir die Idee, sie zu bitten, etwas Unvernünftiges für mich zu tun, nämlich meine Mutter anzurufen. Das kann nur von Vorteil sein für die Überzeugungsarbeit, die ich noch zu leisten habe. Gerda ist gleich begeistert, läßt sich die Nummer geben und zieht los zu den Telefonen.

Nach einer Weile kommt sie jedoch unverrichteter Dinge zurück: Alle Apparate seien besetzt gewesen.

Wir gehen in den Saal zurück, und Sophie betritt wieder die Bühne. »So, Achterbahn der Gefühle: Wer ist wo auf der Achterbahn? Wer ist oben, ganz oben?«

Die meisten melden sich, ich auch.

»Und wer ist in der Mitte, fühlt sich leer?«

Es melden sich nur wenige.

»Und wer ist unten, fühlt sich deprimiert, weiß nicht so recht, oder es ist ihm einfach langweilig?«

Sehr wenige melden sich.

»Wer hatte eine Öffnung, wer hat einen Durchbruch erziehlt? Ihr dürft euch mitteilen. Wer möchte sich mitteilen?«

Es gibt einige Wortmeldungen. Auch Herbert ist darunter, der, der seine Frau anruft, während sie bei einem anderen

Mann im Bett liegt. Er spricht immer noch genauso träge wie am Vortag. »Ihr haltet mich jetzt vielleicht für ein cooles Arschloch, aber ich habe meine Frau immer noch nicht angerufen. Ich kann einfach nicht! Aber ich muß sagen, meine Nachbarin hier, die ist wirklich lieb. Ich habe plötzlich Bauchweh bekommen, und sie hat mich dann ganz lieb in den Arm genommen.«

Sophie reagiert streng. »Laß deine Nummern: Ich hab Bauchweh, ich kann nicht, ich mag nicht. Du hast diese Nummer nur abgezogen, damit deine Sitznachbarin so reagiert, wie sie reagiert hat! Du kommst nicht weiter, wenn du immer nur für deine Nummern lebst! Entscheide dich für deine Frau oder gegen sie! Du mußt eine Haltung beziehen. Du kannst beides machen, aber entscheide dich! Tu dir selber den Gefallen, Herbert! Ich dank dir. Wer noch? Ja, die Gisela. Was möchtest du uns mitteilen, Gisela?«

Gisela, die mit dem dauerkranken Vater, scheint völlig aufgelöst und redet noch schneller als gestern. Vor Entrüstung kriegt sie kaum Luft. »Ihr kennt ja inzwischen die Geschichte mit meinem Vater, der immer krank ist. Also, ums kurz zu machen, ich hab ihn eben in der Pause angerufen, und ich bin fertig, ich bin völlig fertig. Jetzt geht's schon wieder, eine nette Teilnehmerin aus dem Kurs hat mir geholfen, aber nach dem Anruf ...«

»Was habt ihr geredet?«

»Ich habe mir vorgenommen, diesmal wirklich nett zu sein, nur zuzuhören. Aber das war zuviel ...«

»Was hast du gesagt, was hat er gesagt?«

»Na, ich habe ihn zuerst begrüßt, dann habe ich ihm gesagt: Du, Vater, ich wollte dir schon immer einmal sagen, ich hab dich wirklich gern, auch wenn du nicht immer so warst, wie wir uns gewünscht hätten. Und das hat er ...«, schluchzt sie, »... das hat er überhaupt nicht beachtet, er hat gesagt, ja, das weiß ich doch, und als nächstes hat er vom Essen im Altersheim angefangen, daß das wieder so schlecht war. Das konnte ich dann wirklich nicht haben, und ich hab ihm das auch gesagt. Also, das war schrecklich, er hat überhaupt kein Gefühl gezeigt. Ich glaube, er liebt mich gar nicht!«

»Warum denkst du das?« fragt Sophie milde.

»Na, er hätte doch darauf eingehen können: Schön, daß du das sagst, oder so etwas. Aber gar nichts, er hat gleich mit dem Essen angefangen!«

»Und das hat dich nicht interessiert.«

Gisela ist empört. »Doch, natürlich interessiert mich das, aber es war einfach der falsche Zeitpunkt!«

»Du hast ihm immer noch nicht zugehört, deinem Vater.«

Gisela blickt verständnislos.

»Du mußt ihn reden lassen«, fährt Sophie sanft fort. »Wenn du ihn nicht reden läßt, wirst du nie hören, was er dir sagen will. Verstehst? Weißt was: Du rufst ihn so bald wie möglich noch mal an und hörst einfach zu. Dein Vater hat keine andere Möglichkeit, dir seine Liebe zu zeigen; ihr habt ja lange genug gar nichts anderes hören wollen als seine ewigen Geschichten. Gib deinem Vater das nächste Mal den Freiraum in deinem Hören! Ja? Gut, ich dank dir, Gisela.«

Mir kommt das Theater von Gisela reichlich lächerlich vor: Sie hätte inzwischen wirklich mitkriegen können, daß ihr Vater noch in seinen alten Nummern steckt und das kein Grund ist, sich aufzuregen. Die Frau hat tatsächlich immer noch nicht begriffen, worum es hier geht. Sophie in ihrer Menschenliebe belehrt sie dennoch geduldig.

Sophie ruft den nächsten auf. »Ja, der Mario. Was möchtest du uns mitteilen, Mario?«

Mario, der Macho, der am Dienstag nicht kommen wollte, steht auf. Er will jetzt keine Show mehr abziehen, es ist ihm ernst. »Ich hab's mir überlegt. Ich komm doch am Dienstag.«

»Gut, daß du dich entschieden hast! Das war die richtige Entscheidung, Mario. Das ist wirklich toll, daß du dich durchgerungen hast. Super, Mario!«

Alle klatschen anerkennend. Lächelnd genießt Mario den Applaus.

»Seht ihr«, wendet sich Sophie an alle, »wenn ihr wollt, dann geht es immer. Nehmt eine Haltung ein und steht dann dazu! Ihr werdet sehen, da werden euch Sachen möglich, die ihr vorher für unmöglich gehalten habt. Dank dir, Mario, du wirst das nicht bereuen. So, wir kommen jetzt zum restlichen Teil des Kurses. Was wir uns bis jetzt angesehen haben, war unser bisheriges Leben. Wir haben uns im Teufelskreis der Vergangenheit bewegt.« Sophie zeigt wieder auf das Schema von Haben und Sein. »Wir haben uns bestimmen lassen von unseren Geschichten und unseren Nummern. Ich sage euch, was ihr bisher gemacht habt.«

Sie geht zur Tafel und schreibt quer von oben nach unten, zwischen die Haben- und die Sein-Seite, das Wort: Überleben. Dann ruft sie: »Das war kein Leben, das war Überleben!«

Innerlich stimme ich ihr zu: Ein bißchen übertreibt sie immer, aber im Grunde hat sie recht.

»Und ihr werdet euch fragen, was mache ich jetzt mit diesem ganzen Freiraum? Wer hat ein bißchen Angst, wer fühlt sich ein bißchen unwohl?«

Einige Leute melden sich, ich nicht: Ich fühle mich doch bestens!

»Und wer fühlt sich leer, einfach nur leer?«

Ein paar Leute melden sich.

»Das ist ganz normal zu diesem Zeitpunkt des Kurses. Ihr werdet euch fragen, wann die restlichen sechzig Prozent eures Forums kommen. Es wird jetzt Zeit für uns, damit anzufangen. Wir haben gestern gesehen, daß es etwas Positives in uns gibt, und das ist die Gewinnformel. Die Gewinnformel formt unsere Persönlichkeit, wir können sie nicht beseitigen und wollen das auch gar nicht.«

Sophie malt wieder einen Kreis an die Tafel, von dem sie an allen Seiten Bereiche wegstreicht, bis nur noch der winzige Freiraum in der Mitte bleibt – wie gehabt. Sie deutet auf den Freiraum.

»Unser ganzes bisheriges Leben hat sich in diesem Bereich abgespielt. Außen stand: Du darfst nicht, ich kann nicht, all die Sachen, die du dir eingeredet hast. Das haben wir alles ausgeräumt.«

Sie wischt alle Linien aus dem Kreis heraus, zurück bleibt ein leerer Kreis.

»Womit füllen wir den neuen Freiraum aus? Dieser Freiraum ist dein Leben, das du jetzt vor dir hast. Was denkt ihr eigentlich, ist das Leben? Gebt ihm Eigenschaften. Sagt einfach: Das Leben ist …, und dann ein Wort. Zwei Leute, die gern an die Tafel schreiben: Wer schreibt gerne an die Tafel? Ja, die Petra und die Moni. Schreibt bitte alle Begriffe an die Tafel, die genannt werden! Du gehst an die linke Tafel, du an die rechte. Teilt es euch einfach auf, da müßt ihr halt schauen.«

Petra und Moni gehen auf die Bühne und stellen sich vor die beiden Tafeln.

»So, jetzt: Was ist das Leben? Wer sagt mir, was das Leben ist?«

Viele Leute melden sich und rufen nach vorn: Schön, schwierig, gefährlich, tödlich, wunderbar, lebenswert, hart, arbeitsreich, aufregend, immer neu …

Ich suche nach einem sinnvollen Begriff, mir fällt aber keiner ein.

Sophie wiederholt jeweils für alle: »Das Leben ist schön, die Dora sagt, das Leben ist schön …«

Die beiden an der Tafel schreiben hastig, denn es kommt ein Begriff nach dem anderen; gleichzeitig müssen sie aber darauf achten, daß jeder der Begriffe nur auf einer Tafel steht. Sie schauen hektisch hin und her. Schließlich sind beide Tafeln vollgeschrieben.

»So, ich dank euch fürs Schreiben. Ihr könnt wieder auf eure Plätze gehen.«

Sophie betrachtet die beiden Tafeln und sagt leicht spöttisch: »Da haben wir ja viel zusammenbekommen. Zwei Tafeln voll, und all das ist das Leben! Wieso ist das Leben eigentlich für jeden von uns etwas anderes? Was ist das Leben wirklich? Was glaubt ihr, ist das Leben wirklich?«

»Das Leben *ist*?« schlägt jemand vor.

Ohne darauf einzugehen, fragt Sophie noch einmal: »Was ist es? Nein, wißt ihr, was euer Leben ist?«

Sie geht zur rechten Tafel, nimmt den Lappen und wischt mit einer Handbewegung quer über die vielen Eigenschaftswörter, so daß eine klaffende Lücke entsteht. Dorthin schreibt sie das Wort: »LEER. Zugleich ruft sie: »Leer ist es, euer Leben! Es ist leer! Die Bedeutung, die du ihm gibst, stammt aus der Vergangenheit und ist nicht real! Das Leben hat keine Bedeutung! Wir kommen damit zu einer neuen Unterscheidung.«

Begierig sauge ich die Botschaft auf.

Sophie dreht die Tafel um. Dort steht der Satz: »Das Leben ist leer und bedeutungslos, und es hat keine Bedeutung, daß es keine Bedeutung hat.«

»Ihr seht diesen Satz. Was steht hier, meint ihr? Was sagt dieser Satz?«

Ich will den Satz unbedingt verstehen und überlege fieberhaft: Das Leben ist leer und bedeutungslos... Alle Bedeutung, die wir unserem Leben bisher gegeben haben, ist also irreal. Stimmt, wie sonst könnte man auch zu derart verschiedenen Auffassungen über das Leben kommen! Klar, dieser Satz löst den Widerspruch auf! Der zweite Teil sagt dann, ich brauche mir keine weiteren Gedanken über den ersten Teil zu machen, es ist egal, daß es leer und bedeutungslos ist. Während ich so nachdenke, fühle ich eine ungewohnte Klarheit in meinem Kopf: Alles erscheint auf einmal so einfach! Zugleich finde ich diese Gedanken sehr philosophisch, so herrlich paradox. Damit stoße ich jeden vor den Kopf, den ich vom Forum überzeugen möchte!

Das Resultat der Diskussion ergibt ungefähr das gleiche. Nach einigen Beiträgen meldet sich ein Mann und fragt: »Soll das heißen, das Leben ist sinnlos?«

»Hier steht nicht ›sinnlos‹«, erwidert Sophie pikiert. »Das ist ein Unterschied! Ich habe nicht gesagt, das Leben ist sinnlos. Ich sage euch, was da an der Tafel steht. Was der erste Satz sagen will, ist folgendes: Alle Bedeutung, die ich dem Leben gebe, ist beliebig und damit nicht real! Das Leben hat keine Bedeutung, es ist leer! Und was sagt der zweite Teil? Es macht nichts! Es macht nichts, daß das Leben keine Bedeutung hat! Das ist kein Grund zur Besorgnis! So, wir haben jetzt wieder zwanzig Minuten Pause. Ich bitte euch, macht euch Gedanken über die Bedeutung, die ihr dem Leben gegeben habt! Erkennt, daß das eure Interpretation war, daß ihr es wart, die dem Leben diese Bedeutung gegeben haben! Sprecht darüber!«

In meinem Kopf herrscht immer noch völlige Klarheit. Nichts stört meine Betrachtungen, ganz anders als sonst, wo mir immer zahllose Gedanken auf einmal durch den Kopf gehen. Und ich bin begeistert, das Forum ist für mich nur noch eine geniale Philosophie-Show, in der Königin Sophie einem Paradoxien an den Kopf wirft, die gar keine sind, wenn man sie durchdenkt.

Voller Spannung warte ich auf das Ende der Pause: Was wird wohl als nächstes kommen?

Selbstsicher und überlegen wie immer betritt Sophie wieder die Bühne. »So, jetzt sind wir an einem Punkt angelangt, den ihr nicht erwartet habt am Freitag. Ihr habt 850 Mark gezahlt, und was habt ihr dafür bekommen? Eine einzige Leere in eurem Leben!« Sophie deutet auf den leeren Kreis. »Was ihr bekommen habt, ist ein Nichts, ihr habt nichts bekommen für euer Geld!«

Einige lachen. Ich finde das Gedankenspiel phantastisch.

»Und was ist möglich, wenn nichts ist? Was, denkt ihr, ist möglich?«

»Alles, alles!« rufen einige.

»Ja, es ist alles möglich! Du bist im unbegrenzten Reich der Möglichkeiten! Alles ist dir möglich, was du nur willst!«

Mir läuft es kalt den Rücken hinunter. Sie hat recht! Das, was mich eingeengt hat, ist wirklich weg! Ich fühle, daß es nicht mehr da ist! Ich bin frei, zum ersten Mal frei in meinem Leben!

»Alles, was jetzt noch kommt, ist: Du mußt dich entscheiden, wer du sein willst! Du mußt dich nur noch entscheiden, welche der Möglichkeiten du leben möchtest! Und damit sind wir bei einer neuen Unterscheidung angelangt. Wo sind die Leute, die sich nicht entscheiden können? Wer will sich darauf einlassen? Das ist ein Fragespiel, du mußt dir aber nichts dabei denken, wenn das Publikum eher auf die Antworten kommt, das ist normal bei dieser Übung. Das Publikum sieht eher die Lösung. Wer macht das für die anderen? Ja, die Birgit.«

Birgit ist blaß und trägt eine Brille. Ihre Augen sind halb geschlossen. Ich habe sie schon am Freitag kennengelernt, als ich versuchte, mit ihr ins Gespräch zu kommen. Birgit hat mich die ganze Zeit völlig ausdruckslos angesehen. Sie antwortete tonlos auf meine Fragen, lächelte müde an mir vorbei und ging dann weiter ohne einen Abschiedsblick. Nach diesem Gespräch war ich völlig aufgewühlt: Wie kann jemand so gleichgültig sein! Ich hätte genausogut gegen eine Wand reden können!

Birgit sagt, genau das sei ja ihr Problem, weswegen sie ins Forum gekommen sei, sie könne sich nicht entscheiden. Es passiere ihr zum Beispiel oft, daß sie am Sonntag nachmittag eine halbe Stunde lang in ihrer Wohnung nichts tue als hin und her überlegen, ob sie spazierengehen solle oder doch lieber in der Wohnung bleiben. Sophie bittet sie auf die Bühne, führt sie zum »Thron« in der Mitte der Bühne und sagt: »Setz dich bequem hin, Arme locker.«

Birgit sieht aus wie die Schlappheit in Person, so müde blinzelt sie ins Publikum. Sophie wirkt daneben noch viel energischer als sonst. »So, du glaubst also, du kannst dich nicht entscheiden.« Sie schreibt an die Tafel »Entscheidung«, darunter »Wahl«.

»Hier an der Tafel seht ihr eine neue Unterscheidung, die wir jetzt brauchen werden. Es gibt Entscheidungen im Leben, und es gibt eine Wahl. Es geht jetzt darum, daß wir lernen, das zu trennen.«

Sophie geht wieder zu Birgit und sagt: »Wir machen jetzt eine Übung. Du sollst dich entscheiden.« Sie vollführt eine Pantomime mit zwei Fäusten, die sie ihr hinstreckt, als halte sie jeweils eine Eiswaffel darin, und ruft gebieterisch: »Schokoladeneis, Vanilleeis: Wähle!«

»Schokoladeneis«, antwortet Birgit mit dünner Stimme.

»Und warum? Warum wählst du Schokoladeneis?«

»Weil ich lieber Schokoladeneis esse.«

»Sag immer einen ganzen Satz: Ich wähle Schokoladeneis, weil ich lieber Schokoladeneis esse.«

»Ich wähle Schokoladeneis, weil ich lieber Schokoladeneis esse.«

»War das jetzt eine Wahl oder eine Entscheidung?«

»Wahl?«

»Nein, das war eine Entscheidung! Machen wir's noch mal: Schokoladeneis, Vanilleeis: Wähle!«

»Ich wähle Schokoladeneis, weil ... weil ich immer schon Schokoladeneis gewählt habe.« Sie lächelt müde.

»Ist das eine Wahl oder eine Entscheidung?«

»Entscheidung?«

»Ja. Weiter! Schokoladeneis, Vanilleeis: Wähle!«

»Vanilleeis.«

»Sag einen ganzen Satz: Ich wähle Vanilleeis, weil ...«

»Ich wähle Vanilleeis, weil ...« Sie stützt ihren Kopf in die Hand und denkt nach. »... weil ich jetzt einmal etwas anderes möchte.«

»Wahl oder Entscheidung? Sag mir, was es ist!«

»Entscheidung.«

Sie ist sich nun schon ziemlich sicher, da sich ja nichts Wesentliches an der Formulierung geändert hat. Ich weiß nun auch, daß das alles Entscheidungen sind. Ich bin froh, daß ich nicht auf der Bühne sitze, Birgit muß sich ja blöd vorkommen. Ich will unbedingt wissen, was denn nun eine Wahl ist. Ich denke wie wild nach, doch ich komme nicht darauf.

»Genau!« stimmt Sophie zu. »Das ist eine Entscheidung! Noch einmal: Schokoladeneis, Vanilleeis: Wähle!«

»Schokoladeneis.« Birgit ist allmählich resigniert.

»Warum wählst du Schokoladeneis?«

»Ich wähle Schokoladeneis ... weil ich ja etwas wählen muß.«

»Wahl oder Entscheidung?«

»Entscheidung.«

»Ja, das ist eine Entscheidung! Noch einmal: Schokoladeneis, Vanilleeis: Wähle, und sag mir, warum du es wählst!«

»Ich wähle Schokoladeneis, weil ... weil mir kein Grund mehr einfällt.«

»Wahl oder Entscheidung?«

Birgit scheint am Ende ihrer Kräfte. »Wieder Entscheidung.«

Ihr ist jetzt wohl klar, daß sie allein nicht darauf kommt. Mir geht es genauso. Ich warte äußerst gespannt.

»So, jetzt kommen wir zum Leben. Das Leben sagt zu dir ...« Sophie macht wieder die Eis-Pantomime, allerdings nur mit einer Faust. »... Schokoladeneis, wähle! Was sagst du jetzt?«

»Ich wähle Schokoladeneis, weil ... weil ich es muß.«

»Wahl oder Entscheidung?«

»Wahl?«

Sophie schüttelt entschieden den Kopf. »Nein, Entscheidung.«

Das Publikum fängt an, unruhig zu werden.

»Noch einmal: Schokoladeneis, wähle! Sag mir, warum du wählst und ob das eine Wahl oder eine Entscheidung ist!«

»Ich wähle Schokoladeneis, weil ich es will!«

»Wahl oder Entscheidung?«

»Wahl.«

»Nein, das war wieder eine Entscheidung. Noch einmal: Ich gebe dir Schokoladeneis. Wähle!«

»Ich wähle Schokoladeneis.«

Sie glaubt, diesen Satz will Sophie hören. Ich vermute es auch, es ist immerhin möglich. Das Publikum fängt an zu klatschen, irgend jemand hat damit angefangen. Sophie wiegelt jedoch ab, behält ihren ernsten Blick und gibt damit zu verstehen, daß die Wahrheit noch nicht ans Licht gekommen ist.

»Sag mir, warum! Sag mir, warum du Schokoladeneis wählst!«

»Ich wähle Schokoladeneis, weil ...« Birgit lacht kraftlos und senkt den Kopf. »... weil ich wählen muß.«

»Nein. Das Leben sagt zu dir: Schokoladeneis, wähle! Was sagst du? Sag es mir!«

»Ich wähle Schokoladeneis, weil ich Schokoladeneis wähle.«

»Wahl oder Entscheidung?«

»Entscheidung«, rät Birgit nun aufs Geratewohl.

»Nein, das war eine Wahl! Noch einmal: Schokoladeneis. Wähle!«

»Ich wähle Schokoladeneis, weil ich Schokoladeneis wähle.«

»Wahl oder Entscheidung?«

»Wahl.«

»Genau! Das ist eine Wahl!«

Lauter Beifall von allen Seiten. Ich versuche voller Anspannung, den Sinn der neuen Unterscheidung zu begreifen, doch es gelingt mir nicht.

»Das Leben sagt zu dir«, erklärt Sophie, »mein Vater ist so, wie er ist. Wähle! Was sagst du? ›Aber ich will nicht, daß es so ist. Ich hätte lieber einen Vater, der so und so ist.‹ Es ist aber so! Du mußt es akzeptieren, daß es so ist, wie es ist! Das ist deine Wahl! Es gibt im Leben keine Entscheidungen! Das Leben sagt nicht zu dir: Schokoladeneis, Vanilleeis, wähle! Das Leben ist so, wie es ist, du mußt es nur wählen! Was dich davon abhält, sind deine Nummern, deine Geschichten! ›Ich kann mich nicht entscheiden!‹ Eine Nummer von dir! Was hast du von ihr? Du mußt dich nie entscheiden! Du bist nie verantwortlich für das, was du tust! Du bist verheiratet, und dein Mann paßt dir nicht, du hättest lieber einen Prinzen. Deshalb träumst du vom Prinzen und entscheidest dich nie für deinen Mann. Dafür ist das Leben zu kurz! Du solltest dich für das Leben entscheiden, nicht fürs Träumen! Küß den Frosch, dann wird er zum Prinzen! Mach dich frei von der Nummer: Ich kann mich nicht entscheiden. Fang an zu wählen! Verstehst?«

Birgit nickt müde lächelnd, sie scheint verstanden zu haben.

»Dank dir, Birgit!«

Birgit geht wieder auf ihren Platz.

»Ihr müßt endlich aufhören, bequem zu sein! Hört auf mit euren Nummern! Sag: Es ist so, und ich akzeptiere es! Entscheidungen gibt es nicht im Leben, es gibt nur eine Wahl. Du wählst das Leben so, wie es ist, oder du wählst nicht das Leben, du träumst nur. Wir kommen jetzt zu einer weiteren Unterscheidung, die euch zeigen wird, wie ihr bisher gelebt habt und wie ihr ab jetzt leben werdet.«

Sophie zeichnet drei Kreise nebeneinander an die Tafel. In die Kreise schreibt sie »Sein«, »Tun« und »Haben«.

»Bisher habt ihr so gelebt ...« Sie zeichnet einen Pfeil von rechts nach links, von »Haben« zu »Sein«. »Ihr habt euch geklammert an das, was ihr hattet: eure Geschichten, eure Nummern, recht haben, dominieren und so weiter. Dieses

Haben hat euer Tun bestimmt. Und daraus hat sich für euch ergeben, was ihr seid: Ihr wart unzufrieden, konntet nicht das sein, was ihr sein wolltet. Ihr seid gegen den Strom geschwommen, statt mit ihm. Mach's umgekehrt! Schwimm mit dem Strom! Geh von dir selber aus! Sei, was du bist, und laß dir davon deine Taten vorgeben! Das wird dir das geben, was du haben willst, all das, worauf du bisher verzichten mußtest: Liebe, Zuneigung, Anerkennung.«

Stimmt genau, denke ich, das faßt alles zusammen. Kein Wunder, daß es früher so schwer war! In Zukunft wird es leicht sein, denn ich gehe von mir selbst aus, nur von mir selbst, meinem reinen Sein. Ich bin begeistert: die Wahrheit! Die Erklärung für mein phantastisches Befinden am heutigen Tag und mein gestriges Geheule! Ich habe zu mir gefunden, ich habe das Forum gekriegt! Ich finde, daß ich Sophie so dankbar sein muß wie keinem anderen Menschen auf der Erde. Sie ist genial, ich muß ihr das unbedingt sagen. Ich muß auf sie zugehen und ihr sagen, daß dies die größte und genialste Show war, die ich je in meinem Leben gesehen habe. Ich hätte nie gedacht, daß die Wahrheit so cool ist, so paradox und doch so einfach, wenn man sie einmal verstanden hat. Dieses simple Schema löst alle Probleme!

»Ja, es ist einfach!« fährt Sophie fort. »Ihr werdet euch wundern, daß es so einfach ist. Aber die Wahrheit ist immer einfach. Die Sache ist die, daß du erst einmal drauf kommen mußt. Das ist der wahre Durchbruch, den dir das Forum gibt. Du kannst jetzt dein Leben nur auf deinem Sein aufbauen. Du mußt dir keine Gedanken mehr über die Vergangenheit machen. Die Vergangenheit, alles, was du früher gemacht hast, hat keine Bedeutung für das, was du sagst und tust. Du hast alle Möglichkeiten offen, du mußt nur noch wählen und den Weg gehen, den du gewählt hast. Sei im Jetzt! Nicht in der Vergangenheit! So, wir haben jetzt wieder Essenspause.«

Ich gehe aus dem Saal; es drängt mich, meiner grenzenlosen Begeisterung Ausdruck zu verleihen. Im Vorraum treffe ich auf Christoph, dem ich meine Gedanken mitteile.

»Hallo! Du, das war genial eben! Das Forum war das Beste, was uns passieren konnte!«

»Das war wirklich das Beste, was uns passieren konnte. Und weißt du jetzt, was du nach dem Forum machen wirst? Schmeißt du das Studium?«

»Nein, das wäre blöd so kurz vor dem Abschluß. Ich mache es zu Ende, und dann sehe ich weiter.«

»Und, hast du schon mit Kirsten geredet?«

Ich hatte schon gestern ein ungutes Gefühl wegen meiner Freundin. Seit ich die Sache mit meinem Vater geklärt habe, ist mir immer deutlicher geworden, daß dies das nächste sein würde, was ich zu bereinigen hätte: Ich hatte nämlich am Anfang unserer Beziehung innerlich geschwankt zwischen Kirsten und Vera, die ich zur gleichen Zeit kennengelernt hatte, hatte aber mit Kirsten nie darüber geredet. Es wird jetzt wirklich höchste Zeit, das zur Sprache zu bringen – das Forum hat mich schließlich reden gelehrt! Und es hat mir gezeigt, daß Zweifel und Unsicherheit nur ein fauler Vorwand sind, um sich nicht entscheiden zu müssen, um nicht »das Leben wählen« zu müssen. Jetzt darf es keine falschen Bedenken mehr geben: Ich muß Kirsten meine früheren Zweifel offen eingestehen, mit denen ich unsere Beziehung belastet habe. Und ich werde mich entscheiden – für sie oder für Vera.

»Nein«, sage ich zu Christoph, »ich hab noch nicht mit ihr gesprochen. Aber ich muß morgen oder übermorgen bei ihr anrufen.«

»Und was sagst ihr? Machst du Schluß mit ihr?«

»Vielleicht sollte ich ...«

»Wer gefällt dir besser, Kirsten oder Vera?«

»Eigentlich Vera. Ich meine, äußerlich ... aber vielleicht auch sonst.«

»Weiß sie das?«

»Nein, aber ich sollte es ihr sagen. Es war blöd, daß ich es ihr nie gesagt habe.«

Ich bin verwirrt: Was gibt es eigentlich zu zweifeln? Ich weiß doch schon, was ich will. Aber ein ungutes Gefühl läßt mich nicht los: Weiß ich, was Vera sagen wird? Und mit Kirsten Schluß zu machen, das wird schwierig, verdammt schwierig. Denn eigentlich tut sie mir doch leid. Nein, ich denke ja schon wieder Unsinn! Mitleid ist doch nur eine Nummer! Entscheiden muß ich mich!

»Du hast recht, diese Zögerlichkeit hilft nicht weiter«, füge ich noch hinzu.

Christoph nickt nachdenklich, dann sagt er plötzlich ganz begeistert: »Ich glaube, aus uns wird noch was!«

Irgendwie schaffe ich es, die unangenehmen Gedanken an die bevorstehende Klärung zu verscheuchen, und gehe gutgelaunt zurück in den Saal. Ich setze mich auf meinen Platz und erkundige mich bei Gerda, nun zum dritten Mal, ob es ihr in dieser Pause geglückt sei, meine Mutter zu erreichen.

»Ja, diesmal bin ich durchgekommen«, sagt Gerda, »aber ein ausführliches Gespräch war nicht möglich; dafür war die Zeit zu kurz.«

Ich entnehme daraus, daß es ihr nicht gelungen ist, meine Mutter für das Forum zu gewinnen. Ich tröste sie und sage, hier während der Veranstaltung sei das wirklich schwierig. Gerda erzählt mir daraufhin noch, sie habe meiner Mutter gesagt, daß sie einen ganz wunderbaren Sohn habe. Mir kommt der Gedanke: Umarme sie, damit sie sieht, daß du dankbar bist! Also umarme ich sie – das fällt mir schon gar nicht mehr schwer – und sage: »Das ist aber lieb von dir, danke, daß du das gemacht hast!«

Sophie steht wieder auf der Bühne. »Wer möchte sich mitteilen? Ja, die Berta. Was hast du uns zu sagen, Berta?«

Berta ist etwa siebzig Jahre alt und redet langsam und ruhig. »Ich muß sagen, daß ich durch das Forum erkannt habe, daß mein ganzes bisheriges Leben falsch war. Ich habe immer das geleugnet, was ich eigentlich wollte.«

Sophie nickt voller Teilnahme. »Und was willst du jetzt tun?«

»Ich hatte immer so ein Traumbild, daß ich auf einem Pferd einen Strand entlangreite. Ich habe immer nur davon geträumt, es aber nie gemacht.«

»Und jetzt machst es?«

»Ja. Ich werde Reitstunden nehmen und dann nach Irland fahren. Und dann möchte ich in Irland den Strand entlangreiten.«

»... und erfüllst dir einen Traum, den du dein ganzes Leben lang gehabt hast! Das ist doch toll«, wendet sich Sophie ans Publikum, »was die Berta da macht! Das ist doch wirklich toll!«

Wir alle sind begeistert und klatschen.

»Ich brauche nur noch einen Reitlehrer ...«, fährt Berta fort.

»Ich habe einen Reitstall, ich gebe dir gern Reitstunden!« ruft jemand, was nun erst recht tosenden Beifall hervorruft.

»Ich dank dir recht schön, Berta«, sagt Sophie. »Auch die anderen Älteren hier im Publikum: Denkt nicht, es ist zu spät für irgend etwas! Fürs Leben ist's nie zu spät! Ihr seid eh noch alle jung! Der älteste Forumsteilnehmer war über hundert. Stellt euch eine Aufgabe oder lebt für einen Traum, den ihr immer schon hattet! Dank dir, Berta! Wer noch? Ja, bitte, hier vorne, die Sigrid.«

Sigrid, eine junge Frau, steht auf. Das Unglück steht ihr förmlich ins Gesicht geschrieben, sie wirkt, als hätte sie gerade geweint. Auch ihre Stimme klingt traurig, resigniert. »Ich war auch immer in dieser Opferrolle. Ich hab das jetzt so deutlich erkannt.«

»Du warst immer das Opfer«, nickt Sophie.

»Ja, und ich habe festgestellt, das überträgt sich auch auf meine Stimme. Ich habe immer versucht, meine Stimme zu ändern, ich war sogar bei einer Logopädin deswegen, aber jetzt weiß ich, daß sie einfach zu dieser Rolle gehört hat.«

»Das ist etwas«, stimmt Sophie zu, »was unsere ganze Erscheinung prägt. Wenn du ein Opfer bist, hört man es deiner Stimme an, und man sieht es dir auch an.«

»Genau.«

»Und was bist jetzt? Bist immer noch ein Opfer?«

»Ich versuche, aus der Rolle herauszukommen.«

»›Versuch‹ gibt's nicht! Bist du ein Opfer?«

»Nein, ich war ja auch nie eins«, lächelt Sigrid.

»Also, wie bist du jetzt? Sag uns, wie du jetzt bist, nachdem du kein Opfer mehr bist!«

»Ich bin … will erfolgreich sein.«

»Du bist erfolgreich! Schön! Die Sigrid ist eine erfolgreiche Frau!«

Sigrid lacht verlegen. »Ich weiß nicht, ob das Sinn macht. Ich habe studiert und dann keine Stelle gefunden. Da bin ich Putzfrau geworden.«

»Aber du willst es nicht ewig bleiben, oder?«

»Nein.«

»Du kannst aber auch als Putzfrau erfolgreich sein. Das ist eine Haltung! Putze so, daß du nach dem Putzen sagen kannst: Was bin ich für eine Superputzfrau. Du mußt deine Einstellung ändern! Sei im Putzen! Wenn du erst einmal deine Einstellung geändert hast, wirst du schon sehen, wie der Erfolg von selbst kommt. Dann fällt dir alles auf, was dich weiterbringt. Das ist wie beim Autokaufen. Vorher hast du keine Ahnung: Mercedes, Ford, BMW, sehen doch alle gleich aus. Aber wenn du dich für ein Auto entscheiden mußt, dann kennst du dich auf einmal aus, da fallen dir Dinge auf, die du vorher nie gesehen hast. Genauso ist es mit dem Erfolg. Vielleicht sind dir bisher die Zeitungsanzeigen gar nicht aufgefallen, die dich weiterbringen würden. Du hattest die Einstellung: ›Ich bin sowieso Versagerin.‹ Ändere deine Einstellung, und die Anzeigen werden dich förmlich anspringen. Also, was sagst? Was ist deine Einstellung?«

»Ich habe Erfolg.« Sigrid klingt jetzt schon sehr viel selbstbewußter.

»Sag's ruhig: Ich bin eine erfolgreiche, selbstbewußte Frau.«

»Ich ...«, sie zögert, dann lacht sie befreit, »... ich bin eine erfolgreiche, selbstbewußte Frau.«

»Seht euch die Sigrid an! Eine erfolgreiche Frau! Seht sie euch an! Was sagt ihr, wie sieht sie jetzt aus, die Sigrid? Man sieht ihr doch förmlich an, daß sie eine erfolgreiche Frau ist!«

Man könnte es jetzt wirklich glauben, denke ich, so glücklich, wie sie strahlt.

Sophie beendet das Gespräch sehr herzlich. »Ja, ändere deine Einstellung! Genau! Dank dir, Sigrid!«

Sigrid behält ihr glückliches Lächeln bis zum Ende des Sonntags.

Als nächste wird eine etwa dreißigjährige Frau aufgerufen, die von Kopf bis Fuß perfekt durchgestylt ist.

»Ja, die Anja. Was hast du uns zu sagen, Anja?«

»Ich möchte etwas zu diesem Seminar sagen, und zwar ist das bei mir so: Ich habe schon sehr viele Seminare besucht, alles mögliche, autogenes Training und so weiter, aber dieses Seminar hier ist das einzige, bei dem ich wirklich eine spürbare Veränderung erlebt habe. Ich muß sagen, ich finde das einfach toll, ich habe so eine positive Veränderung gar nicht erwartet nach meinen früheren Erfahrungen.«

»Ja, das Landmark-Seminar ist etwas Besonderes. Ihr bekommt hier etwas Außergewöhnliches zu einem sehr günstigen Preis. Ich dank dir, Anja. Ja, hier noch eine Wortmeldung ... der Volker, ja!«

Volker ist etwa fünfundzwanzig Jahre alt, groß und sportlich, und wirkt etwas unsicher. »Ja, mein Problem, worüber ich mir nicht klarwerden kann, das ist auch mein

Verhältnis zu meinem Vater. Ich hab das Gefühl, ich lasse mich von ihm unter Druck setzen.«

»Worum geht's?«

»Also, ich arbeite im Betrieb meines Vaters. Aber ich bin mir nicht sicher, ob ich da weitermachen will. Mein Vater lebt nur für seine Arbeit, bei dem kann ich gar nicht genug arbeiten. Und ich weiß nicht, wie ich das ändern kann.«

»Ja«, nickt Sophie erfahren, »das ist ein ganz schwieriges Problem. Familienbetriebe sind immer problematisch. Du mußt dich entscheiden, Volker, dafür oder dagegen. Du kannst beides machen, aber entscheide dich für eines von beiden!«

»Ich würde ja gern, aber ich bin mir halt nicht sicher.«

»Hast du schon mit deinem Vater darüber geredet, daß du dich dominiert fühlst?«

»Nein, hab ich nicht. Aber für den ist das selbstverständlich, daß sich jeder abrackert für den Betrieb.«

»Das ist dein Immer-bereits-Hören über deinen Vater. Du hast nie mit ihm darüber geredet, Volker. Vielleicht ist er gar nicht so, wie du denkst. Rede mit ihm, sag ihm, daß du ihn schätzt und seine Art anerkennst, aber daß du eben auch andere Interessen hast. Verstehst? Und, machst es?«

»Ja, gut.«

»Er muß wissen, daß das für dich ein Problem ist. Er weiß das wahrscheinlich gar nicht. Der weiß nicht einmal, was für einen Sohn er hat. Zeig dich ihm, dann wird er dich auch anerkennen. Aber er muß es wissen. Ja? Gut, ich dank dir, Volker.«

Sophie wendet sich wieder ans Publikum. »Im folgenden möchte ich euch eine Einführung in die Weiterbildungsmöglichkeiten geben, die Landmark anbietet. Da ist zum einen das Landmark-Seminar ›Forum in Aktion‹, die Anschlußveranstaltung zum Forum, zu dem sich viele schon gestern angemeldet haben. Dieses Seminar ist für Forumsteilnehmer kostenlos. Jeder Teilnehmer kann aber Verwandte und

Freunde dazu einladen, einmal reinzuschauen in dieses Seminar, wir haben da besondere Termine. In diesem Kurs wirst du mit Problemlösungen in Alltagssituationen vertraut. Du wirst lernen, was es heißt, du selbst zu sein, du wirst auf konkrete Situationen vorbereitet. Seht ihr, hier ist es ja einfach, hier versteht dich jeder. Aber das Forum ist nur die Zuschauertribüne, jetzt geht es darum, aufs Spielfeld zu gelangen. Wenn du das ›Forum in Aktion‹ gemacht hast, kannst du im Leben voll dabei sein. Gibt es noch Fragen zu diesem Seminar?«

Sophie beantwortet ein paar Fragen, dann wird sie ungeduldig. »Ich bitt euch, macht das am Schluß! Die Helfer hinten haben die Termine, fragt nach der Veranstaltung, die für euch in Frage kommt. So, was ist das Landmark Curriculum? Das Landmark Curriculum ist eine Weiterbildung fürs Leben, du wirst vorbereitet auf ein Leben, das dich völlig unabhängig von der Vergangenheit macht. Das Landmark Curriculum besteht aus drei Kursteilen, von denen ihr den ersten, das Forum, bereits gemacht habt. Die beiden folgenden Kurse, der Landmark Fortgeschrittenenkurs und das Landmark Programm für Selbstausdruck und Führung, bauen auf dem Wissen des Forums auf. Wir haben gelernt, daß ›authentisch sein‹ heißt, voll im Jetzt zu sein, in der Gegenwart zu leben. Du wirst aber merken, wenn du wieder ins Leben hinausgehst, daß du trotzdem noch sehr von der Vergangenheit bestimmt bist. Der Landmark Fortgeschrittenenkurs ermöglicht dir ein Leben völlig ohne Beeinträchtigung durch die Vergangenheit. Nicht losgelöst von der Vergangenheit, aber du wirst lernen, geschickt auf deiner Vergangenheit aufzubauen, ohne dich von ihr behindern zu lassen. Im Fortgeschrittenenkurs wirst du intensiv betreut, jeder Teilnehmer hat einen persönlichen Coach, der auf seine ganz spezifischen Probleme eingeht. Du erfährst eigentlich erst im Fortgeschrittenenkurs, wer du selbst bist, du wirst ehrlich dir selbst gegenüber. Ihr müßt wissen, ich habe auch lange gebraucht, ehrlich zu mir selbst zu werden. Ich bin nämlich abhängig von zwei Sachen: Das eine sind meine Bienen, das andere ist mein Mann. Und ich dominiere meinen Mann. Aber ich war unfähig, mir das einzugestehen. Meine Bienen, das ist mein Leben, ich liebe meine Bienen über alles. Da darf mir keiner was sagen, mit meinen Bienen, da muß ich alles selbst machen. Und das ist ja auch so schön! Ich gehe in die Berge, ich habe nur Natur um mich herum, und oben auf einem kleinen Hügel, mitten in der Wiese, da stehen meine Bienen. Mit meinen Bienen, da bin ich glücklich. Und natürlich durfte auch mein Mann da nichts machen. Das war am Anfang meiner Forumszeit, da war ich öfter weg, auf Reisen in den USA oder woanders, und ich konnte halt nicht mehr immer alles selbst machen. Da mußte ich das wohl oder übel meinem Mann überlassen. Und ich hab ihm mißtraut«, ruft sie laut und erregt, »daß er ja alles richtig macht, daß ja meinen Bienen nichts passiert, bis ich wieder zurück bin! Und dann hab ich gesehen, ich hab mich völlig getäuscht in ihm! Der hat das gut gemacht, meinen Bienen ging's prächtig! Ich hab gemerkt, daß ich ihn völlig dominiert hatte! Der war zu nichts fähig in meinen Augen! Aber nachher war ich in der Lage, das zuzugeben! Ich hab lang gebraucht dazu. Das ist es, was du im Fortgeschrittenenkurs lernen wirst: Du wirst lernen, was es heißt, ehrlich zu dir selber zu sein. Zweitens wirst du darauf vorbereitet, was es heißt, dein Sein voll auf eine Zukunft hin auszurichten. Du wirst meinen, das heißt Planung. Planung hat es in deiner Vergangenheit gegeben. Wenn du planst, bist du von der Vergangenheit bestimmt. Im Fortgeschrittenenkurs lernst du, was es heißt, für eine Vision zu leben. Der dritte und letzte Kurs im Landmark Curriculum ist das ›Landmark Programm für Selbstausdruck und Führung‹. Hier wirst du lernen, deine Persönlichkeit voll einzubringen in alles, was du tust. Du lernst, dich wirklich jedem mitzuteilen, offen für jeden zu sein. Du gewinnst die Menschen für dich, indem du dich ihnen öffnest. Du ermöglichst ihnen damit eigene Öffnungen. Das macht Führungsqualität aus. Du solltest dich an diese Reihenfolge der Kurse halten. Je früher du den Fortgeschrittenenkurs machst, desto besser! Du gewinnst an Lebensqualität für deine ganze Zukunft. Gibt es Fragen zum Landmark-Curriculum?«

»Was kostet der Fortgeschrittenenkurs?« fragt jemand.

»Der kostet 1500 Mark, aber das ist wenig im Vergleich zu dem, was es dir bringt, verstehst du? Der Fortgeschrittenenkurs erlaubt dir Dinge, die dir zum jetzigen Zeitpunkt nicht möglich erscheinen. Dieser Kurs wird dein Leben verändern. Das Landmark Forum hat dir die Welt der Möglichkeiten gezeigt, aber der Fortgeschrittenenkurs zeigt dir, wie du aus diesen Möglichkeiten auswählen kannst, wie du das Beste daraus machen kannst. Die Anmeldeformulare für den Fortgeschrittenenkurs liegen hinten auf den Tischen; die Mitarbeiter helfen dir beim Ausfüllen.«

Zuerst stehen nur ein paar Leute, dann immer mehr von ihren Plätzen auf und gehen nach hinten; nichts kann sie mehr davon abhalten, und Sophie verliert ihr Publikum.

»Ihr könnt das auch in der Pause machen. Macht das bitte in der Pause!« ruft sie.

Sigrid, die Putzfrau, meldet sich noch einmal. »Ich habe im Moment kein Geld, aber ich möchte den Fortgeschrittenenkurs im Juli mitmachen. Kann mir jemand das Geld borgen?«

»Kann jemand der Sigrid das Geld leihen?« erkundigt sich Sophie. Schnell ist jemand gefunden.

Ich bin auch schon drauf und dran, jemanden um Geld zu bitten, damit ich ja in den nächsten Kurs komme, tue es dann aber doch nicht. Ich werde das Geld schon irgendwo auftreiben.

»Was ihr noch wissen solltet«, fährt Sophie fort, »die folgenden Kurse machen Spaß! Sie sind nicht nur informativ wie das Forum, sondern sind auch für alle Beteiligten eine schöne Sache. Im Forum mußtest du immer konzentriert dasitzen, aufpassen. Das ist bei den späteren Kursen nicht mehr der Fall. Hier ist dann für jeden etwas geboten, das ist eine ganz lockere Atmosphäre. So, jetzt ist wieder Essenspause.«

Während des Essens bin ich in Gedanken noch ganz beim Nachmittagsstoff, der mich weiter begeistert. Ich möchte unbedingt alles behalten und bin deshalb ganz damit beschäftigt, mir die wichtigsten Sätze in Erinnerung zu rufen. Nebenbei schiebe ich mir ein paar Bissen in den Mund. Die Pause ist wie immer schnell vorbei.

»Wir sind nun bald am Ende der Veranstaltung«, sagt Sophie. »Es wird auch Zeit, denn um 23.15 Uhr ist heute Schluß. Wir haben erkannt, was es heißt zu wählen, und wir haben uns umgesehen im Reich der Möglichkeiten. Wo nichts ist, kann alles sein. Wer fühlt sich immer noch leer zu diesem Zeitpunkt des Kurses? Wer fühlt sich leer, ist unten auf der Achterbahn?«

Es melden sich einige Leute.

»Wer fühlt sich einfach gut, nur gut?«

Jetzt melden sich fast alle.

»Und wer ist in der Mitte?«

Wieder melden sich nur wenige.

»Das ist in Ordnung, das ist die Achterbahn. Manche sind oben, manche sind unten. Wir werden jetzt eine Wahl treffen, die uns hilft, unser Leben zum Positiven zu verändern. Wir haben unseren Duschablauf gereinigt, wir haben ein deutliches Wort mit unserem inneren Freund gesprochen. Der ist immer noch nicht still, ihr werdet das merken, wenn ihr wieder draußen seid: Euer innerer Freund redet euch immer noch drein, und das wird noch eine ganze Weile so gehen. Aber ihr wißt, daß ihr das abwerfen könnt. Die Wahl, die ihr heute treffen werdet, wird euch dabei helfen. Wir haben gesehen, daß es wichtig ist, im Leben eine Haltung zu beziehen. Du mußt überall eine Haltung beziehen. Deine Haltung ist ein Versprechen, das du dir selbst gibst, und du mußt lernen, authentisch zu werden, das heißt, Versprechen dir selbst gegenüber einzuhalten. Wir haben gesehen, daß unsere Gewinnformel ein ganz wesentliches Merkmal ist, das einfach zu uns gehört. Du hast als Kind beschlossen: Ich bin so und so. Und so bist du! Unsere Gewinnformel kann uns nun helfen, zu dem zu kommen, wovon wir nie genug bekommen haben, das ist Liebe, Anerkennung, Erfüllung, alles, was ihr hier auf der rechten Seite der Tafel seht. Was uns dabei hilft, ist unser Wort. Ihr werdet gemerkt haben, richtige Klarheit über Dinge bekommt man erst im Gespräch. Du redest, und auf einmal siehst du, wie es ist. Im letzten Abschnitt vom Forum sollst du Gelegenheit haben, dir selbst ein Versprechen zu geben und es zugleich den anderen mitzuteilen. Du solltest die Gelegenheit nutzen, es hier vor dem Forum auszusprechen. Das wird dir später mehr Standfestigkeit geben. Es ist ja auch sonst so im Leben: Wenn du etwas vorhast, dann hilft es dir immer, es anderen Leuten mitzuteilen. Die helfen dir dann auf die Sprünge, wenn du anfängst, dir selbst gegenüber unehrlich zu werden. Denk in dieser Übung daran: Du bist dein Wort! Sag den anderen, wer du bist! Wir machen das in drei Blökken: erster Block hier, zweiter hier, und dann ihr hier. Erster Block: Wer möchte uns sagen, wer er ist? Alle vom Block, die uns mitteilen wollen, wer sie sind, steht ihr bitte alle auf! Also, wer macht mit?«

Fast alle stehen auf.

»So, der Olaf. Der Olaf sagt uns, wer er ist. Olaf, sag: Ich bin mein Wort. Ich nehme die Haltung ein, die Möglichkeit zu sein, der oder der zu sein. Ja? Verstanden? Du darfst dir alles wünschen. Und es ist auch erlaubt zu stehlen!« ruft sie ins Publikum. »Was einer sagt, ist kein geistiges Eigentum. Wenn du etwas hörst, was dir gefällt, dann nimm's dir einfach! Also, Olaf!«

»Ich bin mein Wort. Ich nehme die Haltung ein ...« beginnt Olaf.

Sophie unterbricht ihn und spricht ihm vor, wie jemandem, dem man das Sprechen beibringt: »... die Möglichkeit zu sein ...«

»... die Möglichkeit zu sein, erfolgreich im Beruf und glücklich in Beziehungen ...«

»Wir sagen hier ›tiefgreifend in Beziehungen‹«, unterbricht Sophie ihn wieder.

»... tiefgreifend in Beziehungen zu sein.«

»Bravo, Olaf! Der Olaf hat uns gesagt, wer er ist.«

Alle im Saal applaudieren.

»Die Silke! Die Silke sagt uns, wer sie ist. ›Ich bin mein Wort. Ich nehme die Haltung ein ...‹ «

»Ich nehme die Haltung ein, die Möglichkeit zu sein, erfolgreich im Beruf zu sein, eine gute Mutter zu sein, eine bessere Ehefrau ...«

»Eine gute Ehefrau, besser gibt's nicht.«

»... eine gute Ehefrau und Schwiegertochter zu sein.«

»Die Silke hat uns gesagt, wer sie ist. Bravo, Silke!«

Wieder allgemeiner Applaus.

»Die Helen. Die Helen sagt uns, wer sie ist.«

»Ich bin mein Wort ...«

»Ich bin mein Wort. Ich nehme die Haltung ein, die Möglichkeit zu sein ...«

»Ich bin mein Wort. Ich nehme die Haltung ein, die Möglichkeit zu sein, in Zukunft offener in Beziehungen und erfolgreich im Beruf zu sein.«

Nacheinander sagen nun fast alle Teilnehmer ihren Satz; jedesmal klatschen die anderen. Wir alle sind überzeugt: Jeder einzelne ist wirklich so, wie er gesagt hat! Er ist so, weil er sein Wort ist, weil er es sich selbst verspricht. Fast alle wollen »anerkannt«, »erfolgreich im Beruf«, »tiefgreifend in Beziehungen« oder »lustvoll in Beziehungen« sein. Doch die meisten Sprüche kommen mir nichtssagend vor – mit »erfolgreich« kann ich nichts anfangen, genauso wenig mit dem Ausdruck »tiefgreifend in Beziehungen«. Statt dessen suche ich nach einer Formulierung, die die Erkenntnisse des Forums zusammenfaßt.

Schließlich ist die Reihe an mir. Obwohl ich wieder große Angst habe aufzustehen, tue ich es doch. Ich bemühe mich, »ausdrucksstark« zu sprechen. »Ich bin mein Wort. Ich nehme die Haltung ein, die Möglichkeit zu sein, selbstbewußt und ausdrucksstark und nie wieder unehrlich zu mir selbst und anderen zu sein.«

»Schön«, lobt Sophie. »Der Martin hat uns gesagt, wer er ist.«

Auch ich bekomme Beifall. Gerda und mein anderer Nachbar sagen mir, daß ich das sehr schön gesagt hätte. In diesem Moment bin ich mir ganz sicher: Ich bin wirklich selbstbewußt und ausdrucksstark!

Ich höre weiter den Schwurformeln zu. Der Wunsch, erfolgreich zu sein, befremdet mich, ohne daß mir klar ist, warum.

Mir war nicht bewußt, wie absurd die Veranstaltung inzwischen geworden war: Gestern noch war der Erfolgsmensch die hirnlose Ziege, die hinter der Karotte herrennt, heute gibt fast jeder den Erfolg als sein Lebensziel an, und das unter freudiger Zustimmung der Leiterin.

Am Ende der Zeremonie wendet sich Sophie wieder an alle. »Ich möchte an dieser Stelle zunächst einmal die Gäste ganz herzlich begrüßen, die seit der Pause unter uns sind. Ich freue mich, daß ihr gekommen seid. Am Ende vom Forum haben wir immer zahlreiche Gäste. Da geschehen die unglaublichsten Dinge. Es ist schon vorgekommen, daß Familienangehörige von Australien nach London fliegen oder daß sich Leute treffen, die sich seit zwanzig Jahren nicht mehr gesehen haben. Wir hatten heute auch einige Dinge, einen Anruf in Hollywood, der Mario hat einen Geschäftstermin in Los Angeles sausen lassen, damit er am Dienstag mit dabeisein kann, die Helen hat ganz Milwaukee nach einer Telefonnummer suchen lassen ...« Sophie tut so, als ginge die Reihe der Wunder unendlich weiter.

»Also, welche Gäste haben wir denn heute? Wo sind die Gäste? Könnt ihr bitte alle einmal aufstehen?«

Ich schaue mich um und sehe jetzt vor allem hinten und am Rand der Sitzreihen einige Leute stehen. Insgesamt sind es vielleicht fünfundzwanzig.

»Wer möchte jetzt sagen, welche Gäste er mitgebracht hat? Bitte, stellt eure Gäste vor!«

Edeltraud, die mit der Zugluft, meldet sich wieder. »Ich habe meinen Sohn mitgebracht. Das hier ist mein Sohn.« Sie zeigt auf einen eleganten jungen Mann, der neben ihr steht. »Wir haben uns seit zehn Jahren nicht mehr gesehen! Ich bin so stolz auf meinen Sohn!«

Der Sohn lächelt verlegen, Edeltraud strahlt begeistert. »Und das ist seine Frau, ist das nicht schön?« Sie zeigt auf die junge Frau, die neben ihrem Sohn steht.

»Wunderbar!« sagt Sophie. »Da ist ja die ganze Familie wieder beisammen. Schön! Die Edeltraud hat ihren Sohn mitgebracht und seine Frau.«

Allgemeiner Beifall.

»Wer noch? Wer hat noch Gäste mitgebracht?«

Eine junge Frau meldet sich. Sie scheint sehr von sich eingenommen. »Ich hab viele Leute hier, das ist die Mona, meine Schwester, dann meine Freunde Sascha, Patrick und Hans-Jürgen und da hinten noch meine beste Freundin, die Arabella.«

»Steht ihr bitte alle einmal auf, damit euch jeder sehen kann?«

Wieder Klatschen.

»Noch Gäste, wer hat noch Gäste mitgebracht?«

Es werden weitere Gäste vorgestellt. Ich finde die Prozedur ermüdend, die Gäste interessieren mich nicht.

Schließlich beendet Sophie die Gästevorstellung. »Ich möchte noch einmal sagen, daß ich mich über jeden einzelnen von euch Gästen freue. Ihr habt damit nicht nur euren Freunden oder Verwandten einen Gefallen getan, sondern auch euch selbst. Ich sage euch, nutzt die Gelegenheit, kommt am Dienstag noch mal mit und seht euch an, was das Forum ist! Das Forum ist ja etwas, das kann man nicht zu früh machen. Ich hör da auch immer wieder die Frage: Warum gibt's denn so etwas nicht schon für Kinder? Es gibt das Forum für Kinder, aber nicht hier. In Amerika werden schon seit längerem Kinderforen veranstaltet. Und mit was für einem Erfolg! Die Kinder bekommen das so schnell mit! Viel schneller als Erwachsene! Die haben sofort heraus, was ihre Nummern sind, und die sind begeistert. Das ist ein Riesenspaß für die! Kinderforen in Europa sind geplant, aber in näherer Zukunft wird es wohl keine geben. Doch jeder sollte sich Gedanken darüber machen, wann er das Forum macht, und ich sage jedem, mach's jetzt, du bist nachher so froh drum! Ich möchte mich nun bei den freiwilligen Mitarbeitern bedanken. Ohne ihren Einsatz wäre diese Veranstaltung nicht möglich gewesen. Könnt ihr bitte einmal alle auf die Bühne kommen?«

Die etwa zwanzig freiwilligen Mitarbeiter stellen sich nebeneinander auf die Bühne. Jeder von ihnen nennt seinen Namen und Beruf. Alle beteuern, daß es ihnen unheimlich Spaß gemacht habe, hier mitzuhelfen. Sie hätten sehr viel gelernt, man kriege bei jedem Forum immer wieder neue Dinge mit. Aber das Tollste sei, sehen zu können, wie sich die Gesichter der Menschen veränderten, das sei unglaublich, dieses Strahlen auf den Gesichtern am Ende des Forums.

Ich bin gelangweilt von dem zähen Ausklang mit all dem Wortgeklingel und dem ständigen Geklatsche. Ich möchte hinaus ins Leben und anfangen, das Forum zu »leben«!

Endlich findet Sophie das Abschlußwort. »Die Veranstaltung ist für heute zu Ende. Wir sehen uns dann am Dienstag wieder. Ich möchte mich bei allen von euch herzlich für die Mitarbeit bedanken. Ihr wart wirklich ein Superpublikum, ihr wart immer voll dabei. Ihr müßt wissen, ihr habt durch eure Wortmeldungen einen großen Teil zu dieser Veranstaltung beigetragen. Diese Veranstaltung lebt von der Mitarbeit, und das ist diesmal sehr gut gelungen. Ihr wart auch schnell dabei, das war wirklich ungewöhnlich. Ich hatte selten ein Publikum, das so schnell dabei war. Wir hatten schon am Freitag Öffnungen vor den Leuten, ja, das warst du, Bernd, der da den Vorreiter gemacht hat. Normalerweise ist der Freitag ein schwieriger Tag. Da geht es oft recht zäh voran, die Leute kommen erst langsam rein. Für mich ist der Freitag immer der schwierigste Tag. Aber, wie gesagt, ihr habt mir's leicht gemacht. Dank euch allen, ihr wart ganz groß. Dank euch!« Sie nickt leicht mit dem Kopf.

Tosender Applaus bricht los, alle sind begeistert, einige pfeifen. Sophie nickt noch mehrmals würdevoll und strahlt ins Publikum. Sie scheint den Applaus aufzusaugen. Aber ich weiß ja, sie braucht das eigentlich gar nicht, sie hat ohnehin schon das Größte erreicht, was man je erreichen kann: Forumsleiter zu sein, der Papst der neuen Weltreligion, der Lehre vom wahren Sein.

Alle strömen erregt aus dem Saal. Als ich an der Tür vorbeikomme, stehen dort wieder zwei Assistenten, jeder mit einem Korb in der Hand, in den sie jeweils die Namensschilder einsammeln. Das Mädchen links sagt mir, ihr Korb sei für alle, die sich für eine spätere Assistententätigkeit interessieren. Ohne zu zögern, werfe ich mein Namensschild in diesen Korb.

In der Eingangshalle stelle ich mich in die Nähe der Tür, um auf Christoph zu warten. Da sehe ich Luzia, die schmächtige, schüchterne Frau, neben der ich am Vormittag gesessen habe, auf den Ausgang zugehen, den starren Blick in die Dunkelheit draußen gerichtet. Sie geht allein, und ihr Blick ist noch angsterfüllter als am Morgen, ihre hellblauen Augen sind weit aufgerissen. Ich habe den Eindruck, sie ist völlig verzweifelt, weil sie erkannt hat, daß alles falsch war, was sie bisher gemacht hat. Ich gehe auf sie zu.

»Na, wie geht's? Du hast wirklich einen richtigen Opferblick, das sieht man. Dein Blick sagt: ›Ich bin das Opfer.‹«

»Ja, ich weiß, ich bin wirklich in dieser Rolle, ich war schon immer da drin«, sagt sie resigniert.

»Hast du dich schon ausgesprochen mit den Leuten, mit denen das zusammenhängt?«

»Nein, aber ich will es machen.«

Das klingt nicht sehr entschlossen, denke ich. Ihr fehlt noch der nötige Mut.

»Ja, tu es!« bestärke ich sie. »Bei mir war es so, ich war sehr erleichtert, als ich mich ausgesprochen hatte. Das sind wirklich innere Gespräche, die gehen in deinem Kopf herum und verfolgen dich jahrelang. Wenn du sie rausläßt, ist alles in Ordnung.«

Dankbar blickt mich Luzia an. Sie hat Tränen in den Augen. »Ja, danke, ich weiß.«

»Heute mittag während unserer Wortmeldung, da hat es mir wirklich gutgetan, daß du neben mir gesessen hast«, rede ich weiter auf sie ein. »Ich dachte, du bist sicher schüchtern, und ich bin es auch, dann hast du gesprochen, das hat mir die Angst davor genommen, selbst zu sprechen.«

»Du hast mir auch viel geholfen«, sagt Luzia. »Das, was du vormittags gesagt hast, hat mir wirklich viel gegeben.«

Ich umarme sie, dann geht sie. Ich bin zufrieden mit mir, ich weiß, ich habe meinen Teil dazu beigetragen, jetzt muß sie noch tun, was nötig ist.

Dann gehe ich zu Christoph. »Fahren wir?«

Draußen regnet es, aber es ist mir egal, daß ich naß werde. Früher, denke ich, da war ich so ein Pedant, da hätte ich doch tatsächlich meinen Regenschirm herausgekramt. Jetzt werde ich für das Wesentliche dasein. Wir finden das Auto schließlich, steigen ein, fahren los und holen noch Petra und Andrea ab.

Petra, das verbissen-mürrische Mannweib vom Freitag, sitzt zufrieden und entspannt auf dem Rücksitz. Sie meint, jetzt werde sie endlich mal auf ihr Recht pochen und sich nichts mehr bieten lassen. Anschließend lächelt sie wieder selbstsicher. Ich finde, das klingt bei ihr ziemlich brutal, sie sah schon am Freitag so aus, als boxe sie sich durchs Leben. Aber vielleicht hat sie ja recht, vielleicht wurde sie immer unterdrückt von einem widerlichen Mann oder sonst jemandem und möchte sich jetzt endlich befreien.

»Hast du dir's überlegt, machst du mit Kirsten Schluß?« fragt Christoph.

Mich überkommt wieder das ungute Gefühl. »Ich glaube, ich muß gar nicht mit ihr Schluß machen. Jetzt, wo ich mich von innen heraus geändert habe, kann es sein, daß ich alles wieder positiv sehe.«

»Du fährst einfach hin, und dann entscheidest du es.«

»Genau. Ich werd's schon sehen. Ich fahre hin zu ihr, und dann sehe ich, was ich mache. Wenn ich denke, ich mache Schluß, dann mache ich Schluß. Wenn ich denke, ich mache nicht Schluß, dann nicht.«

Das Thema ist damit abgehakt, und ich bin beruhigt.

Schließlich erreichen wir unsere Unterkunft. Drinnen setzen wir uns um den Holztisch, es duftet nach Lavendelöl und Jasmintee. Ich fühle mich so richtig wohl. Ich blicke in die Runde, finde alle auf einmal so sympathisch. Daß ich es vorher nicht gesehen habe! Es ist ja so einfach, mit Menschen auszukommen! Gegen die hatte ich dieses Vorurteil, gegen den ein anderes. Dabei sind doch alle gleich, im Grunde sind das alles nette Menschen!

Ich genieße es, einfach nur dazusein. Reden ist überhaupt nicht nötig. Außerdem braucht mein Kopf jetzt erst mal Erholung. Ich genieße es so richtig, nichts mehr, rein gar nichts mehr denken zu müssen …

Andrea steht auf und fragt: »Wo ist der Aschenbecher?«

»Draußen«, sage ich, aber dort ist er nicht. Jemand gibt ihr den Aschenbecher.

»Stört es, wenn ich rauche?« fragt sie.

»Es wäre doch besser«, erhebe ich Einspruch, »wenn du draußen rauchen würdest, hier riecht es jetzt so gut nach dem Duftöl, das wäre einfach schade.«

Ein wenig ärgere ich mich, die unnötige Begründung hinzugefügt zu haben. »Ich will es nicht«, sollte in Zukunft reichen, dann sehen die Leute auch, woran sie sind. Ich muß noch an mir arbeiten. Sophie hat recht, jetzt geht's erst richtig los.

Andrea lächelt hübsch. »Na gut«, meint sie und geht raus. Ich merke auf einmal, daß ich mit meiner neuen Art viel besser bei ihr ankomme als mit meiner früheren Gehemmtheit. Sie zögert nicht, das zu tun, was ich will, ich habe auf einmal Einfluß auf das Geschehen. Das hätte ich mir früher nie träumen lassen. Alles, aber auch alles verändert sich zum Positiven! Das ist wirklich völlig unvorhersehbar gewesen. Ich bin mir auf einmal sicher, daß sich auch alles andere von selbst lösen wird, ich habe es jetzt in der Hand. Ein Supergefühl! Ich sage einfach: »Das mach ich«, und schon geschieht es, schon springen die Leute. Mit dieser neuen Einstellung wird alles möglich sein. Ich sitze da, betrachte entspannt die Runde und gebe mich meinen Gedanken hin, die mich mehr und mehr begeistern: Nein, das hätte ich mir nie träumen lassen, daß so etwas überhaupt möglich ist!

Während ich mich mit Christoph unterhalte, kommen mir weitere Erkenntnisse über meine frühere Zaghaftigkeit. Das Wissen des Forums zeigt mir sonnenklar, warum ich zum Beispiel bei Gesprächen in größerer Runde nie voll dabei war.

»Jetzt weiß ich endlich den Grund«, sage ich. »Ich habe mich die ganze Zeit nur gefragt, was die Leute über mich denken könnten, wenn ich etwas sage. Das war ein Fehler, völliger Blödsinn! Ich sehe ja ganz deutlich, daß andere sich gar nichts denken. Sie reden einfach frei, was ihnen in den Kopf kommt. Warum sollte ich mir also Gedanken machen? Das war wirklich eine bescheuerte Nummer von mir.«

Christoph stimmt mir zu. Ich freue mich über jede neue Erkenntnis, die mir kommt.

»Und das mit meinem Vater: Ich hab mir tatsächlich eingeredet, daß ich sein Opfer bin, nur mache, was er will. Das hat überhaupt nicht gestimmt! Es war meine eigene freie Entscheidung, das zu studieren, was ich studiere! Kein Wunder, daß mir immer die Energie gefehlt hat, um die Sache auch vernünftig anzugehen! Das wird sich jetzt ändern! Jetzt steck ich Power in die Sache.«

Ich sehe schon, wie alle staunen werden, wie ich plötzlich vorankomme, nicht mehr der schlappe, weinerliche Typ, sondern jemand, der weiß, was er will. Einfach beeindrukkend. Ich werde erfolgreich sein, kein Zweifel.

Wir sitzen noch eine Weile am Tisch, genießen den Zustand des Seins, die endlich einkehrende Denkstille und die akustische Stille. Doch Sophies Stimme hallt nach in meinen Ohren. Die anderen unterhalten sich draußen und rauchen dabei.

Irgendwann stehe ich auf und sage: »Ich geh ins Bett!« Normalerweise wäre ich sitzengeblieben und hätte gesagt: »Ich glaub, ich geh jetzt mal ins Bett.« Ja, ich weiß, was ich will, zögern gibt's nicht mehr.

Während ich nach oben gehe, fühle ich mich wie ein Schlafwandler, wie in einem Traum. Ich sehe die Treppe, wie alles andere auch, mit ungewohnter Deutlichkeit, ich denke einfach nicht mehr darüber nach. In meinem Kopf ist nur das, was ich sehe. Das ist ein schöner Zustand: so ruhig, so kontemplativ.

Mir kommt der Gedanke, ich sollte denen da draußen noch gute Nacht sagen. Irgendeine doofe Nummer von mir will Einwände erheben. Ich streiche die Nummer, indem ich ihr im Bewußtsein gar kein Gehör gebe. Das funktioniert tatsächlich, es ist gar nicht so schwer, wie ich dachte, diesen inneren Freund zum Schweigen zu bringen. Ich gehe unbeirrt zur Tür, mache auf und sage einfach: »Gute Nacht«, lächle freundlich, bekomme die gewünschte Antwort und gehe nach oben.

Na bitte, diese Nummer war unnötig, denke ich mir. Was hätten die wohl dagegen einzuwenden gehabt, daß ich das sage? Ich überlege aber nicht mehr weiter, denn ich bin zu müde, ziehe mich aus und falle ins Bett. Traumlos schlafe ich bis zum Morgen.

3. »Sie haben uns das Gehirn rausoperiert ...«

Montag, der erste Tag nach dem Forum

Ich wache auf. Schlagartig wird mir bewußt, daß ich das Forum gemacht habe. Ich bekomme plötzlich ein seltsames Gefühl im Bauch, so als hätte ich Angst, große Angst. Schwachsinn, denke ich, kann nicht sein! Ich habe keine Angst! Wovor sollte ich denn Angst haben? Ich kann ja jetzt vor Hunderten von Leuten reden, ich habe mir bewiesen, daß ich es kann. Nein, Angst ist es nicht. Na klar, die Achterbahn der Gefühle! Das Abenteuer Leben wartet auf mich!

Ich schaue auf die Uhr. »Was? Erst halb acht?« sage ich zu Christoph, der auch schon wach ist. »Ich hätte gedacht, es ist bestimmt schon zehn! Es stimmt, was Sophie gesagt hat! Du hast einfach mehr Energie zum Leben.«

»Wir brauchen einfach weniger Schlaf«, meint Christoph und ruft begeistert: »Das ist das Leben!«

»Ja, du hast recht. Wir leben!«

Ich gehe runter und dusche ausgiebig. Das tut gut, diese Wärme nach dem anstrengenden Wochenende, das man eigentlich ziemlich elend verbracht hat, ohne richtig zu schlafen und zu essen und immer in Eile. Aber eines ist sonnenklar: Das war es wert, das war es eindeutig wert. Dieses völlig neue Lebensgefühl, dieses Selbstvertrauen, die Dinge so anpacken zu können, daß sie gelingen! Alles, aber auch alles, was ich mir gewünscht habe vom Forum, habe ich mitnehmen können!

Ich gehe in die Küche. Die anderen sitzen schon am Frühstückstisch. Toll, ich kann einfach reingehen, ohne die Nervosität, die mich in solchen Augenblicken normalerweise überfällt, diese dumme, unbegründete Angst vor Blicken, vor Gelächter; das ist alles weg. Ich gehe einfach rein, ein bißchen wie im Traum, es ist so ein Gefühl von Schweben, und setze mich an den Tisch.

Das Frühstück schmeckt mir so gut wie lange nicht, ohne die Hetze und die Aussicht auf harte Arbeit bis Mitternacht. Wie nett die Leute sind, fällt mir erst jetzt auf; die sind ja alle goldig, völlig harmlos, auch Petra, die mir doch anfangs so unsympathisch vorkam. Wie konnte ich von denen einmal schlecht denken! Bin ich froh, daß ich das los bin!

Während wir uns unterhalten, kommt Ivy herein, die Freundin von Andreas Vater, die das Forum schon zu einem früheren Zeitpunkt gemacht hat. Jetzt, so erzählt sie, gebe sie selbst Seminare, ein Erfolgstraining für Manager, eine ganze Kette von Schulungszentren werde sie aufbauen, und das Wissen dazu habe sie sich selbst aus dem Grundstock des Forumwissens angeeignet. Ich bin beeindruckt, wie sich ein Puzzlestein zum anderen fügt; Sophie hatte recht, als sie davon sprach, daß die 850 Mark wenig seien für das, was das Forum einem vermittelt.

Andererseits bin ich doch wieder überrascht: Diese Frau wirkt ja äußerlich nicht gerade sehr beeindruckend, bestimmt nicht wie eine Führungspersönlichkeit, klein und ein bißchen schmuddelig, eher wie ein Kobold. Aber was soll denn dieses Vorurteil schon wieder! Ivy hat spielend leicht Erfolg. Ihrem Gesichtsausdruck sieht man es an: Sie strahlt ständig vor Glück. Ihr Freund Willi, der Vater von Andrea, ist auch bei uns. Er sitzt bedrückt in einer Ecke. Ihn hat Ivy ebenso wie Andrea ins Forum gebracht. Glücklich strahlend fragt sie ihn: »Na, wie fühlst du dich?«

Willi schaut betrübt vor sich hin. »Nicht besonders ... irgendwie leer.«

»Das macht nichts, das ist ganz normal am Anfang«, sagt Ivy. »Wirst schon merken, das kommt noch. Bei mir hat es damals auch länger gedauert.«

»Und wie fühlst du dich?« fragt sie mich.

»Super, wirklich super!« sage ich. »Und nervös, ich hab so ein kribbeliges Gefühl im Bauch. Ich kann kaum ruhig sitzen. Ich möchte am liebsten gleich weg und allen Leuten sagen, was sie verpassen, wenn sie das Forum nicht machen. Ich hätte nie gedacht, daß ich damit so viel erreichen würde. Alle meine Probleme sind auf einmal weg, aber absolut alle! Das ist wirklich unglaublich. Und am besten fand ich das gestern nachmittag, das war einfach nur genial. Ich möchte das Sophie unbedingt noch sagen. Du siehst, daß nichts, aber auch gar nichts so ist, wie du gedacht hast. Aber trotzdem ist alles logisch. Allein wäre ich da wirklich nie draufgekommen, niemals!«

Ivy nickt andächtig und strahlt weiter. »Ich hab das Forum schon vor längerer Zeit gemacht. Inzwischen schreibe ich Artikel über solche Dinge.« Sie holt eine Zeitschrift heraus, ein Wirtschaftsmagazin. »Seht ihr, das ist ein Artikel von mir!«

»Soll ich ihn vorlesen?« fragt Christoph.

»Ja, mach das! Ich höre es gern, wenn jemand einen Artikel von mir vorliest.«

In dem Text geht es um Fehler. Fehler werden normalerweise als etwas Negatives angesehen, eine Bedeutung, die man dem Wort Fehler gegeben hat, aber eine absolut falsche. Denn je mehr Fehler wir machen, desto mehr lernen wir. Ein Fehler ist also etwas Positives!

Ich sehe es genauso. Völliger Schwachsinn, immer über Fehler zu jammern! Wie alles Jammern eben! Man muß es den Leuten nur klarmachen, allein kommen sie nicht drauf.

»Und da bist du wirklich von selbst draufgekommen?« frage ich Ivy.

»Ja«, strahlt sie. »Es gibt da noch mehr Dinge von der Art. Das Wort Enttäuschung zum Beispiel. Was verbindet ihr mit dem Wort?«

»Etwas Negatives«, sage ich.

»Und jetzt überlege einmal, was das Wort bedeutet, wenn du es auseinandernimmst!«

»Befreiung von Täuschung! Tatsächlich, du hast recht, auch das ist positiv! Mein Gott, die Menschen bilden sich doch alles Negative nur ein. Sie müssen nur erkennen, daß es gar nichts Negatives gibt. Man kann wirklich alles Negative wegdenken.« Ich bin überwältigt. Nicht auszudenken, was alles aus dem Gelernten folgt! Man muß alle Bedeutungen, die man den Dingen gegeben hat, neu überdenken; Bedeutung ist ja etwas Unreales, etwas Angedichtetes. Nichts kann eine negative Bedeutung haben, denn es gibt ja gar keine Bedeutung!

»Ja«, sagt Ivy, »du kannst wirklich üben, das Negative wegzudenken. Wenn du am Morgen aufstehst und dir denkst: ›Schon wieder so ein Scheißtag‹, dann wird der Tag auch nicht gut. Du mußt positiv denken. Ich stelle mich morgens vor den Spiegel, schaue hinein und sage mir: ›Das wird ein wunderbarer Tag.‹ Und das wird dann auch einer! Es hängt oft nur von deiner Einstellung ab, ob es ein guter Tag wird oder nicht. Ja, natürlich, das ist Autosuggestion, aber es hilft dir unglaublich!«

Das werde ich in Zukunft auch machen, denke ich. Obwohl, ich bin so gut drauf, da brauche ich das sicher gar nicht mehr.

Andrea bittet Ivy, uns ein Gedicht aufzusagen, das könne sie so gut. Ivy strahlt. »Ja, o.k., ich sag eins auf.«

Sie geht in eine Ecke der Küche, stellt sich breitbeinig hin, beugt sich ein wenig vor, als müsse sie sich abstemmen gegen die Gewalt, die jetzt über sie hereinbrechen wird.

»Der Wind pfeift um das Fenster«, beginnt sie zu rezitieren und wird wirklich der Wind, sie wogt hin und her und pfeift mit dem Mund. »Die Lampe schwankt«, sie vollführt Schwankbewegungen, während sie zur Decke blickt, »und draußen, die Wellen ...«, sie macht ein Geräusch von schäumender Gischt.

Es ist faszinierend, ihr zuzusehen, man versenkt sich völlig in die Situationen, und es ist zugleich köstlich, weil sie so begeistert dreinschaut bei allem. Sie lacht übers ganze Gesicht.

Ich bin überwältigt. Mein Gott, ganze Welten gehen einem da auf! Solche Ausdruckskraft zu bekommen, das wäre schon was! Du gehst völlig auf in einem Gedicht und denkst nicht mehr an die Zuhörer, bist immer das, was du sagst, mit der größten Intensität, die dir möglich ist. Im Moment kann ich das nicht, aber im Fortgeschrittenenkurs, da müßte ich es lernen können.

Wir sitzen noch eine Weile herum und unterhalten uns. Irgendwann kommt Waltraud zur Tür herein. Sie hatte schon früh am Morgen einen Termin zur Krebsvorsorge und ist jetzt erleichtert, daß alles in Ordnung ist.

»Das müssen wir feiern«, sagt Christoph begeistert. »Komm, wir tanzen!« und beide tanzen über den Hof. Waltraud lacht die ganze Zeit wie ein junges Mädchen. Während Christoph noch einmal telefoniert, packe ich meine Sachen und stelle sie gleich runter in den Hof, damit wir schneller wegfahren können. Dann wird mir plötzlich bewußt: Das war ja schon wieder so eine doofe Nummer von mir, nur ja alles richtig machen, nicht zu spät sein und so weiter, damit verderbe ich mir immer alles. Ich kann doch genausogut bei den anderen bleiben und die Zeit einfach genießen, einfach mal abwarten, was passiert. Wieso soll ich mich denn ärgern, daß Christoph schon wieder stundenlang telefoniert! Er ist, wie er ist, und ich bin, wie ich bin. Ist doch alles in Ordnung so. Man muß diese schwachsinnigen Gedanken verscheuchen, die einen ständig daran hindern, man selbst zu sein. Ich setze mich also auf die Terrasse und genieße die Sonne nach den drei Tagen im dunklen Saal.

Endlich kommt Christoph zurück, und wir können fahren. »Würdet ihr uns einen Gefallen tun?« fragt Christoph Waltraud und ihre Freundin. »Könnt ihr uns zum Abschied winken?«

Die beiden gehen mit uns vors Haus, wir laden die Sachen ins Auto, fahren aus der Einfahrt, halten an und steigen wieder aus. Christoph und ich gehen noch einmal zurück. Das war ja kein richtiger Abschied, denke ich. Christoph umarmt die beiden gleichzeitig, ich muß ein wenig mit einer Nummer kämpfen, die mich daran hindern will. Doch ich weiß, wußte eigentlich schon immer, daß ich so etwas tun sollte, und umarme die beiden ebenfalls. Ich bin glücklich, es geschafft zu haben.

Wir steigen wieder ein und fahren los. Die beiden winken uns nach, und wir winken auch, bis wir sie nicht mehr sehen.

»Das war wirklich eine gute Idee, das mit dem Winken!« sage ich zu Christoph. »Das war wie wegfahren von zu Hause. Einfach schön.«

Wir verschwenden keinen Gedanken mehr an die anderen, die noch im Haus sind, mit denen wir schließlich drei Tage und Nächte zusammen verbracht haben. Wir haben uns nicht von ihnen verabschiedet, geschweige denn Adressen ausgetauscht. Ich denke kurz daran, finde dann aber: Alberne Nummer, diese Abschiedsfloskeln! Wir wissen doch auch so, daß wir einander gern haben.

Wir fahren also Richtung Heimat. »Fahren wir über Stuttgart oder über Nürnberg?« fragt Christoph nach einer Weile.

»Nürnberg ist wahrscheinlich kürzer«, meine ich.

»Sag einfach, was wir machen.«

»Fahren wir über Nürnberg!«

»O. k.«

Draußen ist schönes Wetter. Nebel hebt sich.

»Einfach herrlich, diese Landschaft und das Wetter«, sage ich. »Ich hätte im Forum fast vergessen, daß es so etwas auch noch gibt.« Dann schüttle ich den Kopf und lache glücklich: Nein, das kann doch gar nicht sein! Da lebt man jahrelang und sieht einfach nichts, rein gar nichts! Das war einfach die Wahrheit, was Sophie uns erzählt hat, und die Wahrheit ist so cool, cooler als ich je gedacht hätte. Es stimmt wirklich, die Leute schwimmen den Strom aufwärts, dabei könnten sie gut mit ihm abwärts schwimmen.

»Machst du noch den Fortgeschrittenenkurs?« unterbricht Christoph meine Gedanken.

»Ich gehe höchstens noch in dieses Seminar, das ist ja umsonst. Aber den Fortgeschrittenenkurs, den brauche ich nicht, und du auch nicht. Ich wüßte nicht, was man da noch lernen soll. Höchstens so perfekte Schauspielerei wie heute früh von Ivy. Das wäre nicht schlecht. Aber 1500 Mark sind mir erst mal zuviel. Brauchen tun wir ihn auf keinen Fall.«

Christoph schlägt begeistert aufs Lenkrad. »Wir *sind*! Und du hast dich auch verändert. Das mit der Manuela, daß du die einfach so umarmst, das hätte ich früher nie gedacht von dir.«

»Ja, das wird doch noch was mit uns«, meine ich.

»Es ist einfach nur geil!«

Ich bin so glücklich, daß ich fast ständig loslachen muß – es ist unglaublich. Und allein wäre ich nie darauf gekommen!

»Bin ich froh, daß wir gleich ins Forum gegangen sind«, sage ich. »Stell dir vor, wir hätten bis Juli gewartet! Drei verlorene Monate! Du wärst weiter gefangen gewesen in deinen Nummern, hättest dich nie entscheiden können und all der Quatsch. Hättest drei Monate länger nichts vom Leben gehabt! Und stell dir erst die ganz alten Leute vor! Diese siebzigjährige Frau zum Beispiel! Hat erkannt, daß ihr ganzes bisheriges Leben nichts war, einfach gar nichts.«

»Aber jetzt *ist* sie einfach!« sagt Christoph. »Sie ist das, was sie schon immer sein wollte, und reitet auf einem Pferd den Strand entlang. Es macht nichts, was vorher war!«

»Aber der Gedanke ist zu schrecklich, ein ganzes Leben lang warten zu müssen. Das geht nicht in meinen Kopf rein.

Ich muß so schnell wie möglich allen Leuten vom Forum erzählen. Meinem Bruder zahl ich's, wenn er nicht möchte, dann kann er ja nicht anders. Der ist im Sommer sowieso in Berlin, da kann er gleich im Juli mitmachen. Und meine Eltern kommen am Dienstag mit. Obwohl, mein Vater, der ist eine harte Nuß. In dem sträubt sich bestimmt alles dagegen mitzukommen.«

»Willst du, daß sie mitkommen?«

»Ja klar! Die müssen da einfach mit! Stimmt, ich muß nur eine Haltung beziehen, der Rest sind Gedanken, die einen abhalten wollen, das Richtige zu tun: ›Ich hab die Haltung, ich nehme sie am Dienstag mit.‹ Wenn dann alle Leute von den durchschlagenden Erfolgen sprechen, die sie hatten, dann müssen sie doch merken, daß das nichts Verkehrtes ist. Sie müssen das einfach sehen! Das sind ja zum Teil Dinge, die glaubt man nur, wenn man sie sieht. Wir wären ja auch nicht reingegangen ohne den Einführungsabend. Aber diese Leute, die haben einen wirklich überzeugt. Jeder konnte doch sehen, wie glücklich diese Menschen sind.« Ich schüttle den Kopf, kann mein Glück nicht fassen. Ich weiß so viel mehr, ich kann mir auf einmal erklären, warum mir früher alles mögliche nicht gepaßt hat, diese ganze Entscheidungsunfähigkeit.

»Dieses Forum ersetzt sämtliche Kirchen«, sage ich zu Christoph. »Da stehen die Pfarrer herum, reden und reden und erreichen doch nichts. Und das Forum schafft in drei Tagen, wozu die Pfarrer mit ihren müden Reden im ganzen Leben nicht fähig sind. Die Menschen sehen, was Liebe ist, und richten ihr Leben danach aus. Sie sind glücklich und endlich fähig, einander zu lieben, ohne die eingeredeten Vorbehalte und Vorurteile.«

»Ich glaub aber trotzdem, daß Pfarrer nicht ganz unnötig sind«, wendet Christoph etwas unsicher ein.

Kram aus der Vergangenheit, denke ich. Davon will er sich nicht trennen. Weil sein Opa Pfarrer war, sind alle Pfarrer toll. Er sollte mal wirklich darüber nachdenken!

»Doch, völlig unnötig sind die!« sage ich. »Wenn alle Menschen auf der Erde das Forum gemacht haben, stell dir das mal vor! Alle Probleme wären weg! Es würde keinen Krieg mehr geben. Warum gibt es denn Krieg? Weil die Menschen nicht gemeinsam an eine Sache glauben können. Jeder glaubt etwas anderes, da können sie sich doch nie verstehen. Die Menschen müssen erkennen, daß sie alle gleich sind, alle nur Menschen, die geliebt werden wollen. Was sollen die Sonntagsreden, mit denen doch nichts erreicht wird! Ich sehe das so: Das Forum ist die Weltreligion. Es ist keine richtige Religion, aber du erkennst einfach, was los ist. Es werden dir die Augen geöffnet, und die bleiben offen für den Rest deines Lebens. Und wir haben uns Gedanken gemacht wegen der 850 Mark! Lächerlich! Das wäre ja mit 2000 Mark immer noch billig. Kein Preis ist zu teuer für eine Sache, die so viel wert ist. Wenn ich später mal zu viel Geld habe, dann gebe ich das aus für Menschen, die sich Forumskurse nicht leisten können. Das wird eine Welt! Verbrechen, all das wird's nicht mehr geben! Einfach undenkbar!«

Wir fahren weiter, die Sonne scheint, die Landschaft zieht vorüber. Es ist phantastisch, nur noch in der Gegenwart zu sein! Keine Sorgen aus der Vergangenheit, keine Sorgen wegen der Zukunft, einfach herrlich! Dann kommt mir wieder der Forumsstoff in den Sinn. »Den Satz von Sophie: ›Ich bin mein Wort‹, alles ist in dem Moment, in dem ich es ausspreche, den muß ich noch durchdenken«, sage ich zu Christoph.

Er probiert aus, ob der Satz richtig ist. »Ich fahre, wir fahren.«

Tatsächlich, denke ich, wir fahren tatsächlich.

»Kannst du mir ein Taschentuch geben?« fragt Christoph. »Da ist, glaube ich, eine Packung im Handschuhfach.«

»Solche Worte können wir uns in Zukunft sparen. Sag einfach: ›Gib mir ein Taschentuch!‹ Du weißt ja, du bist dein Wort, und das mit dem ewigen Vielleicht, dem Zögern und der übertriebenen Höflichkeit können wir uns sparen.«

»Gib mir ein Taschentuch«, sagt Christoph, und ich gebe es ihm.

Mir fällt ein weiteres Unwort ein. »Überhaupt, das Wort ›eigentlich‹, das ist wirklich schrecklich! Das ist völlig blödsinnig. Ich möchte eigentlich das und das machen. Ich tu's, und damit basta!«

»Schreib's auf!« sagt Christoph begeistert. »Wir schreiben jetzt alles auf!«

»Ja, das ist eine Superidee!« finde ich. »Nachher kommen wir nie mehr dazu, uns in die Situation hineinzuversetzen, in der wir früher einmal waren. Wenn wir das alles aufschreiben, dann kann jeder unsere Gedanken nachvollziehen und sich auch losmachen von dem unnötigen Kram.«

»Das ist *die* Idee! Wir schreiben ein Buch!«

»Genau!« stimme ich zu. »Dieses Buch gibt jedem die Möglichkeit, das Forum einfach zu lesen! Das muß doch möglich sein! Es ist ja reines Verstehen und reine Logik gewesen, weiter nichts. Ich versuche, so ein Buch zu schreiben. Das müßte echt möglich sein. Dann müssen alle Menschen nur noch dieses Buch lesen, und ihnen werden die Augen geöffnet. Wir schreiben jetzt alles auf, was uns einfällt. Wir müssen das unbedingt tun! Wie war doch noch dieses Wort, das von Ivy, das war wirklich genial ... Ach ja, Enttäuschung ... und Fehler.« Ich schreibe beides auf.

Nun bin ich nicht mehr zu bremsen. »Dieses Buch, das ist unsere Vision! Wir haben schon eine Vision! Wir brauchen den Fortgeschrittenenkurs nicht mehr. Es ist sowieso Blödsinn, sich in einem Kurs sagen zu lassen, was die eigene Vision ist. Da muß man doch von selbst draufkommen. Und weißt du, wie wir das Buch nennen? ›Wörterbuch des Seins‹! Da werden alle Wörter, die es gibt, überprüft und analysiert aufgrund ihrer Zusammensetzung. Eigentlich ist alles schon in der Sprache enthalten: Enttäuschung! Allein das Wort

Enttäuschung! Aber keiner sieht's! Blind sind die alle, einfach blind!«

»Oder Fehler!« ergänzt Christoph. »Ich seh das so: Ein Fehler, im Sinn von richtiger Fehler, also was du in deinem Leben falsch gemacht hast, nicht ein Schreibfehler oder so etwas, also ein Fehler heißt doch nichts anderes, als daß du gefehlt hast. Du warst einfach selbst nicht da, du warst nicht du selbst!«

»Oder du hast gefehlt auf dem richtigen Weg. Du bist abseits gegangen.«

Christoph blickt mich an. »Das Buch, das ist deine Aufgabe! Nichts mehr mit Umweltschutz!«

»Umweltschutz ist lächerlich«, pflichte ich ihm bei. »Das war früher mal. Kannst du bitte rausfahren bei der nächsten Ausfahrt? Ich muß mal.«

»Sag einfach: ›Fahr raus.‹« korrigiert Christoph.

Dieses Spiel finde ich witzig: Wir bringen uns gegenseitig bei, unser Wort zu sein. Aber ich bin weit davon entfernt, es lächerlich zu finden – es ist der Weg zum wahren, tieferen Sein.

»Da ist ein Parkplatz, fahr da raus«, sage ich.

Christoph fährt raus. Wir steigen aus dem Auto, und ich gehe ein paar Schritte weg von der Straße. »Weißt du«, sage ich begeistert, »was das einzige ist, das mich davon abhält, auf die Straße zu pinkeln? Die Vergangenheit!« Ich weiß plötzlich, in Zukunft macht es mir nichts mehr aus, auf die Straße zu pinkeln. Da schreit bloß wieder irgend so eine Nummer im Hintergrund. Ich muß mir nur sagen: Nicht beachten! Dann kann ich das auch. Ich ärgere mich, daß ich es nicht getan habe. Es wäre etwas Unvernünftiges gewesen, hätte mich weitergebracht auf dem Weg, ich selbst zu sein.

»Ich komme mir vor, als würde ich in einem Traum leben«, sage ich zu Christoph, als wir wieder losfahren. »Ich glaube, das ist der Zustand, nach dem sich die Menschen immer sehnen.«

»Schreib: Ich bin o.k., du bist o.k«, sagt Christoph. »Schreib: Tabu, Fragezeichen. Schreib: Eva, Fragezeichen.«

Ich schreibe, denn ich weiß, Christoph ist sein Wort. Ich denke nicht, ich schreibe einfach, völlig willenlos. Wir schreiben viele Wörter auf, einige von mir, die meisten aber von Christoph. Ich weiß nicht, warum Christoph sie mir sagt, das klären wir später, ich weiß nur, Christoph ist sein Wort, und darum schreibe ich. Alle diese Wörter werden Priorität haben beim Verfassen des Buches, es sind die, über die nachzudenken besonders lohnend erscheint.

Weitere Einträge kommen dazu: Veranlagung, Vernunft, Seele ... die Welt ist schlecht, der Mensch ist gut? ... Ich habe keine Angst mehr, überleben zu müssen. Ich bin ... Tragödie ist nur eine Geschichte, Mitleid ist nur eine Nummer. Mitleid setzt die eingebildete Tragödie voraus ... das Wort Versuch ist kläglich ... Jesus war Mensch und Gott, wir sind an dem Punkt ... Wahnsinn? ... Verrückt?

Wörter, die wir nicht mehr brauchen, werden im Wörterbuch des Seins für nicht real erklärt und werden in unserem künftigen Leben keine Rolle mehr spielen. Wir werden sie immer weniger verwenden, das muß man sich antrainieren, und wir fangen heute damit an. Solche Wörter sind: *Ich will, möchte, versuche, sollte, muß, irgendwie.* Wozu diese Wörter der Lächerlichkeit? Ich sag's, und in dem Moment tu ich's. Oder ich sag's nicht! Da es nur die Gegenwart gibt, ist alles andere Herumreden um den heißen Brei und somit Quatsch. Da werden bloß die anderen im Ungewissen gelassen, das sorgt für Verwirrung und Nicht-Verstehen. Gut und schlecht sind Bedeutungen, die wir den Dingen geben, es gibt aber keine Bedeutung, also sind diese Wörter ohne Sinn. Alle Menschen lieben einander, und das, was sie tun, ist Ausdruck ihrer Liebe zueinander, auch wenn es manchmal schlecht erscheint. Auch ein Mörder tötet nur, weil er in Nummern gefangen ist, und nicht, weil er das wirklich will. Gott existiert durch uns, durch was sonst? Er bringt sich durch uns zum Ausdruck. Und wir wiederum sagen, was ist. Wenn wir sagen, etwas ist, dann sagt es Gott.

Ein Gefühl der Allmacht überkommt mich. Ich schaudere. »Das ist *die* Formel für Macht! Jeder, der mit unserem Wissen Macht haben will, kriegt sie auch. Er sagt: Ich werde mächtig, und weil er weiß, daß er sein Wort ist, weiß er genau, daß alles so funktionieren wird, wie er es sich vorstellt. Am Ende hat er riesige Macht. Er zögert bei keinem einzigen Schritt, und seine Überzeugung reißt alle anderen mit.«

Christoph stimmt mir zu.

Wir schweigen eine Weile. Dann unterbreche ich die Stille: »Ich habe Hunger. Fahren wir raus?«

»Sag einfach: ›Fahr raus‹«, korrigiert mich Christoph erneut.

Als die nächste Ausfahrt angezeigt wird, sage ich: »Fahr raus.«

Christoph fährt raus. Ich finde es lustig, berauschend. »Es stimmt! Alles, was ich sage, geht in Erfüllung. Ich bin mein Wort!«

Wir fahren durch einen Wald. Rechts geht ein Weg ab. »Ich biege ab«, sagt Christoph und fährt in den Waldweg. Ich finde es spannend, sich von dem überraschen zu lassen, was passiert. Christoph hält an. Wir steigen aus, gehen ein wenig umher und steigen dann wieder ein.

»Gehen wir essen!« sage ich.

»Wir gehen«, sagt Christoph.

Wir fahren weiter bis zum nächsten Dorf. Christoph biegt auf einmal scharf ab und fährt auf eine Tankstelle. Wir sind dabei durchzufahren, auf einmal bremst er und sagt: »Wir könnten eigentlich tanken.«

»Wir tanken!« Diesmal korrigiere ich ihn.

»Wir tanken«, wiederholt Christoph.

Er fährt im Rückwärtsgang zurück, und wir betrachten die Zapfsäulen. Mir ist im ersten Moment nicht klar, was das alles bedeutet: Benzin, Super, Verbleit. Christoph muß auch eine ganze Weile überlegen, bis er wieder weiß, was er tanken muß.

Wir fahren ins Dorf, die Haupstraße entlang, und kommen zu einem Gasthof. Ich sehe ihn schon von weitem und sage: »Da ist ein Gasthof. Da können wir essen.«

Christoph nickt, fährt mit einem Ruck um die Kurve und hält vor dem Gasthof, halb in der Einfahrt eines Bauernhofes. Eine blöde Nummer in mir will Einspruch erheben wegen der Wahl des Parkplatzes. Ich unterdrücke es, was soll's! Ist doch cool, das Auto einfach da stehen zu lassen.

Wir betreten den Gasthof wie zwei Schlafwandler. Ich bin mir bewußt, daß ich einfach gehe, ohne zu denken. Ich nehme die Leute zur Kenntnis, die an zwei Tischen sitzen, aber zum erstenmal ist mir völlig egal, was sie denken, ich genieße es, in meiner bloßen Tätigkeit zu sein.

Wir suchen uns einen Tisch aus und setzen uns. Als die Bedienung zu uns kommt, sagt Christoph: »Ein netter Pulli ist das, den Sie da anhaben, diese grünen Pinguine, wirklich nett!«

Wir sehen, wie die Frau aus sich herausgeht, geradezu aus der Fassade ihres Gesichts herausbricht. Alle Verspannung löst sich, sie lacht herzlich und sagt: »Ja, ich mag ihn auch, den Pullover.« Sie ist kein bißchen peinlich berührt.

Als sie wieder weg ist, sage ich zu Christoph: »Wahnsinn! Wie die aus sich herausgegangen ist! Das hättest du früher auch nicht einfach so gesagt. Kein Wunder, daß man an die Menschen nie rangekommen ist!«

Wir essen, und ich bin erstaunt, wie ich esse: Normalerweise esse ich immer den ganzen Teller leer. Jetzt esse ich kaum etwas, aber der Geschmack ist irgendwie so intensiv. Ich kann mich minutenlang nur in den Geschmack versenken, ohne daß mich irgendwelche Gedanken dabei stören.

Bald reicht es mir, ich habe keinen Hunger mehr und lasse die Hälfte übrig. Mir fällt sofort eine Erklärung dafür ein: Früher haben mich Nummern gezwungen, den Teller leer zu essen, aber im Grunde beneidete ich die Leute, die die Hälfte auf dem Teller liegenlassen konnten, ohne mit der Wimper zu zucken – die waren cooler als ich.

Wir sehen den anderen Leuten am Nachbartisch zu, ich schaue direkt hin, früher hätte ich das nicht gemacht. Sie unterhalten sich mit gedämpfter Stimme, blicken ziemlich gelangweilt und traurig drein und schweigen oft lange.

»Ich komme mir vor wie der Bewohner eines fremden Planeten, der zur Erde heruntergekommen ist und sich das Treiben der Menschen hier anschaut«, sage ich zu Christoph. »Die benehmen sich alle ziemlich komisch, so geduckt und gehemmt bewegen sie sich durchs Leben. Sie bilden sich alle ein, sie sind gefangen, dabei halten sie sich selbst gefangen in ihrem eingebildeten Zeug. Und alles, was sie tun müßten, ist, einmal ein Wochenende ins Forum gehen! Es macht ungeheuer Spaß, bei diesem Affentheater von außen zuzuschauen. Es ist wie im Zoo, einfach köstlich!«

Während wir reden, müssen wir uns geradezu zwingen, halblaut zu bleiben. Ein witziges Spiel: Ich bin so wie ihr alle, gehemmt und unglücklich. Man beherrscht das Spiel gut, man muß nur tun, was man früher immer getan hat, das hat man ja noch in Erinnerung.

Auf einmal sagt Christoph: »Ich telefoniere«, und schon ist er weg und zur Tür hinaus.

Was mache ich jetzt, wozu habe ich Lust? Hier drinnen ist es dunkel, draußen scheint die Sonne; am besten gehe ich raus. Ich gehe zur Theke, sehe die Bedienung gerade und direkt an, sie soll wissen, daß ich zahlen will. Nur dumme Gewohnheiten von früher wollen mich dazu bringen, den Blick zu senken. Ab und zu tue ich es auch, sonst glaubt die Frau noch, ich bin nicht normal.

Ich zahle und gehe raus, der Außerirdische und Schlafwandler, irgendwie schwebe ich immer noch. Ich lehne mich an die Hauswand und blinzle in die Sonne. Dann gehe ich weiter auf der Straße in Richtung der Telefonzelle, in der ich Christoph vermute. Ich treffe ihn tatsächlich.

»Schauen wir uns die Kirche an?« fragt er.

»Ja, tun wir.«

Neben der Kirche ist ein Hof, und ich betrachte die Steine, das Gras, die Feuerwanzen darin. In alles kann ich mich auf einmal versenken. Christoph legt sich eine Weile ins Gras und genießt die Sonne. Dann gehen wir zurück zum Auto und fahren wieder auf die Autobahn.

Nach einer Weile sagt Christoph: »Schreib: Kirche, Meditation.« Ich schreibe die beiden Wörter in unser ›Wörterbuch des Seins‹. Wir sammeln weiter, kommen zu immer neuen Erkenntnissen, und ich schreibe alles auf.

Irgendwann habe ich keine Lust mehr zu schreiben. Ich will es sagen, da kommt Christoph mir zuvor: »Sag, wenn du dich dominiert fühlst.«

Ich bin überrascht. »Das war wirklich so! Woher weißt du das?« Es scheint sogar möglich zu sein, Gedanken zu lesen!

»Ich will jetzt einfach mal gar nichts machen«, sage ich, »nichts denken, nichts sagen.«

Wir fahren auf Ansbach zu. »Ich besuch den Thomas!« sagt Christoph.

»Gut, wir besuchen den Thomas«, sage ich.

Ich sehe eine Talsenke, das ist also Ansbach. Nach einer Weile habe ich das Gefühl, daß wir die Ausfahrt verpaßt haben. »Also, Ansbach ist vielleicht schon vorbei ...«, sage ich und korrigiere mich sofort, »... nein, Ansbach ist schon vorbei.«

»Echt? Naja, macht auch nichts. Ich muß den Thomas nicht besuchen.«

Wir fahren weiter und unterhalten uns wieder über die

Menschen, die sich für normal halten. Mir fällt ein lustiges Bild ein: »Die sind wie Tiere, die in offenen Käfigen hocken und ihre andressierten Kunststücke aufführen.«

Wir philosophieren weiter: Die Wörter schlecht und gut, richtig und falsch, all diese Wörter gibt es also gar nicht. Wir kommen zu der Erkenntnis: Das Wort falsch ist falsch. Dieser Satz bildet einen unauflösbaren Knoten im Gehirn, obwohl er »eigentlich« wahr ist. Das liegt aber nur daran, daß der ganze Satz nicht real ist, denn er beruht auf Wörtern, die nicht existieren.

»Beim Tod treffen sich die Wege. Gott ist in uns; wenn wir das Buch schreiben, schreibt Gott das Buch«, diktiert Christoph.

Wir vergleichen die Ausdrücke »planen« und »eine Vision haben«: Planen ist negativ, man lebt für etwas, das nicht ist, die Zukunft ist ja nicht real. Planen ist engstirnig. Eine Vision haben dagegen heißt: Ich weiß, ich bin auf dem richtigen Weg!

Wir schreiben weiter auf. Es kommt darauf an, nicht »man selbst« zu sein, denn »man selbst« ist die Maschinerie aus Nummern und Geschichten, die im Gehirn arbeiten will. Statt dessen kommt es darauf an zu »sein«. Das Wort »selbst« hat keinen positiven Aspekt.

Auf einmal wird mir das Ganze unheimlich. Wieder spüre ich das beklemmende Gefühl im Bauch, und meine Gedanken wirbeln durcheinander. Wer bin ich denn eigentlich? Muß das Wort »ich« nicht auch gestrichen werden? Da ist ein Widerspruch! Ich sitze doch hier, also muß es doch noch etwas geben, was mich ausmacht! Fieberhaft suche ich nach einer Erklärung. Ich atme erleichtert auf, als mir eine einfällt.

»Ich habe gerade über Identität nachgedacht. Wenn wir nur Wörter sind oder Gedanken, die sich alle mitteilen lassen, dann gibt es ja eigentlich keine Identitätmehr. Ich glaube, ich weiß jetzt, wie man den Widerspruch erklären kann.

Wir sind zwar körperlich abgegrenzt von den anderen Menschen, deswegen gibt das Wort »ich« einen Sinn. Aber geistig sind wir unbegrenzt, alle Menschen bilden eine einzige geistige Einheit, da sie Gedanken austauschen können. Das Wort »ich« ist deshalb nur eine Hilfsformel für unsere körperliche und vermeintliche geistige Begrenztheit. Geistige Begrenztheit ist nur vermeintlich, weil sich jeder durch das, was er sagt, allen anderen Menschen mitteilt. Deshalb kann auch keiner sterben, wir alle haben ein ewiges Leben, geistig zumindest. Und genau deshalb hat Sophie auch den besten Job, den es gibt. Ihre Arbeit ist reines Mitteilen, sie überträgt ihre Gedanken auf andere Menschen, und dadurch wird sie selbst geistig unsterblich.«

Ich finde diese neue Erkenntnis zwar faszinierend, aber irgendwie hinterläßt sie in mir das Gefühl einer schalen Leere: Sollte das wirklich alles sein? Doch gleich darauf gelingt es mir, die Sache wieder positiv zu sehen: Wir leben jetzt im Reich der Liebe, natürlich sind hier alle Menschen gleich! Es kommt nur darauf an, Spaß zu haben!

Ich muß wieder lachen. »Mein Gott, wenn ich mich früher so hätte reden hören! Ich hätte gedacht, ich bin verrückt ... oder wahnsinnig intelligent!«

»Vielleicht bist du wahnsinnig intelligent«, meint Christoph. »Vielleicht sind wir beide wahnsinnig intelligent und haben nur noch nie so weit gedacht!«

»Ja, vielleicht. Vielleicht sind wir ja die größten Philosophen aller Zeiten.«

Christoph wird ernst. »Es ist schon unglaublich, auf was wir da alles gekommen sind. In so kurzer Zeit!«

»Allein wäre ich da nicht drauf gekommen. Aber du hast recht, ich habe auch noch nie etwas gelesen, was in diese Richtung ging.«

Christoph ist auf einmal außer sich. »Weißt du, warum da noch nie jemand drauf gekommen ist? Es hat nie zwei Philosophen gegeben, die zusammen gearbeitet haben!«

Mir wird eiskalt. Hier lauert eine Bedrohung. »Vielleicht ist es so. Aber wir müssen jetzt wieder normal reden, sonst wird's mir unheimlich. Du hast recht, einem allein wäre das nicht möglich gewesen. Ich glaube, allein hätte ich all diese Gedanken gescheut. Mir war öfter ziemlich unheimlich dabei.«

Wir nähern uns allmählich unserem nächsten Ziel, einer EDV-Firma, bei der Christoph in den Ferien gearbeitet hat. Schon am Morgen hat er mir gesagt, er wolle dort vorbeifahren, um etwas zu klären. Er habe von seinem damaligen Chef das Angebot erhalten, dort seine Diplomarbeit zu machen. Bisher habe er weder abgelehnt noch zugesagt. Er habe jetzt erkannt, daß das unehrlich gewesen sei, denn eigentlich habe er schon immer gewußt, daß er das nicht machen werde. Jetzt müsse er sich für seine damalige Unehrlichkeit entschuldigen, und zwar so schnell wie möglich. Dies sei die richtige Gelegenheit dafür, wir könnten doch einfach vorbeifahren.

Auf der Autobahn tauchen einige Schilder auf. »Wir fahren nach Rothenburg«, sagt Christoph.

Wieso Rothenburg? denke ich. Kommen wir dann noch rechtzeitig zu seiner Firma? Aber das ist ja schon wieder eine Nummer! Schluß damit! Im Jetzt sein und genießen!

»O. k., fahren wir nach Rothenburg«, sage ich. »Es muß wirklich schön sein dort, ich hab es noch nie gesehen. Das ist echt eine gute Idee.«

Wie fahren also nach Rothenburg. Einfach so. Nachdem wir das Auto geparkt haben, gehen wir in Richtung Altstadt zur Stadtmauer, da sagt Christoph schon wieder: »Ich telefoniere.«

Ich finde diese ewige Telefonierererei allmählich komisch, irgendwie lustig, so eine Marotte, und ich rufe ihm nach: »Paß auf, daß das nicht eine neue Nummer von dir wird!«

Er geht zur Telefonzelle, bleibt eine Weile stehen, kommt dann wieder und sagt: »Ich ruf doch nicht an.«

Wir gehen zur Stadtmauer. Die Sonne scheint durchs Tor. Plötzlich sagt Christoph: »Ich ruf doch an.« Er geht zur Telefonzelle zurück und telefoniert eine Weile. Ich sonne mich in der Zwischenzeit. Als Christoph zurückkommt, steigen wir auf die Stadtmauer, gehen auf ihr entlang und schauen in die Altstadt hinunter. Ich bin begeistert, wie hübsch das alles ist, diese Stadtmauer, richtig niedlich, einfach liebenswert. Ich versenke mich ganz in den Anblick und sage: »Diese Mauer sieht so aus, als wäre sie gar nicht zur Verteidigung gebaut worden, sondern nur, damit es hübsch aussieht. Das ist alles noch mit Liebe gemacht. Die Leute, die das hier gebaut haben, waren praktisch die Stadtmauer, haben sich in ihr verwirklicht. Wenn man das mit den trostlosen Klötzen von heute vergleicht ... ein Unterschied wie Tag und Nacht!«

Plötzlich sehen wir unter uns eine Gruppe Mädchen. Christoph bleibt stehen, lacht und winkt ihnen zu.

»Ist's schön da oben?« ruft eines der Mädchen.

»Ja, super Aussicht hier«, rufe ich hinunter.

Die Mädchen schauen wieder in ihren Stadtplan. Die sind verschüchtert wie alle anderen Menschen. Wir steigen von der Mauer hinunter und gehen in die Stadt, mal in dieses Geschäft, mal in jenes und sehen uns alles in Ruhe an. Vor uns in der Straße sitzen zwei Musikanten, die ein Lied spielen. Ich finde das schön, das ist das Tüpfelchen auf dem i in dieser Stadt. Christoph und ich gehen geradewegs auf sie zu, jeder wirft ihnen Geld in den Hut. Die beiden Leute müssen arm sein, denn sie haben schäbige Kleider an. Ich sehe dem einen Mann ins Gesicht, will ihm damit zu verstehen geben, daß ich ihn achte und nicht nur Geld in den Hut werfe. Er sieht zurück, und es trifft mich wie der Blitz, mir schießen Tränen in die Augen, ich weiß gar nicht, wie mir geschieht. Ich gehe weiter und überlege: Irgend etwas hat mich zu Tränen gerührt, etwas sehr Trauriges. Es hat mit diesem Mann zu tun. Der Mann ist arm, ich habe ihn anerkannt. Na, klar!

Ich habe seine Seele gesehen, die Traurigkeit in seiner Seele. Das Forum hat mir direkten Zugang zu den Seelen der Menschen ermöglicht!

»Ich habe dem Mann da eben in die Augen gesehen«, sage ich zu Christoph. »Ich wollte ihm Mut geben weiterzumachen. Und weißt du, ich habe seine Dankbarkeit gespürt, so deutlich, das war unglaublich! Ich war ganz ergriffen. Wir können den Menschen wirklich viel geben, wenn wir ihnen zeigen, was wir fühlen. Das war so ähnlich wie mit der Frau in dem Wirtshaus. Man sieht es jetzt deutlich, wie die Leute in ihren Käfigen sitzen und froh sind, wenn sie für einen Moment herauskönnen.«

Wir gehen weiter durch die Straßen und finden schließlich ein Straßencafé. Wir trinken eine heiße Schokolade und sonnen uns eine Weile. Ich habe das Gefühl, mein Leben zum erstenmal völlig unbeschwert zu genießen.

»Ich bin so entspannt, als wäre ich im Urlaub«, sage ich zu Christoph. »Das wäre mir früher nicht passiert in dieser Situation. Ich hätte mich ständig mit lästigen Gedanken herumgequält. Sophie hat wieder einmal recht gehabt: Wir haben gelernt, einfach nur zu sein!«

Nach einer Weile kommen mir aber doch wieder Gedanken wegen der Zeitplanung. »Fahren wir jetzt? Sonst ist niemand mehr da in deiner Firma. Außerdem wollen wir ja noch mit unseren Eltern reden.«

Wir bezahlen, und der Kellner wünscht uns noch einen schönen Urlaub. Wir sehen uns an: Der hat auch etwas gemerkt! Man kann uns diese innere Ruhe anscheinend ansehen, diese Ruhe, die wir sonst nur im Urlaub hatten, befreit von allen Sorgen. Christoph geht noch in ein Souvenir-geschäft nebenan, kauft zwei goldglänzende Tannenbäume aus Blech und sagt, er will sie seinen Eltern mitbringen.

Auf dem Rückweg sind wir gerade an einer Seitengasse vorbeigegangen, da pflückt Christoph eine Geranie von einem der Blumenkörbe auf der Straße, kehrt um und läuft in die Seitengasse hinein. Ich gehe ebenfalls zurück und sehe, wie er sie einer alten, ärmlichen Frau in die Hand gibt. Ein alter Mann sieht verwundert zu.

»Das war eine gute Idee von dir«, bewundere ich Christoph. »Die alte Frau erinnert sich bestimmt noch wochenlang daran und freut sich. Man sollte so etwas öfter machen.«

Wir fahren wieder. Die Landschaft ist schön, es macht Spaß, Auto zu fahren. Früher hätte ich mir Gedanken gemacht wegen der Luftverpestung, die wir gerade verursachen: eine Nummer, die einen daran hindert, Spaß zu haben!

»Mir fällt immer dieser Vergleich ein: Leben ist wie Autofahren«, sagt Christoph.

Ich bin leicht befremdet. »Wie meinst du das?«

»Ich weiß auch nicht recht. Du kannst einfach abbiegen, wenn du willst.«

Auf einmal begreife ich: »... oder auch neben der Straße fahren. Genau, das ist ein witziger Vergleich für unser Leben jetzt und früher: Jetzt fahren wir auf der Straße, früher sind wir daneben gefahren. Es ist einfach der richtige Weg jetzt, und deshalb ist es so viel leichter. Der Vergleich ist total gut! Weißt du, was die Menschen machen, die meinen, sie sind normal? Die fahren neben der Straße, und noch dazu mit verbundenen Augen. Und dann wundern sie sich, wenn's immerzu holpert und wackelt!« Wir müssen lachen. »Kein Wunder, wenn ständig Unfälle passieren! Das ist natürlich tragisch. Dann geht es ab und zu glatt, und die Leute wissen wieder nicht, wie ihnen geschieht. Dabei haben sie nur zufällig die Straße getroffen. Und ab geht's wieder in den Straßengraben, mit verbundenen Augen! Der ist wirklich köstlich, dieser Vergleich! Das Forum öffnet einem die Augen, und man sieht das erste Mal die Straße. Wir fahren jetzt zum erstenmal in unserem Leben auf der Straße. Kein Wunder, daß alles so glattgeht!«

»Wie heißt es doch in der Bibel? Das mit dem Weg?« fragt Christoph.

»Ich bin der Weg, die Wahrheit und das Leben«, antworte ich.

»Ja, das paßt! Schreib's auf!«

»Genau, das ist's: Die Wahrheit haben wir im Forum erfahren, das ist unser Weg, unsere Straße, und da wir auf dem Weg der Wahrheit gehen, leben wir zum erstenmal richtig. Genau!«

»Und wie war das mit Hitler?«

»Der ist auch neben der Straße gefahren, aber ordentlich daneben. Der hat nichts gesehen. Doch, hat er, er hat was gesehen. Er hat immer nur einen Punkt in der Ferne angestarrt und ist dann darauf zugefahren, ohne Rücksicht auf Verluste. Schließlich ist er in ein tiefes Loch gefallen, das hat er natürlich nicht gesehen, er hat ja immer nur in die Ferne geschaut. Aber auf der Straße ist der nicht gefahren.«

»Schreib: Hitler wußte nicht, daß die Wahrheit der Weg ist. Schreib: Teufel ist gleich Theater ist gleich Hoppelweg. Schreib: Nach dem Forum siehst du die Straße. Sehe ich um die nächste Kurve? Im Leben genausowenig wie beim Autofahren. Es reicht, wenn du weißt, daß du auf dem richtigen Weg bist.«

Ich schreibe alles mit.

Wir kommen schließlich bei der Firma von Christoph an. Wir fahren erst einmal an der Abzweigung vorbei, denn wir haben große Schwierigkeiten zu lesen, was auf den Schildern steht; es dringt nicht bis ins Bewußtsein vor.

»Sag, wann wir abbiegen!« sagt Christoph.

Ich kämpfe immer noch mit der gleichen Schwierigkeit, bis es mir schließlich im letzten Augenblick, bevor wir ein zweites Mal daran vorbeifahren, gelingt, das Firmenschild zu erkennen. Wir biegen ab und kommen auf das Werksgelände. Rechts ist ein großer Parkplatz mit baumbepflanzten Grünstreifen zwischen den Parkflächen. Wir benutzen nicht die Einfahrt zum Parkplatz, sondern fahren direkt von der Straße aus quer über die Grünstreifen: Es macht Spaß, etwas Unvernünftiges zu tun. Wir stellen das Auto ab und gehen auf den Pförtner zu, der in seinem Häuschen neben dem Parkplatz sitzt. Christoph fragt ihn nach der Nummer seines früheren Vorgesetzten. Der Pförtner sucht lange nach der Nummer und ruft schließlich an, erreicht aber niemanden: »Der wird nicht mehr da sein. Es hat wohl keinen Sinn, wenn ich Sie jetzt reinlasse.« Christoph sieht es ein, der Mann muß ihm aber noch zwei weitere Nummern heraussuchen. Ich bin wieder einmal fasziniert: Wie der Mann springt! Der macht alles, was Christoph will.

Wir fahren weiter und fangen sofort wieder an zu philosophieren.

»Schreib: Vergangenheit hat keine Bedeutung. Es gibt nur das Sein im Jetzt«, fängt Christoph an.

Ich schreibe es auf. Dann sage ich: »Fahren wir mal wieder raus.«

»Du sagst immer ›mal‹. Laß das weg, das ist besser!« korrigiert Christoph.

»›Das ist gut‹«, berichtige ich ihn, »denn ›besser‹ gibt's nicht. Das Wort ›mal‹ ist unreal, deshalb ist es gut, es wegzulassen. Nein! ›Gut‹ gibt's ja auch nicht! Man muß echt aufpassen mit den Wörtern. Also: Das Wort ›mal‹ gibt's nicht, also lasse ich es weg. So müßte es stimmen ... nein, so stimmt's.«

Wir fahren auf die Autobahnraststätte. Plötzlich kommt mir eine Idee: »Mir ist wieder etwas eingefallen für das Buch. Ich habe nachgedacht: Das mit den ewigen Befehlen, tu dies, tu das, das klingt so brutal. Ich weiß eine bessere Formulierung. Ich will dir zum Beispiel sagen, du sollst deine Eltern anrufen, denn die machen sich Sorgen, die haben diese Nummer. Also sage ich: Ich laß dich deine Eltern anrufen. Denn ich weiß ja, daß du es willst. Oder ich sage: Ich laß mich meine Eltern anrufen. Ich schalte die Nummern ab, die mich anbrüllen: ›Tu's nicht‹, und ich sag einfach: ›Ich laß es mich machen.‹«

Wir rufen bei unseren Eltern an. Es kostet mich Überwindung, der Anruf vom Samstag ist mir noch in peinlicher Erinnerung. Aber ich weiß ja: Ich bin stärker als diese Nummern. Ich sage meinen Eltern Bescheid, daß wir in einer bis eineinhalb Stunden kommen werden. Die Stimme meiner Mutter klingt übertrieben besorgt. Gut, daß ich komme, da kann ich ihnen diese Bedenken gründlich austreiben. Wenn sie mich sehen, werden sie ja merken, daß nichts Schlimmes passiert ist.

Gutgelaunt fahren wir weiter. Auf der Autobahn kommen Absperrungen, rot-weiße, mannshohe Latten im Abstand von etwa zwanzig Metern. Christoph bremst, fährt zwischen den Absperrungen hindurch und fährt mit der gleichen Geschwindigkeit auf der gesperrten Fahrbahn weiter. Es ist mittlerweile Nacht geworden, und ich kann nur undeutlich den Stand der Bauarbeiten vor uns erkennen.

»Man kann's auch übertreiben. Bitte, fahr wieder rüber!« sage ich.

Christoph fährt noch eine Weile auf der falschen Seite, dann bremst er und lenkt wieder auf die richtige Fahrbahn. »Ich wollte dir nur zeigen«, sagt er, »daß deine Angst unbegründet ist. Du kannst alles tun, wenn du nur willst.«

Ich sehe es ein: Das Experiment hat es bewiesen, es ging ja tatsächlich gut, also war meine Angst unberechtigt, eine Nummer, die irgendwoher aus den Abgründen meiner Vergangenheit aufgetaucht war. Ich bin aber trotzdem erleichtert, daß wir wieder auf der richtigen Seite sind, zugleich auch stolz, daß wir den anderen Leuten auf der Autobahn gezeigt haben, was es heißt, etwas Unvernünftiges zu tun.

Ich denke nach über Mathematik und Physik. Ich finde eine Erklärung, warum ich beides nie so recht lieben konnte:

Mathematik ist Denken um des Denkens willen, damit man sich selbst immer wieder beweisen kann, wie recht man doch hat. Sozusagen ein ständiger Aufbaukurs im Denken ohne jeden Bezug zum Sein. Die Naturwissenschaften beschäftigen sich mit dem Verstehen der Wirklichkeit, also der Maschinerie, der »Wirk«lichkeit, die alles in Gang hält. Wir aber haben das Verstehen des Seins! Des eigenen Seins! Das einzige, worauf es ankommt!

Wir fahren an einer Ortschaft vorbei, von der Autobahn aus kann man einen Gasthof erkennen. Christoph biegt ohne Vorwarnung ab. Interessiert folge ich dem weiteren Verlauf des Geschehens – ich komme mir vor wie in einem Film. Christoph fährt Richtung Gasthof und stellt das Auto auf dem Parkplatz davor ab. Drinnen sehen wir uns zuerst einen Nebenraum an. Dort ist nur ein Tisch besetzt, das ist mir zu trist. Sehr laut, damit es alle hören, sage ich: »Nein, hier nicht, da ist ja kein Mensch, das ist ätzend.«

Wir gehen also wieder zurück, der andere Raum ist voll. Als wir an einem Tisch vorbeikommen, an dem ein paar ungefähr fünfzehnjährige Mädchen sitzen, sagt Christoph: »Hallo, ihr Hübschen!« Verlegen ducken sie sich ein wenig, es ist ihnen offensichtlich peinlich.

Wir setzen uns hin und strecken die Beine von uns. Ich sehe mich im Raum um.

»Ach so«, sagt Christoph, »du wolltest dich wieder über die Leute amüsieren, deshalb wolltest du nicht nebenan bleiben.«

»Ja, sozusagen. Obwohl, nein, so stimmt es auch wieder nicht. Amüsieren schon, aber nicht über die Leute. Wenn wir uns lustigmachen, dann sind es ja nicht die Leute, über die wir uns lustigmachen, sondern ihr Zeugs aus dem Duschablauf. Das sind gar nicht sie selbst, sie wissen's nur nicht. Wir machen uns nur über ihre Nummern lustig. Daß sie nicht rausgehen aus dem Käfig, der gar nicht abgesperrt ist. Aber nicht über die Leute selbst. Das wäre gemein.«

Ich werde auf das Lied aufmerksam, das gerade im Hintergrund läuft. Jämmerliches Gequäke, denke ich. Ich kenne dieses Lied doch, ich kenne es doch ... »Yesterday ... seemed so far away«. Ach, das ist es! Mein Gott, das hat mir früher gefallen! Diese Musik hat wirklich zu meinem Charakter gepaßt! Ein jämmerliches Lied für einen jämmerlichen Menschen!

»Das Lied hat mir früher immer so gut gefallen«, sage ich zu Christoph. »Weißt du, was es ist? Ein einziges Sich-Suhlen im eingebildeten Unglück! Dieses Lied wird mir bestimmt nie wieder gefallen. Da bin ich drüber weg.«

Irgendwann fahren wir weiter. Auf der Autobahn fällt mir auf, daß wir ständig hin- und herschlingern, ab und zu kommt ein Ruck, wenn wir zu weit von unserer Spur abgekommen sind. Ich kümmere mich nicht weiter darum: Angst ist eine Nummer.

Christoph hat eine Idee: »Weißt du was? Wir machen nachher einen Philosophieabend mit unseren Eltern. Und unseren alten Lehrer Klingner nehmen wir auch mit, der begeistert sich für so etwas.«

»Bei wem?« will ich wissen.

»Bei dir.«

»Schlecht, meine Eltern gehen früh ins Bett. Die werden nicht sehr erfreut sein, die werden erst mal mit mir allein reden wollen.«

Doch Christoph ist von seiner Idee überzeugt: »Weißt du was? Wir machen's einfach! Wir fahren zuerst zu mir, laden meine Eltern ins Auto, und dann fahren wir zu dir. Dann können sich deine Eltern nicht wehren.«

»Stimmt, umgekehrt würde es nicht gehen. Aber ich weiß nicht. Wenn ich mir meine Eltern so vorstelle, wie sie im Wohnzimmer sitzen, und dann kommen wir alle ...«

»Die müssen auch mal raus aus ihren alten Gewohnheiten. Das ist der Anfang. Sonst ändert sich nie was. Wir helfen ihnen dabei.«

»O. k., was Unvernünftiges ist es jedenfalls.« Halb im Scherz sage ich noch: »Und wenn wir berühmt werden wollen, müssen wir einmal einen Anfang machen.«

»Schreib du die Einladung!« sagt Christoph.

Ich schreibe: Sehr geehrte Zuhörer und Teilnehmer! Beim Ersten Ontologischen Philosophieabend im Hause Lell werden unerhörte Dinge zur Sprache kommen! Wußten Sie beispielsweise, daß auch Ihr Leben leer und bedeutungslos ist, daß das aber nichts bedeutet? Oder daß eine Enttäuschung ein überaus vorteilhaftes Erlebnis ist? Erfahren Sie mehr darüber beim Ersten Ontologischen Philosophieabend! Mit freundlichen Grüßen, Ihr Christoph und Martin.

Ich lese es vor und finde es witzig. Vielleicht finden meine Eltern die Sache wider Erwarten ja auch lustig? Trotz meines »Immer-bereits-Hörens«?

»Ja«, sage ich, »vielleicht ist das gar nicht so schlecht mit dem Philosophieabend. Da werden die Eltern lockerer. Aber wir dürfen nur über das sprechen, was wir jetzt im Auto herausgefunden haben, das mit der wahren Bedeutung, die in den Wörtern steckt zum Beispiel, oder das mit dem Autofahren. Das ist schön harmlos, da regen sie sich nicht auf. Wir dürfen nicht gleich über uns sprechen, was wir alles ändern wollen. Das wäre zu schnell.«

Eine Weile herrscht Schweigen. In meinem Bauch breitet sich wieder Beklemmung aus. Ich bekomme richtig Angst, wenn ich an Christophs oder meine Eltern denke, ohne daß ich weiß, warum.

»Ich kann nichts machen«, sage ich schließlich, »aber ich hab die Nummer, aus dem Philosophieabend wird nichts.«

Christoph ist jedoch ungebremst in seiner Begeisterung: »Wir machen's!«

»O. k., ist ja nur eine Nummer. Vergiß es. Wir schauen einfach, ob es was wird.«

Dann reden wir über Glauben. »Was ist Glauben eigentlich?« fragt Christoph. »Was kann man da sagen?«

»Ich glaube, daß die Liebe *ist*!« überlege ich. »Genau, das ist es doch. Wir wissen, daß wir einander lieben, dann müssen wir doch glauben, daß die Liebe *ist*!«

»Und Gott?«

»Gott ist ein Wort«, sage ich. »Und wir sind unser Wort. Also sind wir Gott! Immer wenn wir sagen, ich bin Gott, sind wir es auch. Na klar, Gott kann sich ja auch nur in uns zum Ausdruck bringen. Was würde Gott machen, wenn es keine Menschen gäbe! Wäre schön langweilig für ihn! Und wir sind nicht auf unseren Körper beschränkt. Wir leben in den Worten fort, die wir austauschen. Also leben wir in allen Menschen, alle Menschen bilden ein Sein, und das ist Gott!« Mir wird schon wieder unheimlich. »Mir läuft ein kalter Schauer den Rücken hinunter!«

»Mir auch«, sagt Christoph.

Einen Moment lang herrscht wieder Stille. Dann sagt Christoph: »Glaube ist die Formulierung des Seins im Denken.«

Das genügt mir noch nicht. »Nein, genauer: Glaube ist die Formulierung des nicht denkbaren Seins im Denken. Mir läuft schon wieder ein kalter Schauer über den Rücken! Das ist die Grenze des Denkbaren, die wir hier erreicht haben. Weiter hat noch nie jemand gedacht. Es geht nämlich nicht.«

Es folgt eine längere Pause. Mir ist sehr kalt, ich bin äußerst erregt wegen unserer Erkenntnisse und habe zugleich große Angst.

»Glaube …«, fängt Christoph wieder an, doch diesmal unterbreche ich ihn.

»Nein«, rufe ich, »bitte hör auf, ich hab sonst Angst, verrückt zu werden. Es gibt doch da die Ansicht, daß man, wenn man zu weit denkt, verrückt wird. Ich hab Angst, wenn wir da weitermachen.«

In meinem Kopf fängt es aber schon wieder an zu arbeiten. Ich denke an den Satz: Ich bin mein Wort. »Wir haben doch jetzt ständig Wörter aus uns hinausgeworfen, ich meine aus unserem Wortschatz gestrichen. Wir könnten doch auch alle Wörter aus uns hinauswerfen. Was wäre dann? Dann könnten wir nicht mehr denken!« Mir wird schwindlig. »Nein, hören wir auf damit! Ich hab keine Lust mehr zu philosophieren, ich hab schon wieder Angst, verrückt zu werden. Wir müssen jetzt einfach aufhören.«

Christoph ist einverstanden. Für eine Weile ist wieder Stille im Auto. In mir breitet sich erneut Angst aus, diesmal wegen des Treffens. Ich versuche sie wegzudenken, aber es gelingt mir nicht. Ich sitze wie auf Kohlen.

»Schreib«, diktiert Christoph plötzlich wieder, »schreib: Angst ist die Nummer, die über das Sein dominiert.«

Ich notiere es und verstaue die vollgekritzelten Blätter in meinem Rucksack, denn wir kommen bei Bruckners an, den Eltern von Christoph. Christoph stoppt in der Einfahrt. »Geh du zu meinen Eltern, ich hol den Klingner!« Er fährt wieder ab, ich klingle bei Bruckners. In meinem Bauch brodelt es: entspannt auftreten, nur nichts Falsches sagen!

Die Tür geht auf, Herr und Frau Bruckner stehen da. Aus mir sprudelt es heraus: »Guten Abend, ich bin's, der Martin. Der Christoph ist noch mal weggefahren, der holt den Herrn Klingner. Wir wollten nämlich eine kleine Runde machen über das, was wir da mitgekriegt haben.«

Christophs Eltern bitten mich freundlich ins Haus. Beide sehen sehr besorgt aus. Was für einen Unsinnn müssen die denken! Das Wichtigste ist, erst mal beruhigen! Ich muß mich geben wie immer, darf mir auf keinen Fall meine Begeisterung anmerken lassen.

»Sie brauchen sich keine Sorgen zu machen«, sage ich. »Mit dem Christoph ist alles in Ordnung. Das war nichts Schreckliches, dieses Seminar.«

»Wozu bringt er jetzt den Herrn Klingner?« fragt Frau Bruckner verstört.

»Wir haben uns gedacht, wir machen eine kleine Runde

und reden über die Dinge, die wir am Wochenende gelernt haben. Christoph und ich haben im Auto darüber diskutiert, und wir haben so viele Dinge erkannt. Wir wollen das einfach loswerden, und Herr Klingner interessiert sich bestimmt auch dafür. Aber machen Sie sich doch nicht solche Gedanken wegen Christoph.«

Frau Bruckner ist sehr ernst. »Er hat gestern bei seinem Bruder Gerhard angerufen. Der hat gesagt, das ist nicht mehr der Christoph gewesen, so verändert war er. Er war schockiert, wirklich schockiert!«

Wieso denn gleich schockiert? denke ich. Mein Gott, die Leute müssen aber auch alles negativ sehen! Die haben wohl die Einstellung, eine plötzliche Veränderung zum Positiven kann nicht positiv sein.

Aber ich will sie ja beruhigen: »Sie können mir wirklich glauben, der Christoph ist so, wie er immer war. Er hat sich bloß von vielen Sorgen befreien können in diesem Seminar. Deswegen ist er jetzt viel freier und unbesorgter. Das ging mir genauso.«

Frau Bruckner läßt sich jedoch nicht beruhigen. »Aber diese Wesensveränderung! Der Christoph war nicht mehr er selbst. Das sagen alle, die mit ihm geredet haben. Die Nicole sagt das auch. Sie war entsetzt, als er sie angerufen hat. Sie hat ihn nicht wiedererkannt.«

»Der Christoph hat sich aber nicht mehr verändert als ich«, versuche ich es weiter. »Finden Sie, daß ich mich zum Negativen verändert habe?«

Frau Bruckner schüttelt den Kopf: »Nein, das sagen wir ja gar nicht. Ach, wollen Sie nicht zu Hause anrufen? Ihre Eltern wissen ja gar nicht, wo Sie sind.«

Ich rufe zu Hause an, am Telefon ist meine Mutter. »Hallo, ich bin's«, sage ich schnell. »Ich wollte euch nur sagen, daß ich bei Bruckners bin. Wir wollten da ...«

»Gut, wir kommen, wir holen dich ab.«

»Moment, wir wollten da ein ...«

»Der Papa macht sich schon fertig. Der ist gleich da und holt dich ab.«

»Jetzt hör doch mal zu ...«

»Ja, der Papa ist schon zur Tür raus. Der kommt gleich. Also bis nachher!« Sie legt auf.

Die können einem nicht einmal zuhören, denke ich. Typisch! Es ist so, wie's immer war: ich das Opfer, sie die Täter.

Frau Bruckner hat inzwischen etwas zu trinken und ein belegtes Brot gebracht. Ich setze mich an den Tisch und fange an zu essen. Ich habe immer noch diesen trockenen Mund, den ich schon während des Forums hatte, und würge das Brot hinunter, nehme gar nicht richtig zur Kenntnis, was ich da esse. Völlig niedergedrückt stehen Christophs Eltern neben dem Tisch.

»Was hat Sie denn an Christoph so gestört?« frage ich und versuche, möglichst harmlos zu klingen.

Frau Bruckner regt sich gleich wieder auf. »Er hat ja auch bei uns angerufen, und er war einfach so verändert. Er hat Sachen gesagt, die er sonst nie gesagt hätte.«

»Ja, war es denn so schlimm, was er gesagt hat?«

Herr Bruckner schüttelt den Kopf: »Nein, das nicht. Aber diese Wesensveränderung! Ich hab mir nur gedacht: Was haben die mit dem Christoph gemacht?«

Ich sehe schon, die kommen nicht herunter von ihrer Macke. Trotzdem gebe ich nicht auf. »Ja, und wenn er sich verändert hat, muß das doch nicht unbedingt schlimm sein. Ich weiß, ich habe mich auch verändert, aber ich denke zum Positiven.« Jetzt kann ich mich nicht mehr zurückhalten. »Mir sind wirklich die Augen geöffnet worden. Ich hab da die wertvollste Erfahrung in meinem Leben gemacht, und ich bin nur froh und dankbar, daß das passiert ist. Ich habe zum Beispiel meinen Eltern Vorwürfe gemacht, die völlig unbegründet waren, und bin mir darüber klargeworden. Ich fühle mich viel besser deswegen. Und auch sonst, ich verstehe jetzt so vieles, was ich mir nicht erklären konnte. Ich hab ständig gedacht, ich könnte mich nicht entscheiden. Jetzt weiß ich, daß das alles Blödsinn war, ich werde mich von jetzt an bestimmt immer entscheiden können.«

Es klingelt. Christoph hat es tatsächlich geschafft, Herrn Klingner mitzubringen. Herr Klingner lacht und sieht fröhlich aus. Wenigstens einer, der es nicht so tierisch ernst nimmt, denke ich. War vielleicht doch richtig, ihn zu holen. Christoph strahlt noch dieselbe Begeisterung aus wie vorher im Auto. Er ist drauf und dran, gleich mit großen Erklärungen anzufangen.

Während Christophs Eltern sich mit Herrn Klingner unterhalten, flüstere ich Christoph zu: »Deine Eltern sind total schockiert. Du mußt so sein, wie du immer warst!«

»Sind sie wirklich schockiert? O. k.!«

Wir gehen ins Haus. Ich befürchte, daß die gedrückte Stimmung der Bruckners die Oberhand gewinnt. Man müßte jetzt zum philosophischen Teil übergehen, damit endlich Lockerheit einkehrt. Da klingelt es schon wieder. Diesmal ist es mein Vater. Nervös begrüßt er mich und die anderen.

»Herr Lell«, ruft Christoph, »kommen Sie doch bitte auch rein! Wir müssen das wirklich mit Ihnen allen besprechen, das ist jetzt ganz wichtig für uns.«

Um Gottes willen, denke ich, der völlig falsche Tonfall, der betont ja nur noch den Ernst der Lage!

Mein Vater wirkt geradezu panisch, als er mich am Arm faßt und sagt: »Nein, also, das geht jetzt wirklich nicht. Komm, Martin, wir fahren!« Seine Ablehnung ist derart schroff, daß sich jede Diskussion erübrigt. Das war's dann wohl mit dem Philosophieabend.

Mein Vater und ich sind schon auf dem Weg zum Auto, da kommt Christoph uns nach und umarmt mich. Das haben wir noch nie gemacht, aber ich finde es gut. Wir können ja unsere wahren Gefühle zeigen, wir müssen sie nicht immer vertuschen wie diese armen Menschen um uns herum.

Mein Vater fährt los, und ich überlege, was ich jetzt wohl am besten sage. Erst mal beruhigen, denke ich, so tun, als wäre gar nichts Bewegendes passiert! Mein Vater hält mich anscheinend für ein größeres Opfer, als ich je war. Ich muß ihm zeigen, daß dem nicht so ist.

»Ja, das war schon eine Geschichte«, sage ich schließlich. Innerlich triumphiere ich, hüte mich aber, es zu zeigen.

»Wir haben uns ganz schön Sorgen gemacht«, sagt mein Vater. »Was hat der Christoph da eigentlich noch vorgehabt?«

»Ach, nichts Schlimmes. Er hat es nur etwas dramatisch angekündigt.« Ich erkläre ihm den Plan mit dem Philosophieabend.

»Ach so, ich dachte, da wären wer weiß was für Enthüllungen zu erwarten.«

»Nein, gar keine Enthüllungen, nur ein harmloses Gespräch über harmlose Sachen.«

»Na gut, darüber können wir uns auch daheim unterhalten.«

»Ja, wahrscheinlich ist das wirklich besser. War auch nur eine Idee von Christoph.«

»Mama hat den ganzen Tag mit Bruckners telefoniert. Wir wußten ja gar nicht, wann ihr kommt.«

»Aber wir haben doch angerufen.«

»Ja, das ist aber schon länger her. Du hast gesagt, ihr kommt in einer Stunde, aber das war schon vor drei Stunden.«

»Gut, da haben wir uns vielleicht zu wenig Gedanken gemacht.«

Als wir zu Hause ankommen, steht meine Mutter in der Tür. Ich gehe auf sie zu: »So, grüß dich!«

»Endlich bist du da.«

»Ich hab schon gehört, daß ihr euch ziemliche Sorgen gemacht habt. Das wäre aber gar nicht nötig gewesen. Mit uns ist nichts Schlimmes passiert, davon könnt ihr euch jetzt überzeugen.«

Meine Eltern wirken bedrückt, aber zum Glück nicht so fassungslos wie Bruckners.

»So, jetzt komm und setz dich erst mal ins Eßzimmer!« sagt meine Mutter. Sie gießt Tee ein und legt ein Stück Pizza auf meinen Teller. »Du mußt jetzt erst mal was essen.«

Jaja, denke ich, dem armen Opfer muß man sagen, daß es essen soll, es ist ja allein zu dumm dazu. Aber ich sage nicht, was ich denke. »Ja, zum Essen bin ich nicht viel gekommen. Das waren wirklich Mammutsitzungen. Aber der Streß hat sich gelohnt. Ich sehe jetzt viel klarer.«

Ich versuche den ganzen restlichen Abend, meine Eltern von meinen faszinierenden Einsichten und Erkenntnissen aus dem Forum zu überzeugen. Ich hämmere richtig auf sie ein. Sie sollen ruhig merken, daß ich mich verändert habe, daß ich mir meiner Sache sicher bin. Als ich merke, daß sie offensichtlich nichts begreifen wollen oder können, versuche ich sie zu überreden, am Dienstag mitzukommen. Sie müßten einfach sehen, was es für die einzelnen Teilnehmer gebracht hat.

Meinen Vater gebe ich bald auf, von dem hatte ich eh nicht erwartet, daß er mitkommen würde, auch wegen seiner Arbeit. Um so mehr rede ich auf meine Mutter ein. Sie wirkt die ganze Zeit über so traurig, und mir ist auch vollkommen klar, warum: Sie unterdrückt ihren Wunsch mitzukommen! Sie ist traurig, weil sie in ihrem eigenen Gefängnis steckt. Ich nutze aus, was meine Mutter für mich empfindet, und sage, ich müßte sonst ganz allein nach München fahren, zu zweit wäre es viel netter. Doch auch meine Mutter weigert sich beharrlich.

»Dann fahre ich eben allein«, sage ich schließlich. Ich bleibe auch dabei, als meine Eltern mir das ausreden wollen. »Ich habe mir vorgenommen, das zu machen, jetzt muß ich auch dazu stehen. Das ist Teil der Philosophie, die wir mitbekommen haben.«

Ich kann mir nicht erklären, warum meine Mutter so

hartnäckig an ihrer Nummer festhält, nicht mitfahren zu wollen. Was befürchtet sie denn? Ich begreife sie einfach nicht. »Mama«, versuche ich es noch einmal, »das könnte dir wirklich nicht schaden. Da siehst du neue Leute, kommst mal raus. Du mußt ja nichts ändern in deinem Leben, aber du siehst die Dinge viel positiver. Alles macht mehr Spaß.«

Meine Mutter sagt nichts. Ich sehe sie an, um herauszubekommen, was sie verbirgt. Plötzlich schießen mir Tränen in die Augen. Für einen Moment fühle ich mich unendlich traurig. Aber das ist gleich wieder vorbei. Ich überlege mir wieder eine Erklärung: Ich habe jetzt durch meinen tieferen Zugang zu Menschen gelernt, ihre Seele herauszulocken. Ich habe gesehen, daß meine Mutter wirklich den Wunsch unterdrückt, etwas in ihrem Leben zu verändern. Natürlich bin ich traurig, das zu sehen. Vielleicht kommt sie morgen zur Einsicht.

Es ist schon halb ein Uhr. Enttäuscht gehe ich ins Bett. Meine Eltern haben einfach nichts begriffen von dem, was ich ihnen sagen wollte! Warum sperren sie sich mit solcher Gewalt gegen alles Neue? Das ist ja noch schlimmer, als ich dachte.

Ich muß morgen auf jeden Fall zu den Forumsleuten fahren, die verstehen mich wenigstens, die sind aufrichtig und herzlich miteinander, nicht so verklemmt wie die hier alle.

Dienstag, der zweite Tag nach dem Forum

Ich lege mich ins Bett. Innerhalb kürzester Zeit gelingt es mir, meine Enttäuschung abzuschütteln und mich wieder für mein neues Ich zu begeistern. Christoph und ich, die größten Philosophen aller Zeiten! Wir haben uns endlich von allen

Fesseln befreit und haben erkannt, wie groß wir immer schon gewesen sind, haben philosophiert bis an die Grenze des Denkens!

Alles ist ohne Bedeutung. Dasselbe Ding, das wir »Stuhl« nennen, ist für die Menschen im afrikanischen Busch ein Gott. Eigentlich sind alle Wörter überflüssig. Das Ding steht da und Schluß! »Stuhl« und »Gott« sind ja nur die Bedeutungen, die wir ihm geben.

Auf einmal wird mir eiskalt. Zwanghaft muß ich weiterdenken: Kein Wort hat eine Bedeutung, alle Wörter in meinem Gehirn sind unnötig ... aber wie kann ich dann überhaupt noch denken? Zum Denken brauche ich Wörter! Dieser Satz gibt auch schon keinen Sinn mehr! Er besteht aus Wörtern, die alle keine Bedeutung haben. Ein schrecklicher Abgrund tut sich vor mir auf. Ich muß unbedingt davon wegkommen mit meinen Gedanken! Das macht mich wahnsinnig!

Es reißt mich im Bett hin und her, krampfhaft versuche ich, an etwas anderes zu denken. Sofort schießt mir ein neuer Glaubenssatz durch den Kopf: »Ich bin mein Wort.« Wer bin ich dann, wenn Wörter keine Bedeutung mehr haben? Dann existiere ich gar nicht mehr! Bin ich tot? Die Angst vor dem Nichts lähmt mich. Noch einen Schritt weiter, und ich stürze ins Nichts! Tot!

Ich sehe mich reglos und mit starrem Blick im Bett liegen, unansprechbar, nur noch ein Körper, in dem ich früher gelebt habe.

Ich muß meinem Gehirn Zwang antun, nicht mehr zu denken; jeder Gedanke ist eine tödliche Gefahr.

Ganz oben in meiner linken Kopfhälfte entsteht ein Schmerz, dort dreht sich etwas mit irrsinniger Geschwindigkeit. Mein Gehirn ist dabei, sich selbst zu zerstören! Mit Gewalt zwinge ich mich, mir zu befehlen: Ich muß das jetzt durchhalten bis zum nächsten Morgen! Wenn ich Menschen um mich habe, geht es mir bestimmt wieder besser. Und ich muß meinen Zustand meinen Eltern gegenüber unbedingt verheimlichen! Wenn sie das erfahren, das wäre das Ende. Ich muß das allein schaffen!

Irgendwie habe ich es geschafft, diese Nacht durchzustehen. An den nächsten Tag, den Dienstag, kann ich mich nur mehr lückenhaft erinnern. Hier der Bericht meiner Mutter, beginnend am Montag abend.

Endlich, abends um halb zehn Uhr, tritt Martin durch die Tür. Ich bin erleichtert: Er sieht aus wie immer, ist nur noch dünner geworden, und seine Augen flackern. Lebhaft sprudelt es aus ihm heraus: »Schaut mich nur an, ihr braucht euch wirklich keine Sorgen um mich zu machen! Mir ist es noch nie so gut gegangen wie in den letzten Tagen.« Er spricht lauter als sonst, entschiedener.

Wir haben ihm ein Abendessen hingestellt, er rührt es kaum an. Mit großer Begeisterung erzählt er: »Die Philosophie der Ontologie, das ist die Lehre vom Sein, das habe ich jetzt völlig begriffen. Mir sind da Wahrheiten aufgegangen, das hätte ich gar nicht für möglich gehalten. Und das Gute daran ist, das wirkt sich im ganzen Leben aus, zum Beispiel im Studium. Ich weiß jetzt, warum ich studiere, und deshalb fällt mir das Arbeiten bestimmt nicht mehr schwer. Da bin ich mir ganz sicher. Aber auch sonst geht alles leichter, beim Reden vor Leuten zum Beispiel. Da hatte ich doch immer Hemmungen. Das ist jetzt vorbei. Das macht mir gar nichts mehr aus. Ich habe das dort ausprobiert, und deshalb weiß ich es.«

Ich bin mir sicher …, das weiß ich …, das ist so … – früher hat er anders gesprochen! Besonders erstaunlich findet er, daß er in den letzten Tagen nie müde war. »Früher war ich oft so kaputt. Das ist jetzt ganz anders. Unser Kurs hat jeden Tag fünfzehn Stunden gedauert. In den drei Nächten habe ich ganz wenig geschlafen, nur vier Stunden jedesmal. Das hat mir aber gar nichts ausgemacht! Man braucht einfach kaum Schlaf, wenn man so einen Kurs gemacht hat.«

Er setzt seine ganze Überredungskunst ein, damit wir ihn am folgenden Tag zu seiner Schlußveranstaltung begleiten. »Dann könnt ihr euch selbst überzeugen, daß das wirklich was Gutes ist. Die anderen bringen auch ihre Angehörigen und Freunde mit.«

Wir Eltern dagegen bemühen uns verzweifelt, ihm gerade diese Veranstaltung auszureden – dann wäre er endgültig und für immer verloren. Wir zeigen ihm einen Zeitungsartikel über Landmark, weisen ihn auf den Ausdruck »Gehirnwäsche« hin. Er wirkt ehrlich: »Ja, ganz schonend geht so ein Kurs natürlich nicht ab. Sonst könnte man auch gar nichts verändern. Aber Gehirnwäsche ist zu negativ. Das war es bestimmt nicht.«

Wie ein Missionar breitet unser Sohn nun seine Wahrheiten vor uns aus. Auf unsere Einwände reagiert er schnell und bestimmt; nachzudenken braucht er nicht. Das meiste von dem, was er vorbringt, ist Wortgeklingel, sind nie gehörte Wortverbindungen, hohl und ohne Inhalt. Merkt er das denn nicht? Mein Mann geht unermüdlich auf alles ein, geduldig, ohne Schärfe. Er behandelt ihn wie einen Kranken, mit dem man Mitleid haben muß.

Nach langer Diskussion trennen wir uns – irgendwann müssen wir ja ins Bett. Martin ist hart geblieben: Er will am nächsten Tag fahren. Wir raten ihm noch, sich gründlich auszuschlafen.

Nachdem Martin gegangen ist, tauschen mein Mann und ich unsere Eindrücke aus. Unser Sohn war immer zurückhaltend und nachdenklich gewesen, dabei sehr einfühlsam. Seine große Liebe galt der Natur, besonders den Pflanzen. Er engagierte sich stark für die Umweltbewegung. Dies alles erfüllte sein Denken, und davon ließ er sich durch nichts in der Welt abbringen. Äußere Dinge wie Erfolg oder Geld hatten da nicht mehr viel Platz. So kannten wir unseren Sohn.

Die Vorstellung dagegen, die wir eben gesehen haben, beklemmt uns: zuviel Energie, zuviel Entschiedenheit, zuviel Sicherheit. Eines ist offensichtlich: In seinem Wesen hat sich eine grundlegende Veränderung vollzogen. Deren Ausmaß ist uns jedoch nicht im entferntesten bewußt. Erst am nächsten Morgen zeigt sich, daß man versucht hat, diesen Wesenskern mit Stumpf und Stiel zu vernichten. Es kommt zu einer ungeheuren Explosion von schrecklichen Gefühlen. Man muß dabei wissen, daß unser Sohn ein ausgesprochen nüchterner, ausgeglichener Mensch war: nie überschwengliche Worte, nie Tränen. Die Sprengkraft des Ausbruchs entstand wohl, wie ich mir später klarmachte, durch den völligen Gegensatz zwischen seinem eigentlichen Wesen und dem neuen, aufgezwungenen.

Am folgenden Morgen erkennen wir zunächst nur eine leichte Entspannung, keinen Umschwung. Schon in aller Frühe, um halb sieben Uhr, taucht Martin bei uns zum Frühstück auf. Schlaf braucht er ja nicht mehr viel. Er beginnt gleich selbst mit dem Abschlußabend: »Es ist vielleicht besser, ich fahre da allein hin. Mama braucht eigentlich nicht mitzukommen.«

Mein Mann unternimmt einen letzten eindringlichen Versuch, ihn zurückzuhalten – vergeblich. Dann muß er zur Arbeit. Martin kommt nun auf mich zu: »Ich habe das Gefühl, Papa hat sich gestern abend sehr gern mit mir unterhalten.« Ich freue mich und kann ihn wenigstens dazu bewegen, vor der langen Autofahrt noch ein paar Stunden zu schlafen.

Als er schon im Bett liegt, schaue ich noch mal zu ihm ins Zimmer. Da fängt er zu sprechen an, scheinbar ganz sachlich, ich merke gar nicht, was sich da vorbereitet: »Heute abend treffen wir uns alle, und jeder berichtet von seinen neuen Erfahrungen. Da möchte ich der Leiterin aber schon sagen, daß sie ein bißchen übertrieben hat.« Er schaut mich an, dann kommt ein Geständnis: »Ich habe heute nacht solche Angst gehabt!« Er fängt an zu zittern und starrt ins Lee-

re. »Wirklich, schreckliche Angst!« In diesem Augenblick bricht der Damm, und ein gewaltiger Strom von Schmerz und Wirrnis ergießt sich. Er schluchzt laut auf, die Tränen stürzen hervor. »Du kannst es dir nicht vorstellen. Noch nie in meinem Leben habe ich solche Angst gehabt. Es war furchtbar!«

Er hat sich im Bett aufgesetzt, um besser sprechen zu können. Ich nehme ihn nun in meine Arme, vielleicht tröstet ihn das. Er braucht diesen Halt wirklich. Immer krampfhafter krallt er sich an mir fest. »Jetzt muß ich dir alles sagen. Es war Angst vor dem Verrücktsein. Oder ich war schon verrückt. Oder tot. Das ist dasselbe.« Unter heftigen Zukkungen stößt er heraus: »Da drüben«, er zeigt in die Mitte des Zimmers, »da stand sie, eine riesengroße, schwarze Angst, so breit wie das Bett.« Er breitet beide Arme aus, um es mir zu zeigen. Dann keucht er in abgehackten Sätzen weiter: »… und schwer war sie … sie hat mich ganz zerdrückt.« Er fährt sich mit den Händen über den Bauch. Er muß das alles ganz körperlich erlitten haben. »Ich wußte gar nicht mehr, was ich machen sollte. Am liebsten wäre ich zu euch ins Bett gekrochen.« Er schüttelt den Kopf, als wundere er sich jetzt selbst über sein absurdes Verlangen. »Und am allerschrecklichsten war die Stille hier. Ich konnte es einfach nicht mehr ertragen. Ich war so froh, als ich am Morgen den ersten Vogel hörte. Da konnte ich mich wenigstens an etwas klammern.« Seine Qualen scheinen übermenschlich gewesen zu sein, sonst wäre er nicht jetzt noch, beim Erzählen, bis ins Innerste aufgewühlt.

Ich fühle mich hilflos, halte ihn nur immerzu fest und fange seine irrenden Blicke auf. Das Gespenst der Angst läßt ihn nicht los. Verzweifelt, unter Stöhnen und Zittern, will er sich Klarheit verschaffen: »Ich weiß nur nicht, war das Angst vor der Angst, daß ich verrückt bin, oder war es Angst vor der Verrücktheit. Oder reale Angst. Aber Angst kann doch nicht real sein. Das muß ich jetzt wissen! Ich muß!« Ich fühle mich an das komplizierte Wortklauben vom Vorabend erinnert, doch für ihn hängt von diesen Fragen das Leben ab. Er findet keine Antwort. Eine andere schwache Erkenntnis kommt ihm, aber auch sie ist quälend. Er schaut mich an: »Du weißt ja nicht, was das ist, verrückt sein. Tot bist du dann, du existierst nicht mehr! Ich auch, ich war auch tot, die ganzen Tage war ich tot! Auch gestern, als ich heimkam, war ich tot. Und stell dir vor, du bist dein ganzes Leben lang tot, ja wirklich, denn du bist ja verrückt! Und du merkst es nicht einmal!« Erschöpft und verzweifelt kommt er zu dem Ergebnis: »Ja, das wäre ich gewesen, ein ganzes Leben lang tot.«

Ich drücke ihn fester an mich, um ihn zu beruhigen. Es hilft ihm. Er bemerkt mich auf einmal, kommt los von seinen Schreckensgedanken. Er streicht mir über die Arme. Ein Freudentaumel erfaßt ihn jetzt. Diesmal schluchzt er vor Erleichterung: »Ach, du bist ja da! So ein Glück! So ein Glück, daß ich dich habe! Sonst hätte ich das alles gar nicht sagen können! Und dann, dann wäre ich verrückt geblieben, für immer verrückt.«

Kaum hat er seinen Satz beendet, drückt ihn die nächste Sorge nieder: »Wenn ich da nur rauskomme! Ob ich das schaffen kann?« Er stockt eine Weile, dann wird er von einer neuen Eingebung erschüttert: »Ja, jetzt weiß ich es. Wenn ich da rauskomme, dann wegen deiner Liebe. Ich fühle es ganz deutlich: Deine Liebe ist es. Das ist meine Wiedergeburt.« Er schaut mich an, ob ich ihm folgen kann: »Wiedergeburt, das stimmt wirklich. Zweimal hast du mich geboren. Früher und jetzt. Das jetzt, das ist ein Wunder, ein echtes Wunder. Da rauskommen, allein kann man das gar nicht schaffen. Niemand kann das. Aber ich habe ja dich! Ein Wunder!«

Liebe und Wiedergeburt sind völlig neue Wörter im Sprachschatz unseres Sohnes. Wie ich später von ihm erfuhr, wurde im Seminar oft von Liebe gesprochen, allerdings in einem neuartigen Sinn: Liebe ist gleich Anerkennung, also Mittel zum Erfolg. Der Begriff Wiedergeburt ist im Kursprogramm natürlich nicht vorgekommen.

Die Begeisterung über seine Wiedergeburt legt sich bald, neue Zweifel regen sich. Seine Stimme verändert sich, er spricht nun laut und überdeutlich wie vor großem Publikum. Lehrsätze und Schlagworte irren durch seinen Kopf, ich verstehe nur einen Bruchteil des Durcheinanders. Sein Leben scheint jetzt nur an einer Frage zu hängen: »Woher weiß ich, daß ich nicht mehr verrückt bin? Ich muß es wissen!« Ein neuer Freudentaumel der Erleichterung überwältigt ihn, als er eine Antwort gefunden hat: »Die Wahrheit kennt nur Gott. Ich weiß nur das eine: Ich weiß, daß ich nichts weiß. Ich muß auch nicht wissen, daß ich nicht verrückt bin!« Doch sofort wird alles wieder zusammenhanglos: »Es ist bedeutungslos, daß das Sein bedeutungslos ist ... das kann doch nicht stimmen!« Was mich allmählich ängstigt, ist dieser verlangsamte Schauspielerton. Hat er wirklich den Verstand verloren?

Er schluchzt und zittert immer noch. Der Boden vor dem Bett ist inzwischen übersät mit durchweichten Taschentüchern. Ich gehe aus dem Zimmer, um Nachschub zu holen. »Aber laß die Tür offen!« ruft er hinter mir her. »Noch weiter!« Als Kleinkind hatte er so etwas nicht nötig. Er schlief bei geschlossener Tür.

Als ich wiederkomme, bringe ich auch Kamillentee, den er sich mit viel, viel Honig wünscht. Aber er kann ihn nicht trinken. Seine Finger sind weiß und steif, sie gehorchen ihm nicht mehr. Ich halte ihm die Tasse an die Lippen, so geht es. Er bemerkt seinen jämmerlichen Zustand. »Ich habe die ganze Zeit über gar nicht mehr gewußt, daß ich auch einen Körper habe. Ich war ganz im Kopf. Bloß den Fußball im Bauch, den habe ich immer gespürt. Besonders, als ich vor den andern sprechen sollte, da war es ganz schlimm. Hinterher war es besser, aber losgeworden bin ich diesen Druck im Bauch nie. Daß mir das Sprechen vor den andern nichts ausmacht, das stimmt gar nicht, das haben die mir bloß eingeredet.«

Ein Geständnis bricht heraus, wieder unter Tränen: »Ich habe euch gesagt, daß ich mich dort immer wohl gefühlt habe. Das war gelogen. Und gelogen war dort alles. Ich habe es bloß nicht gemerkt. Sie haben es ja auch verdammt schlau angefangen. Geködert haben sie uns alle mit der Liebe. Das war das einzige, was richtig war. Ohne die Liebe geht es nicht. Der ganze Rest war Lüge. Und ich habe das nicht gemerkt.« Er ist fassungslos bei dem Gedanken, daß er auf so etwas hereingefallen ist.

»Du weißt ja nicht, was sie mit uns gemacht haben. Alles, was wir früher waren, haben wir in den Müll geworfen, alle Eigenschaften, alles, solange, bis nichts mehr von uns da war. Ja, genauso hieß es: in den Müll werfen! Immer wieder! Alles! Und dann haben wir uns neu zusammengesetzt, neue Menschen mit neuen Eigenschaften. Jeder konnte sich aussuchen, was er wollte. Jeder war sein eigener kleiner Gott. Wirklich: wie Gott. Gestern haben wir auch gedacht, wir sind Gott. Wenn du dein eigener Gott bist, kannst du dir befehlen, was du willst. Einen anderen umbringen, das macht dir dann nichts mehr aus.« Seine entsetzten Augen fragen mich, ob ich mir das wirklich vorstellen kann. Erschöpft schließt er: »Nur aus Gewohnheit hätte ich es vielleicht nicht getan.«

Er berichtet, welche Eigenschaften er für sich ausgesucht hat: selbstbewußt und ausdrucksstark. Jetzt widert ihn das alles an. »Ich weiß doch ganz genau, daß ich das nicht bin, und ich will es auch gar nicht sein!« Ich bedauere ihn und spreche von der Gehirnwäsche, die er da durchgemacht hat. Er läßt den Ausdruck nicht gelten: »Gewaschen haben die gar nichts.« Und jetzt schreit er, so laut er kann: »Rausoperiert haben sie uns das Gehirn! Das war es!«

Seine Umkehr ist endgültig. Nach drei Stunden wilder

Kämpfe ist das Schlimmste überstanden: Zwischen die Erregungszustände treten ruhige Abschnitte.

Das Telefon läutet. Nach einem kurzen Gespräch komme ich zurück in sein Zimmer. Er hat nun eine neue Idee, die ihn äußerst erregt: »Ruf sofort die Polizei an! Sag denen, was da los ist! Diese Veranstaltung heute abend, die muß verhindert werden. Die Polizei muß das sperren. Stell dir vor, so viele Menschen sind dann endgültig verrückt! Diese Verbrecher, diese Teufel!«

Ich muß Martin nun allein lassen, da ich in der Küche mit dem Mittagessen anfangen will. Zur Ablenkung gebe ich ihm ein Kinderbuch: ›Ich bin der kleine Hase‹. Als Vierjähriger hat er dieses Buch mit seinen leicht kitschigen Bildern gern angeschaut. Als ich nach einer Weile wieder ins Zimmer komme, finde ich Martin von neuem tränenüberströmt. Es sind jetzt Tränen der Freude und der Rührung. »Schau doch nur den kleinen Hasen an, wie schön da alles gemalt ist! Die Öhrchen und die kleine Schnauze, und rund herum die bunten Blumen! Das fühle ich jetzt auf einmal wieder, wie schön das ist. Wenn ich verrückt geblieben wäre, hätte ich das nie mehr fühlen können. Nie mehr!« Mit der Zeit erfahre ich, was ihn zusätzlich in die Verzweiflung trieb: »Ich konnte keinen Gedanken fassen, mich an nichts erinnern, was in der Zeit vor dem Kurs lag. Alles war versperrt durch die Gestalt der Kursleiterin und ihre durchdringende Stimme.«

Um ihn zu beruhigen, machen wir am Nachmittag eine kleine Wanderung. Tatsächlich zeigt er allmählich wieder sein früheres Interesse an der Natur, der Landschaft, den Pflanzen. Am Abend des ersten Tages, den er zu Hause verbracht hat, bekennt er voll Dankbarkeit: »Jetzt habe ich wenigstens wieder einen Tag in meinem Leben, der mir gehört. Einen Tag, an den ich mich erinnern kann.« Und zugleich entsteht in ihm das Verlangen, alles, was er an dem Wochenende erlebt hat, niederzuschreiben – als Befreiung für ihn selbst und als Warnung für andere.

Epilog oder

»Keiner wird dich daran hindern, nach dem Forum zu erzählen, was du erfahren hast.«

Den Gedanken vom Montag, ein Buch über das Forum zu schreiben, habe ich nun tatsächlich verwirklicht, allerdings aus völlig anderen Motiven. Nur dadurch, daß ich eine Erklärung dafür fand, was mit mir passiert war, konnte ich mich von der ständig drohenden Gegenwart des Forums in meinem Kopf befreien.

Auch bei Christoph war innerhalb eines Tages ein radikales Umdenken eingetreten, und die erste Nacht daheim bei den Eltern war für ihn genauso schrecklich. Seine Eltern hörten, wie er im Schlaf aufschrie: »Geh weg, von mir, Satan!« Unabhängig von mir brachte er das Forum mit etwas Teuflischem in Verbindung. Auch für ihn wurde die Erinnerung an das Forum zu einem quälenden Gespenst, und er versuchte, sie so schnell wie möglich aus seinem Gedächtnis zu löschen – der andere Weg, sich zu befreien.

Ich dagegen wollte alles aufschreiben, so wahrheitsgetreu, wie ich konnte, und dabei wollte ich mich um jeden Preis an jede Einzelheit erinnern. Ich habe nie in meinem Leben ein größeres Bedürfnis gehabt als das, mich an das Forum zu erinnern – obwohl ich zugleich große Angst davor hatte, wieder in die gleichen ausweglosen Gedankengänge hineinzugeraten. Meine Eltern gaben mir die Zuversicht, daß ich es trotzdem schaffen würde. Je weiter ich vordrang mit dem Zurückrufen der Ereignisse, desto deutlicher trat mir vor Augen, auf welch subtile Weise das Forum seine Erfolge erzielt. Inhaltlich entspricht alles zunächst anerkannten Meinungen. Ausgangspunkt bildet die auch sonst weitverbreitete Vorstellung, das eigene Leben spiele sich weitgehend in Unfreiheit und Fremdbestimmung ab. Der erste Schritt zu Selbstbestimmung und Freiheit, so wird weiter argumentiert, ist die Selbstfindung, die nur durch absolute Ehrlichkeit zu erreichen ist. Ehrlich zu sein bedeutet, die negativen Seiten an sich selbst zu erkennen, das heißt eigene Schuld einzugestehen.

Hier ist dann der Punkt erreicht, an dem die Teilnehmer überrumpelt werden. Ohne daß es ausgesprochen wird, wird davon ausgegangen, daß alles Negative im Leben auf eigener Schuld beruht. Die Teilnehmer lassen sich ein schlechtes Gewissen einreden, das sie zu Selbstvorwürfen und Schuldbekenntnissen gegenüber Freunden und Angehörigen zwingt. Die Übernahme der Schuld an allem führt zur Zerrüttung der Gefühlswelt bis hin zur Aufgabe der eigenen Person. Die stillschweigende Voraussetzung hinter der Aufforderung, bei den engsten Angehörigen in erniedrigender Weise um Liebe zu betteln, ist die ungeheuerliche Annahme, daß man dieser Liebe gar nicht würdig ist. Beim Teilnehmer entsteht der Eindruck, daß Liebe in seinem Leben nicht existiert und nie existiert hat. Angst und Verzweiflung entstehen, ohne daß es ins Bewußtsein dringt, zumal die Zeiteinteilung keine Möglichkeit zum Reflektieren läßt. Dieser Zustand wird durch die Angstübung auf die Spitze getrieben.

Unbewußt setzen die Teilnehmer ihre ganze Hoffnung in die Person der Leiterin, die vorgibt, den Weg zur Rettung zu kennen. Sie klammern sich an ihre Worte und identifizieren sich immer mehr mit ihr. Da ihr Gedankengut von jedem einzelnen Teilnehmer Besitz ergreift, ist bei den Unterhaltungen in den Pausen kein kritisches Überdenken möglich. Die Gespräche dienen nur noch der gegenseitigen Bestärkung im kollektiven Irrglauben. Der Druck der Masse, die der Leiterin hörig ist, läßt keinen abweichenden Gedanken aufkommen: Die Teilnehmer merken nicht, daß sie in einen Widerspruch zu ihrem eigentlichen seelischen Empfinden geraten.

Jedesmal, wenn dieses Empfinden für einen kurzen Moment ins Bewußtsein gelangt, wie in den von der Leiterin geforderten »Öffnungen«, wird dies als extrem schmerzhaft empfunden. Schließlich wird das seelische Empfinden instinktiv verdrängt, was einer inneren Kapitualtion gleichkommt, einem Akt der Selbstaufgabe in dem Moment, in dem die Verzweiflung auf ein unerträgliches Maß angewachsen ist. Die Scheinwelt kann endlich völligen Besitz vom haltlos gewordenen Menschen ergeifen.

An diesem Punkt setzt der »transformierte« Zustand ein, der sich so grundlegend vom bisherigen Lebensgefühl unterscheidet, daß er als Folge einer Erleuchtung empfunden wird. Das Wesentliche an diesem Zustand ist ein berauschendes Gefühl der absoluten Freiheit, verbunden mit dem Drang nach Anerkennung, Erfolg und letztlich Macht. Es ist die Freiheit eines Denkens, das vom seelischen Empfinden unabhängig geworden ist und das sich seine Wirklichkeit selbst definieren kann.

Einen Tag lang, am Montag, befand ich mich in diesem Zustand grenzenloser Euphorie. Am Dienstag, als allmählich erste verschwommene Erinnerungsfetzen an diesen Tag aufzutauchen begannen, packte mich das Entsetzen vor dem, der ich gewesen war. Kein einziges Gefühl war echt, war mein eigenes gewesen. Wer war ich dann am Montag? Wo war ich, ich selbst?

Eines jedenfalls hatte ich die ganze Zeit über nichtempfunden: Liebe. Wirkliche Liebe war mir fremd geworden, auch wenn ich meine Euphorie damit verwechselte. Die Beziehung zu meiner Freundin war mir auf einmal gleichgültig. Die Angst in mir war übermächtig, was ich selbst allerdings immer leugnete: Ich lebte in einer verkehrten Welt, einer Welt, in der Angst zur einzigen Realität geworden war und Liebe verkümmert zum Streben nach Anerkennung.

Die tief in meinem Unterbewußtsein eingegrabene Angst war es, die mir in der Nacht vom Montag zum Dienstag auf einmal ins Bewußtsein trat – und damit meinen Zustand vollkommen unerträglich machte. Sie trat mir entgegen als die Angst, verrückt zu werden. Erst im nachhinein wurde mir klar, was diese Angst zu dem übermächtigen Gespenst machte, als das sie mir erschien: Eigentlich wußte ich die Wahrheit, deren Eingeständnis den völligen Kollaps meiner Gedanken bewirkt hätte. Ich wußte, daß ich bereits verrückt *war*.

Noch Monate nach dem Forum packte mich nachts plötzlich die Angst, im nächsten Augenblick den Verstand zu verlieren. Doch diese Angst war nur die Angst vor der Angst, davor, daß meine Angst sich wieder als begründet erweisen, daß das Nichts doch noch Realität für mich besitzen könnte.

In der Zeit nach dem Forum habe ich viel gelesen. In der Bibel fand ich einen Satz, der mir auch heute noch besonders wichtig ist: »Gott ist Liebe, und wer in der Liebe bleibt, bleibt in Gott und Gott in ihm« (1. Joh. 4,16). Im Forum wird die Realität der Liebe so lange geleugnet, bis die Teilnehmer nicht mehr an sie glauben können. Aus diesem Zustand tiefster Verzweiflung hätte ich allein nie herausgefunden. Es war die Liebe meiner Mutter, die es mir möglich machte, meine Angst einzugestehen und damit den Weg zurück zu mir selbst zu finden.

Verena Kast im dtv

Verena Kast verbindet auf einfühlsame und auch für Laien verständliche Weise die Psychoanalyse C. G. Jungs mit konkreten Anregungen für ein ganzheitliches, erfülltes Leben.

Der schöpferische Sprung
Vom therapeutischen Umgang mit Krisen
dtv 35009

Imagination als Raum der Freiheit
Dialog zwischen Ich und Unbewußtem
dtv 35088

Die beste Freundin
Was Frauen aneinander haben
dtv 35091

Die Dynamik der Symbole
Grundlagen der Jungschen Psychotherapie
dtv 35106

Freude, Inspiration, Hoffnung
dtv 35116

Märcheninterpretationen

Mann und Frau im Märchen
Eine psychologische Deutung · dtv 35001
Fünf Märcheninterpretationen, ergänzt um vergleichbare Fälle aus der psychotherapeutischen Praxis

Wege zur Autonomie
dtv 35014
Fünf Märchen, die uns Entwicklungswege aus Autonomiekrisen weisen

Wege aus Angst und Symbiose
Märchen psychologisch gedeutet · dtv 35020
Innere Freiheit und Selbstentfaltung in der Beziehung zwischen Mann und Frau

Märchen als Therapie
dtv 35021
Über die heilende Funktion von Märchen in der therapeutischen Praxis

Familienkonflikte im Märchen
Eine psychologische Deutung · dtv 35034
Fünf Märchen, die verborgene Lösungsansätze enthalten, verknüpft mit Beispielen aus der Praxis

Naturwissenschaft im dtv

John D. Barrow
Warum die Welt mathematisch ist
dtv 30570

Jack Cohen, Ian Stewart
Chaos und Antichaos
Ein Ausblick auf die Wissenschaft des 21. Jahrhunderts · dtv 33003

Richard E. Cytowic
Farben hören, Töne schmecken
Die bizarre Welt der Sinne
dtv 30578

Antonio R. Damasio
Descartes' Irrtum
Fühlen, Denken und das menschliche Gehirn
dtv 30587

Paul Davies, Julian R. Brown
Superstrings
Eine Allumfassende Theorie der Natur in der Diskussion
dtv 30035

Paul Davies, John Gribbin
Auf dem Weg zur Weltformel
Superstrings, Chaos, Komplexität
Über den neuesten Stand der Physik · dtv 30506

Richard Dawkins
Der blinde Uhrmacher
Ein neues Plädoyer für den Darwinismus · dtv 30558

Hoimar von Ditfurth
Die Wirklichkeit des Homo sapiens
Naturwissenschaft und menschliches Bewußtsein
dtv 33000

Ivar Ekeland
Zufall, Glück und Chaos
Mathematische Expeditionen
dtv 30543

Timothy Ferris
Das intelligente Universum
Ein Blick zurück auf die Erde
dtv 30479

Harald Fritzsch
Vom Urknall zum Zerfall
Die Welt zwischen Anfang und Ende
dtv 30395

Don Glass
What's what?
Naturwissenschaftliche Plaudereien · dtv 30511

Karl Grammer
Signale der Liebe
Die biologischen Gesetze der Partnerschaft
dtv 30498

Jean Guitton, Grichka und Igor Bogdanov
Gott und die Wissenschaft
Auf dem Weg zum Meta-Realismus · dtv 30516

Naturwissenschaft im dtv

Gerald Hühner
»Zwei mal zwei ist vier?«
Mutmaßungen über Selbstverständliches · dtv 33004

Philip Johnson-Laird
Der Computer im Kopf
Formen und Verfahren der Erkenntnis · dtv 30499

Lynn Margulis,
Dorion Sagan
Geheimnis und Ritual
Die Evolution der menschlichen Sexualität
dtv 30557

Josef H. Reichholf
Comeback der Biber
Ökologische Überraschungen · dtv 30537

Josef H. Reichholf
Das Rätsel der Menschwerdung
Die Entstehung des Menschen im Wechselspiel mit der Natur · dtv 33006

Mark Ridley
Darwin lesen
Eine Auswahl aus seinem Werk · dtv 30519

Jeanne Rubner
Was Frauen und Männer so im Kopf haben
dtv 30524

Nancy M. Tanner
Der Anteil der Frau an der Entstehung des Menschen
Eine neue Theorie zur Evolution
dtv 30591

Rudolf Treumann
Die Elemente
Feuer, Erde, Luft und Wasser in Mythos und Wissenschaft
dtv 30583

Frederic Vester
Denken, Lernen, Vergessen
Was geht in unserem Kopf vor?
dtv 30395

Frederic Vester
Neuland des Denkens
Vom technokratischen zum kybernetischen Zeitalter
dtv 33001

Kurt Weis
Was ist Zeit?
Zeit und Verantwortung in Wissenschaft, Technik und Religion
dtv 30525

Berthold Wiedersich
Das Wetter
Entstehung, Entwicklung, Vorhersage
dtv 30552

Fred Alan Wolf
Die Physik der Träume
Von den Traumpfaden der Aboriginies bis ins Herz der Materie
dtv 33005